2014 年度国家社科基金一般项目结项成果

项目编号：14BFX023

项目名称：宪法视角下人权司法保障研究

成果名称：新时代人权司法保障研究

新 时 代
人权司法保障研究

RESEARCH ON JUDICIAL GUARANTEE OF
HUMAN RIGHTS
IN
THE NEW ERA

蒋银华 —————— 著

社会科学文献出版社
SOCIAL SCIENCES ACADEMIC PRESS (CHINA)

目　录

引言

迄今为止的历史表明，人类奋斗的历程是一部不断追寻人的全面自由发展的历史。在漫长的历史进程中，人类在追求自身权利的征程上，不断地推动社会的进步、制度的完善，人权理念也随着人类文明发展而普及全球。人权保障业已成为国际公约、各国立法关注的重点。一般意义上，人权总是与公权相对应，它是人们抵抗一切公权力的有力武器，而这种武器形态总是转为具体的权利存在人权保障之书——宪法之中。宪法设定一整套规则体系确认权利，保障人权，使得政府服从规则之治。故而，宪法亦可以说是使政府服从规则控制的事业。[①] 宪法中规定人权条款，或者专门制定保障人权的宪法性文件，业已成为各国通行做法。我国也于2004年将"国家尊重和保障人权"写入宪法。人权入宪的意义在于一方面通过宪法形式宣示人权保障成为全民意志，同时也为人权法律保障制度的完善奠定宪法基础。

虽然争取人权的历史总是人们与公权不断斗争的过程，人权对公权存在天然的抵触，两者的矛盾似乎无法轻易消弭，但是人权的实现又有赖于公权。人权不应仅仅停留在共识层面，不应仅仅停留在法律文本之中，它需要立法机关适时规范、行政机关有效实施、司法机关及时裁判，否则它将仅仅是一纸空文上僵死的文字。相对于其他公权力而言，司法是社会公正的最后一道防线，也可说司法是人权保护的最后一道屏障。[②] 尊重和保障人权理应

---

① 江国华：《宪法哲学导论》，商务印书馆，2007，序言。
② 李步云：《人权法学》，高等教育出版社，2005，第87页。

成为中国特色社会主义司法制度所追寻的价值目标，构建有中国特色的司法人权保障机制，既是中国特色社会主义法治事业的必然要求，也是提升政治软实力的主要路径。

更为重要的是，人权司法保障更是法治建设迈向宪法文明的必然要求。一方面，人权保障是宪法秩序中的基础性价值。宪法被天然地称为"人权保障书"，其缘由即在于，宪法既需要全面体现与反映人权发展成果，人权保障的广度与深度是考量一国宪法优良性的重要指标，甚至可以说没有人权保障就没有宪法秩序；与此同时，宪法在书面确认基本权利的基础上，还需要建构完备的人权保障制度体系，包括选举、权力制约、自治等制度体系。而司法制度则在宪法所确立的人权保障制度当中占据核心地位，即人权只有与司法相衔接，司法制度体系能够为人的权利提供全方位保障，做到有权利必有救济，人权主体才可能借助司法救济机制抵制各种因素对人权的侵蚀，人权也才能从应然走向实然，成为人权主体切实享有和行使的权利。在此意义上而言，司法人权保障是宪法人权保障制度体系的终端，分工制约、自治、选举等制度体系只有以司法人权救济体系为后盾，公权力运行过程中发生的侵害人权现象能够得到司法的规制，人权保障的价值才可能得到最终的实现。另一方面，人权司法保障对于突出与强化司法在宪法体系中的功能与地位也具有不可替代的作用。例如，在宪法秩序下，司法具有多种功能，各种功能之间如何调和，则需要以人权保障为依据，对司法之功能进行排列组合，最终实现司法功能的优化配置。[①] 在此意义上而言，强化司法人权保障力度和水平，同样是优化司法在宪法体系中的地位与功能，迈向司法立宪主义的必然选择。人权司法保障既需要作为法理学上的命

---

① 赵明：《从历史的深处走来——漫议转型时期的当代中国政治与司法改革》，《政法论丛》2008 年第 3 期。

题分析人权司法保障的制度体系与运行机制，更需要将其作为宪法学命题，从宪法学的角度展开，将司法纳入宪法秩序体系之下考察其人权保障功能，明确人权司法保障之理论基础、宪法依据与运行机制，进而形成完备的人权司法保障的宪法制度体系。

第一章

人权司法保障的宪法学理论基础

从其内涵上而言，人权是指人之为人所享有的权利。从外延上讲，人权包括三个层次：从广义的角度而言，人权即是指人之为人应当享有的权利，这属于应然权利的范畴；从中义的角度而言，人权即是指公民依已经制定的法律规范享有的权利，这属于法定权利的范畴；从狭义的角度而言，人权则是指公民实际享有和行使的权利，这属于实然权利的范畴。[①] 人权，其主体可以是作为个体的"人"，也可以是作为集体的"人"；其内容可以是具体的实然的"权利"，也可以是抽象的应然层面上具备的"权利"。司法作为国家权力体系中以公民权利保障为其旨趣的一极，其天生与人权具有紧密的关联性，人权司法保障是人权保障的需要，为人权提供保障也是司法发展的需要，其同时可以凸显司法在宪法秩序中的价值，并提升司法之于民主政治建设和社会治理的功能。

第一节 宪法视角下人权司法保障的必要性

人权作为人之为人的权利，是基本权利体系中处于核心地位的权利。基于人权的重要性，人权具有获得来自宪法、法律和司法的保障的制度安排。人权司法保障既是司法权本质和司法规律的要求，也是弘扬司法之人民性的现实需要。

---

① 李龙主编《法理学》，人民法院出版社、中国社会科学出版社，2003，第150页。

一 司法特色的宪法解读及其人权保障要求

司法的本质有其普适性，此种普适性是由司法自身的独特构成所决定的。当然，司法亦有其特色。[①] 这是因为，司法最终立足于特定的文化传统和民族精神，历史传统、经济生活和政治制度的基本结构即决定了不同社会形态下司法的面貌，这即是司法的特色。在中国语境下，司法特色需要从中国特色社会主义的角度进行解读。也就是说，在我国，社会主义制度构成了我国的根本制度，司法制度作为国家制度的重要组成部分，其当然是立足于这一根本制度的。司法的中国特色即建立在中国特色社会主义制度的基础之上，在此基础之上，人民代表大会制度和司法为民的任务即决定了我国司法制度的特色，而建立在人民代表大会制度和司法为民理念基础之上的中国特色社会主义司法制度则具有人权保障的价值诉求。换言之，司法的中国特色决定了司法制度需要提升人权保障的力度。

（一）司法的中国特色

如上所述，司法的中国特色即建立在中国特色社会主义制度的基础之上，在此基础之上，人民代表大会制度和司法为民的任务即决定了我国司法制度的特色。因此，司法的中国特色主要表现为司法制度应建立在人民代表大会制度的基础之上，同时需要坚持司法为民的任务导向。

1. 人民代表大会制度之下的司法制度

我国的司法制度是建立在人民代表大会制度之上的，并据此确保司法制度的人民性。[②] 具体而言，我国宪法第1条[③] 规定了人民民主专政，人民民主

---

① 蒋银华：《功能视角下司法规律性与社会性的调和》，《江西社会科学》2017年第4期。
② 汤振华：《宪政视角下的人民陪审员制度》，《湖北行政学院学报》2006年第6期。
③ 宪法第1条：中华人民共和国是工人阶级领导的、以工农联盟为基础的人民民主专政的社会主义国家。

专政包括两方面的内涵，其一是人民当家作主，人民是国家的主人，国家最高权力源于人民，由人民所有，即宪法第2条①所规定的国家一切权力属于人民；其二是对敌人的专政。人民民主专政的国家性质，保证了国家和政府的人民性，因而亦是作为国家职能之重要组成部分——司法具有人民性之性质的基础。而宪法第2条规定了人民主权原则，表明作为国家权力之重要组成部分的司法权同样来源于人民和属于人民。司法权属于人民，将从源头上保证和体现司法之人民性。与此同时，依宪法第3条之规定，司法权由代议机关选举产生，对代议机关负责，这也体现了司法机关的人民性。也就是说，就司法机关而言，由于其需要向人民代表大会负责并报告工作，而人民代表大会又是由选民选举产生的，人民代表大会的人民性即通过选举、监督、审议等活动而传导至司法机关，司法机关对人民代表大会负责，最终即是对人民负责。在此意义上而言，司法机关即具有了人民性。同时，依宪法第131条②和第136条③的规定，人民法院和人民检察院独立行使职权的依据为法律，也就是说，审判独立和检察独立是法律范畴内的独立，人民法院和人民检察院不具有高于法律的权力，也不具有对法律进行审查的权力。而法律又是由人民代表大会制定的，是民意的表现形式，这也同时表明，人民法院和人民检察院依据法律独立行使司法职权的过程实际上是将民意体现于具体个案处理的过程，同时表明了司法的人民性，亦证成了司法之本质为人民司法。④

2. 司法为民的任务

司法之性质与任务是本质与现象之关系，司法之性质决定了司法的任

---

① 宪法第2条：中华人民共和国的一切权力属于人民。
② 宪法第131条：人民法院依照法律规定独立行使审判权，不受行政机关、社会团体和个人的干涉。
③ 宪法第136条：人民检察院依照法律规定独立行使检察权，不受行政机关、社会团体和个人的干涉。
④ 蒋银华：《论司法的功能体系及其优化》，《法学论坛》2017年第5期。

务，司法任务又能反映司法性质。我国两院组织法都明确了司法为民之任务，从组织法对司法为民之任务的设置即可反映司法的人民性。

（1）从人民法院组织法看法院任务

现行人民法院组织法制定于 1979 年，分别修改于 1983 年、1986 年、2006 年和 2018 年，该法对人民法院之性质、组织、程序、任务等事项作出详细的规定。依人民法院组织法第 2 条[①] 的规定，我们认为，人民法院之任务可以分为以下四类。

其一是审判任务。所谓审判，即是法院通过质证和听取辩论而认定事实并确立当事人双方之权利义务关系的社会活动。审判案件是人民法院之基础性的任务，我国宪法第 128 条规定了人民法院是国家的审判机关，宪法对法院之审判机关性质的规定，内在地包含了法院负有审判案件之任务。在宪法第 128 条的基础上，人民法院组织法对法院承担的审判任务也有所规定。实质上，自 1989 年以降，随着《中华人民共和国行政诉讼法》的颁行，人民法院获得了行政案件之审判权。当然，在人民法院组织法于 2018 年修改之前，其对人民法院之职责与任务的表述是"审判刑事案件和民事案件"，其中并不包括"行政案件"，即法院对行政诉讼之审判权非源于组织法之规定而是源于诉讼法之规定，这使得法院的这种权力之来源存在正当性不足的嫌疑。但人民法院组织法于 2018 年的修改则在人民法院任务中补充了对行政案件的审判，因此补强了行政审判职责在组织法上的合法性。

其二是惩罚犯罪和解决民事及行政纠纷任务。这是审判任务所衍生的任务。一般来说，惩罚犯罪和解决民事及行政纠纷实质上是审判的必然后

---

① 人民法院组织法第 2 条：人民法院通过审判刑事案件、民事案件、行政案件以及法律规定的其他案件，惩罚犯罪，保障无罪的人不受刑事追究，解决民事、行政纠纷，保护个人和组织的合法权益，监督行政机关依法行使职权，维护国家安全和社会秩序，维护社会公平正义，维护国家法制统一、尊严和权威，保障中国特色社会主义建设的顺利进行。

果，可以归为审判任务。然而，惩罚犯罪和解决民事及行政纠纷亦可视为审判所应当实现的法律效果，即对这种效果之实现亦为司法之任务，因而，本书将惩罚犯罪和解决民事及行政纠纷单列为人民法院的任务之一。

其三是保护任务，人民法院组织法第2条同样对人民法院之保护任务进行了列举。即是说，法院之保护任务所指向的对象包括了宏观层面、抽象层面的国家制度和社会秩序，亦包括了微观层面、具体层面上的集体财产和公民财产、人身、民主等方面的权利。

其四是监督任务，即监督行政机关依法行使职权。"监督行政机关依法行使职权"是2018年人民法院组织法修改新增加的内容，明确了法院对行政活动的监督。监督行政机关依法行使职权的渠道有二：其一是由相对人提起的行政诉讼，其二是由检察机关提起的公益行政诉讼。

需要说明的是，审判任务是人民法院的基础性任务，亦是其他三种任务，即惩罚犯罪和解决民事及行政纠纷任务、保护任务以及监督任务存在和实现的前提，此三者皆需要通过审判任务之落实而得以落实。即是说，人民法院必须在进行审判工作的过程中，以审判工作为依托，从事惩罚犯罪和解决民事及行政纠纷工作、保护国家制度工作、社会秩序和个人权利工作以及教育工作，在审判中完成以上三种类型之任务。换言之，惩罚犯罪和解决民事及行政纠纷任务、保护任务以及监督任务需要在审判中完成，离开审判追求前三者之实现，无疑构成司法的越权。

（2）从人民检察院组织法看检察院任务

自检察制度产生至今，检察官的角色从"国王的守护人"转变为"法律的守护者""公共利益的看护人"。[1] 在我国，检察机关作为宪法规定的法律监督机关，其任务在于通过刑事公诉、行政公诉和审判监督等监督法律的

---

[1] *The Role of Public Prosecution Office in a Democratic Society*, Council of Europe Publishing, 1997.

实施，其最终目的在于实现司法为民，这项任务主要通过人民检察院组织法第 2 条①得以体现。依据该条规定，我们亦认为，检察院之任务亦包括以下四种。

其一是检察任务。检察任务本质上具有法律监督的性质，其任务之设置和执行的目的在于维护法律的实施。当然，其中的"法律"采狭义说，限于由全国人大及其常务委员会制定的普通法律，并不包括宪法和法规、规章。就前者而言，宪法实施之监督由全国人大常委会进行，检察院并无违宪审查权，当然，违宪行为造成严重社会危害后果而构成犯罪，当然可以由检察院依刑法追诉；就后者而言，依宪法第 136 条之规定，检察院行使检察权之依据为"法律"，基于检察权独立的需要，检察任务之执行可以不受作为政府及其部门、地方人大之意志体现的法规和规章的制约。相较于法院之审判任务而言，检察院之检察任务的执行则具有多种途径。根据人民检察院组织法第 20 条②之规定，检察权之行使方式有刑事侦查、批准或决定逮捕、刑事公诉、民事和行政公诉等。

其二是维护国家法制统一、尊严和权威任务。这种任务之实行，当然需要以检察权之行使为其基础和前提，其方式有三：一是通过刑事侦查、批准或决定逮捕、刑事公诉、民事和行政公诉等职责的行使，打击犯罪，解决民事及行政纠纷，对行政活动是否侵犯公共利益进行监督，最终确保相应法律

---

① 人民检察院组织法第 2 条：人民检察院通过行使检察权，追诉犯罪，维护国家安全和社会秩序，维护个人和组织的合法权益，维护国家利益和社会公共利益，保障法律正确实施，维护社会公平正义，维护国家法制统一、尊严和权威，保障中国特色社会主义建设的顺利进行。

② 人民检察院组织法第 20 条：人民检察院行使下列职权：（一）依照法律规定对有关刑事案件行使侦查权；（二）对刑事案件进行审查，批准或者决定是否逮捕犯罪嫌疑人；（三）对刑事案件进行审查，决定是否提起公诉，对决定提起公诉的案件支持公诉；（四）依照法律规定提起公益诉讼；（五）对诉讼活动实行法律监督；（六）对判决、裁定等生效法律文书的执行工作实行法律监督；（七）对监狱、看守所的执法活动实行法律监督；（八）法律规定的其他职权。

关系主体遵守法律规定，维护法制尊严和权威；二是由最高人民检察院通过司法解释权的行使，统一各级检察机关对相关法律适用问题的理解，维护国家法制统一；三是由最高人民检察院依立法法第 46 条的规定向全国人民代表大会常务委员会提出法律解释要求，或依立法法第 99 条的规定向全国人民代表大会常务委员会书面提出对行政法规、地方性法规、自治条例和单行条例进行审查的要求，进而维护国家法制统一。

其三是维护国家利益、社会秩序和个人权利的任务，即通过检察权的行使，使犯罪分子受到刑事法律的制裁，进而使受到破坏的法律关系得以修复，最终实现保护国家利益、社会秩序和个人权利的目的。

其四是教育任务，即通过检察权的行使，惩戒犯罪，提高公民守法的自觉性，教育公民自觉遵守法律的规定。

（二）人权保障在中国特色社会主义司法制度中的定位

如上所述，人民代表大会制度之下的司法制度和司法为民的任务是我国司法制度的两大特色，从这两大特色出发皆可在司法制度中析出人权保障这一价值追求。

也就是说，人民代表大会制度之下的司法制度和司法为民的任务凸显了司法的人民性，构成了司法制度的"中国特色"。换言之，中国特色社会主义司法制度可用"人民司法"进行表述。然而，传统上我国对"人民司法"的理解主要从人民民主专政的角度出发，认为司法权是人民主权的重要组成部分，其来源于人民，也是人民实施专政的工具，需要服务于人民对公正司法的需要。而实际上，"人民司法"既可析出司法的民主性，即司法来源于人民、服务于人民，也可析出司法的人权保障功能，即司法服务于人民、维护人民的正当利益，首先要求司法以人权保障为其根本价值，通过对法律的解读和对事实的认定而在个案中实现对公民权利的保障。因此，人权保障即构成人民司法的应有内涵。另外，从我国人民法院组织法和人民检察院组织法的相关规定来看，人民法院组织法第 2 条和人民检察院组织法第 2 条分别规定法院和检察院的任务包括通过审判和法律监督保护公民的各项权利。换言之，司法为民的任务应在两个维度上进行解构：其一是在主体维度上，在具体的司法过程中，抽象意义上的"人民"应当为"公民"替代，司法实现需要通过保护每个个案中的个人实现对人民的保护；其二是对人民的保护应具体化为对其权利的保护，即公民依法享有的各项权利应当进入司法救济的范围内。在此意义上而言，人权保障亦是中国特色社会主义司法制度的重要内涵。"司法权服务的对象应理解为'人民'中的具体构成要素——公民个人，司法权需以公民权利保护为其核心价值取向。"①

二　司法改革及其人权保障要求

人权司法保障不仅是司法本质和司法特色的要求，实际上，在司法改革过程中，人权保障也应是改革的目标方向。在我国，司法体制的改革既要遵循司法自身的规律，也要反映司法的时代要求，人权司法保障则可弥合司法规律与司法之时代要求之间的裂缝，使司法改革既符合司法规律的要求，又能够回应社会生活对司法的总体设想。因此，从司法改革的角度出发，人权保障走向人权司法保障也有其必要性。

（一）司法改革须遵循司法规律

开展司法改革必须遵循司法规律，这是学界与实务界的共识。"司法规律是人类社会发展规律的组成部分，它决定了人类司法制度的发展历程。"②遵循司法规律，才能使司法回归其应有的位置，司法权威和司法自身的作用

---

① 江国华、周海源：《司法民主与人权保障：司法改革中人民司法的双重价值意涵》，《法律适用》2015 年第 6 期。

② 杨宇冠：《依法治国与司法规律》，《法制与社会发展》2015 年第 5 期。

也才能得到体现。因此，遵循司法规律应是司法改革取得成功的前提。① 通常来说司法规律包括审判独立、司法被动、司法公正等规律，这些规律是司法改革活动开展必须遵循的原则。

其一是审判独立。毋庸置疑，审判独立原则是司法最为基本的原则，其构成司法制度的核心内涵；司法制度没有审判独立原则予以支撑，则司法制度本身不能算得上一项公正的制度。审判独立原则之所以构成司法的核心原则，是由司法之社会功能决定的。司法在人类历史发展的长河中产生，这项制度的运行不产生利益，无助于社会财富的增加，不对现有的社会利益进行分配，而人们之所以需要这项不产生利益的制度，其原因即在于司法能够为已经受到损害的利益提供救济，使被破坏的社会关系得以修复。当然，在利益纠纷关系中，利益相关者的主张是相冲突的，这即是利益冲突产生的前提。在冲突的利益关系中，司法者需要保护受到损害的利益，其首先需要查清事实，理顺利益相关者之间的权利义务关系。这项工作的完成，需要司法者超越利益纠纷之上，处于不偏不倚的地位。在没有利益牵涉的前提下，司法者才能严格依事实和法律进行判断，从而确定纠纷当事人之间的权利义务关系，最终作出公正的裁决。即是说，司法者独立于利益纠纷之上是其作出公正裁决的前提，无审判独立之保障，裁判者所作出的裁决很难是公正的，起码该裁决在外观上不具备公正性，难以使当事人相信该裁决是公正的。这既是司法公正与审判独立之关系，亦是审判独立构成司法的核心原则的缘由。特别是到了近代，随着近代政治体制的建立，司法权成为国家权力中的重要组成部分，其不仅担负着解决社会纠纷的使命，甚至在处理具体的社会纠纷的过程中还产生抗衡其他权力的效能。在这种情形之下，审判独立，特别是司法机关独立于行政机关，更是司法所应当

---

① 陈光中、龙宗智：《关于深化司法改革若干问题的思考》，《中国法学》2013 年第 4 期。

坚守的底线。

实质上，我国宪法也规定了审判独立的原则，主要体现在宪法第 131 条和第 136 条中。在这两条中，宪法规定了人民法院、人民检察院可以依法律之规定"独立"行使审判权和检察权，其中的"独立"，即含有审判独立之意。即是说，司法机关在行使其司法权时，得依其对事实的认知和对法律的理解作出裁决，裁决的过程及其结果排除案外因素的干预，特别是排除行政机关、社会团体和个人的干涉。特别需要注意的是，依宪法的规定，人民法院和人民检察院得依照"法律"的规定行使其司法权，因此审判独立得到了法律的保障；而司法机关依照"法律规定"独立行使司法权，则表明审判独立是依赖法律的独立，而非超越于法律之上的独立，即司法机关没有依宪法之规定判断法律本身是否违宪的权力。司法基本法作为宪法原则在司法领域的延伸，其当然需要将宪法规定的审判独立原则予以具体化，使之成为司法机关建构的原则和司法权配备及运行的保障。

当然，当前我国司法组织法中亦体现了审判独立原则，主要体现在人民法院组织法第 4 条和人民检察院组织法第 4 条的规定中，这两条规定是宪法第 131 条和第 136 条在司法组织法中的重述。另外，在民事诉讼法、行政诉讼法和刑事诉讼法中亦有审判独立的相关规定。然而，当前法律中所规定的审判独立仅仅表现为法院外部的独立，即法院独立于其他部门，依照法律的规定，通过事实认定和法律适用作出判决；但现行法律对法院内部的独立性之保障是不足的，具体包括上下级法院之间的独立、合议庭的独立和法官个人的独立。从某种程度上而言，审判独立最终需要落实到合议庭的独立和法官个人的独立，审判独立需要通过法官的独立判断得到最终体现。因此，在司法过程中，具体行使审判权的主体是合议庭及法官个人。特别是在现代司法理念日益强调庭审过程中的对抗性的背景下，合议庭成员亲临庭审第一线，是庭审的亲历者，也是当事人意见的倾听者，只有他们才充分了解庭审过程中当事人提交的证据及其发表的意见，也因此都有资格依自己对法律的理解作出判决。从这个角度而言，法官和合议庭的独立是审判独立的最终保障，审判独立需要通过法官和合议庭的独立来实现。因此，在制定司法基本法的过程中，我们不仅需要将审判独立作为司法基本法的第一原则，还需要通过具体的制度建构来落实审判独立，尤其是上下级法院、合议庭和法官个人的独立。这些内容将在下文法院机构设置、司法官地位等部分进行阐述。

其二是司法被动。审判独立和司法被动是司法领域最为根本的规律。审判独立之于司法之重要性学者已多有论述，不再赘述。至于司法被动性，许多学者对其重要性认识不足，认为其赞同"不告不理"原则，将之作为一项程序性原则来理解，立法中亦有所缺漏。我们认为，司法被动与审判独立之于司法具有同等重要的地位，是司法的两大基本原则。

相对立法权而言，司法权一般具有保守性的特征。这是因为，立法机构是民意代表机构，而民意具有多变性的特点，社会生活中所出现的新动向和新思潮一旦获得了多数人的认同，即可能成为民意而左右立法机关的决策。而司法权之本质在于适用法律，其所适用之法律不仅包括"主权者的命令"，亦包括作为人之理性所能理解的正义标准和经由社会历史之检验而认定为正确的"一般性规则"，这些标准和规则既是经验性的，又是历史性的，其带有浓重的古典气息，是经验理性的结晶。在这种情况之下，以"一般性规则"为最高依据的司法权当然具有保守性的特征。而立法权与司法权分立之精义则在于：以司法之经验理性制约民意的冲动倾向和迅速的变革，防止社会发展过度向某一方向倾斜，从而维护社会发展之平衡性和稳定性。具体而言，司法之保守性体现于其被动性。一方面，司法并不主动地参与社会政策的制定，亦不作用于利益分配制度的建构，其与社会利益的分配过程保持必要的距离，从而处于一种相对超然的地位。① 只有司法者处于绝对超然的地位，才能避免其与当事人产生利益纠葛并形成不公裁判。另一方面，在当前社会背景下，司法确实具有参与社会治理之任务，其对社会治理之参与应当以审判为方式，以被动为前提，只有在其他社会治理力量力所不能及的情况下，司法才有必要从幕后走向台前，通过司法权的行使解决社会纠纷，最终达到维护社会秩序的目的。基于此，我们认为，在国家权力架构中，被动性是司法的本质属性。

当然，被动性之于审判机关和检察机关具有不同的内涵。对审判机关而言，被动性意味着"不告不理"不仅是审判的程序性原则，而且规制着司法的全过程。简言之，作为程序性原则，"不告不理"要求审判机关不得自动启动司法程序，待当事人将相关事实和诉求诉诸法院，法院始得以行使审判权对其进行审查和判断；作为实体性规则，"不告不理"还对审判权之行使范围具有限制性作用，即该原则要求审判权行使应当围绕当事人于诉讼之中所提之诉讼请求而进行，其范围不能超越对当事人诉讼请求及其相关事实证据的审查判断。对检察机关而言，其被动性具有一定的特别之处。检察机关是国家法律监督机关，代表国家行使法律监督权，这种监督权之行使自然应当积极为之而不能懈怠，否则将造成设置检察机关这一宪法安排之目标的落空。然而，检察机关在行使其司法权能即侦查权和公诉权之时，其亦受到司法之被动性的约束，这种被动性实际上源于刑法之谦抑性，检察机关不得任意动用刑法对社会主体和社会事件进行评判。

尽管现行司法法规范体现了司法的被动性特征，然而，我们认为，现行司法法仅将司法的被动性当作一项程序性的原则而规定在诉讼法中，要求

---

① Oliver Wendell Holmes, "Speech at a Dinner of the Harvard Law School Association of New York, February 15, 1913," *in Collection Legal Papers*, New York: Harcourt, Brace, 1921, pp. 259-296.

司法机关不经起诉不得自行启动司法程序，而未将被动性作为司法的基本原则，未具体在司法权配置、司法组织设置中贯彻被动性的原则。

其三是司法公正。公正是司法的生命，司法因公正而得以存续。司法的公正性源于法的公正价值取向。从其本质上而言，法律首先是阶级意志的体现，是统治阶级为了维护社会秩序而制定的行为规范。在此基础上，法律的基本功能即在于其规范性——通过对人们权利义务的规定而引导、约束人们为或不为一定的行为，最终达到统治阶级所追求的社会形态，即法律的规范性需要通过对人们权利义务的分配而得以体现。在分配法律主体之权利义务的过程中，纵使法律需要体现阶级意志，其也需要体现最低限度的公正，即权利与义务应当是对等的，享有权利的同时也需要履行相应的义务。同时，权利义务在各法律主体之间的分配也应当是平等的，任何人不应享有超越法律之上的特权。而司法的本质是法律的适用，司法的职责并非创造社会规则，而仅是适用规则以解决当前面临的社会问题。因此，法律规则的设计，以及法律规则内含的价值精神，在司法过程中都应当予以忠实执行和体现。在此意义上而言，法的公正价值取向就决定了司法应以公正为其运行的基本价值追求，这即是司法公正规律的源头。

司法的公正规律也是司法本身之功能定位所决定的。也就是说，在有序的社会制度当中，司法制度被当作纠纷解决机制来进行设计。作为纠纷解决机制，司法就必须随时面对双方或多方利益冲突。利益的冲突使利益相关的主体需要寻找外部中立力量来对纠纷进行居中裁决，据此防止纠纷的扩大化以危及社会秩序的稳定。从纠纷当事人的视角来看，纠纷解决机构首先应当是"外部"的，其不应是发生纠纷的法律关系中的当事人，也不应与当事人存在利益纠葛。其同时应当是中立的，在裁判的过程中能够不偏不倚，基于案件事实及其对法律的理解作出裁判，不能因当事人的身份、地位等案外因素而有所偏倚。上述内容即构成了纠纷解决机制的基本要求，换言之，纠纷解决机制应当符合无利益纠葛、中立、不偏不倚等要求，这就构成了司法公正的基本要求。从这个角度而言，司法的公正性规律，即决定了司法能否获得当事人乃至社会公众的认同。司法公正规律即是司法的基本规律。

司法改革的过程同样需要遵循司法公正规律。实际上，人民法院的多个五年改革纲要也指出了司法改革要遵循司法公正原则。如《人民法院五年改革纲要（1999—2003）》将改革的目标确定为：进一步完善独立、公正、公开、高效、廉洁，运行良好的审判工作机制。《人民法院第二个五年改革纲要（2004—2008）》提出，坚持公正司法、一心为民的指导方针，实现司法公正，方便群众诉讼，尊重和保障人权。《人民法院第四个五年改革纲要（2014—2018）》则将改革的总目标设定为：紧紧围绕让人民群众在每一个司法案件中都感受到公平正义的目标，始终坚持司法为民、公正司法工作主线，着力解决影响司法公正和制约司法能力的深层次问题，确保人民法院依法独立公正行使审判权，加快建设公正高效权威的社会主义司法制度，着力推进国家治理体系和治理能力现代化，到2018年初步建成具有中国特色的社会主义审判权力运行体系，为建设法治中国、实现"两个一百年"奋斗目标和中华民族伟大复兴的中国梦提供强有力的司法保障。在具体的改革措施上，人民法院职权配置的优化、司法公开机制的完善、经费保障的落实等，都体现了司法公正的价值追求。

（二）司法改革须回应社会需求

在新的社会背景下，司法改革不仅需要遵循司法规律，也要积极回应社会对司法的要求。司法改革之所以需要回应社会需求，其缘由即在于，从根本上而言，司法是社会为了调和纠纷而组建的一项制度，这一制度的运行应当服从于社会发展的目的。因此，纵使司法权运行的具体过程需要排除社会情势的影响，司法制度的建构从根本上而言还是需要回应社会诉求。另外，司法是纠纷解决的专门机构，对应于行政与立法，司法机关的主要任务即是解决社会纠纷。[1] 纠纷裁决者的角色，既体现司法在国家政权体系中的地位，也表明其是社会控制系统的一部分。司法社会性的存在，使得司法改革的过程不能罔顾社会现实，而应全面回应社会生活的要求。随着社会转型的深入和社会矛盾的增多，民众对司法公正提出了更高的要求。然而，从"文革"中走来的司法体制自身弊病重重，难以有效回应公众的需要。[2] 为此，在当前背景下，司法应更加积极地参与社会治理，进一步提升纠纷解决能力和权利保障力度。

其一是司法应积极参与社会治理。司法参与社会治理是司法改革的时代要求。这是因为，自改革开放之后，我国社会结构发生了深刻变化，主要表现为计划经济体制被市场经济体制代替之后，单位制瓦解，这使得单位所承担的纠纷解决功能消解；与此同时，在市场经济形态下，个人与单位、国家存在不同的利益诉求，每个个体也有各自的利益诉求，在众多的利益主体之间必会产生利益纠纷，进而使社会纠纷被激发而进入高发期。[3] 这凸显了司法参与社会治理的必要性，即司法治理作为国家治理的重要组成，其相较于私人治理而言，能够更有力地实现对纠纷的调处。[4] 这表明，未来的司法改革需要沿着强化司法之社会治理功能的方向行进，如此才能满足转型社会下社会情势对司法的需求。司法之社会治理职能的强化是一个系统的工程，既要求司法权威的强化，又要求司法程序的改良，也要求司法职能的扩展。因此，司法改革需要在遵循司法规律的前提下着重打造司法之司法治理功能。

---

① 江国华：《通过审判的社会治理——法院性质再审视》，《中州学刊》2012 年第 1 期。
② 黄茂钦、尹亚军：《司法建议：法院的公共治理之道？》，《辽宁师范大学学报》（社会科学版）2018 年第 3 期。
③ 周海源：《迈向规则主义的司法——中国司法改革回顾与展望》，《天津行政学院学报》2015 年第 4 期。
④ 杨建军：《通过司法的社会治理》，《法学论坛》2014 年第 2 期。

　　其二是纠纷解决。司法机关的本职工作在于解决社会纠纷。也就是说,审判权之基本任务是在个案中适用法律解决权利义务纠纷,[1] 审判权的社会功能即是纠纷解决,纠纷解决的基本场域则为行政诉讼、民事诉讼和刑事诉讼。在此意义上,司法参与社会治理必须以纠纷解决作为切入点。这是因为,在权力分立的宪法体制下,立法专职规则的制定,行政专职法律的执行,司法机关则专门负责将法律适用于个案之中以解决社会纠纷。此时,我们提倡司法机关更多地参与社会治理,并不是要求司法逾越权力分立的界限,更不是要求司法机关摒弃司法被动的规律,而是要求其在自己的职权范围内更多地参与社会建设。从这个角度而言,社会治理实际上统一于纠纷解决之中,司法机关之社会治理功能的强化,以其纠纷解决能力的提升为标志。[2] 因此,司法改革以强化司法之社会治理能力为目标,则需要沿着强化司法之纠纷解决能力的方向发展,只有司法之纠纷解决能力得以提升,司法的权威性和公正性才能得到体现,司法才能够在复杂的社会情势中发挥其应有的作用;反之,如果司法不以纠纷解决为切入口,而通过其他方式参与社会事务的处理,就可能使司法人员从事其并不适合的工作,司法将不堪重负,其原有的纠纷解决能力也会受到影响。

(三)司法规律与社会需求的调和:司法人权保障的需要

　　司法改革以司法规律为出发点,朝扩大司法之社会治理能力的方向行进,二者看似水火不容,实则在人权保障的范畴内得以统一。也就是说,司法改革需要以人权保障为其终极目的,司法的规律性才得以体现,而司法体制的改革也才能顺应社会发展的需要。其缘由在于,司法规律的遵守能确保司法公正的实现,在有司法公正予以保障的情况下,司法机关之纠纷解决能

---

① K. N. Llewellyn, *The Bramble Bush: on Our Law and Its Study*, New York: Princeton University Press, 1973, p. 9.

② 谢进杰:《判决功能的阐释:纠纷解决与社会治理》,《学术研究》2014 年第 1 期。

力的提升最终才能转化为人权保障能力。

其一，对司法规律的遵循有利于提升司法公正。司法公正是司法权运行的本来目的。司法权从其产生之时起，即以解决纠纷为己任。司法是人类社会发展的必然产物。在人类历史的发展长廊中，自私有权产生之后，人与人之间即结成了各种各样的利益关系。在各种不同的利益关系中，不同主体基于其立场、价值追求的不同，当然具有不同的利益诉求，利益诉求之间的冲突，即引起了矛盾。这个时候，司法即作为矛盾解决机制自然而然地得以产生。即是说，司法机制从其产生之时起即是以解决社会利益纠纷为目的的。而利益纠纷的解决当然需要裁判者的公正，裁判者只有在纠纷解决过程中具有独立地位，才能做到没有利益牵连、不偏不倚，其对纠纷的裁决结果才有可能得到纠纷当事人的认同，从而利于纠纷的解决。如果司法机制本身是不公正的，则其对纠纷的解决结果很难得到当事人的认同。这种情况不仅无助于纠纷的解决，还有可能扩大纠纷，进一步破坏社会关系。正如英国哲学家培根所说的，一次违法行为，污染的只是河流，而一次不公正的判决，污染的却是水源。因此，公正是司法的根本追求，亦是司法赖以存在的根基。

司法机制作为一种纠纷解决机制，其根本追求在于实现案件处理的公正。而此目的的实现，需要相关的规则对司法权进行规制。这是因为，一方面，纵使司法部门是国家机关中的"最小危险部门"，法官手中仅掌握书写判决书的笔，但司法权作为国家权力的重要组成，其源于法律的赋予，以国家强制力为后盾，这种权力如无法律予以规制，则有可能偏离其目的而成为侵害公民权利的利器。另一方面，正如前文所述，司法作为一项专业性极高的活动，在这项活动完结之前，司法者对判决结果不能存在先入为主的偏见，而只能严格按照法定程序、依证据所认定的事实、运用法律适用逻辑而推演出判决结果。换言之，判决的作出是司法者依规则的指引推演而来的，指导司法者走出程序所设置的"无知之幕"的则是司法规则。因此，规则对于司法公正目的达成之作用是不言而喻的。由于司法存在对公正的需要，而公正的实现又需要规则的作用，因此司法改革的立法目的，当然在于通过为司法权配备与运行建立起公正规则，确保司法权的运行能够符合公正的要求。

其二，司法公正与司法之社会治理能力的提升服务于人权保障价值的实现。司法机关提升其权利保障的能力也是当前社会发展对司法机关提出的新要求。这是因为，司法公正、司法权威等皆是司法追求的价值，而人权保障在位阶上显然优于司法公正、司法权威等价值，为司法追求的核心价值。司法的公正既包括实体上的公正又包括程序上的公正，程序上的公正指向司法程序的参与性与平等性，实体上的公正则要求司法机关严格依据法律之规定作出判决以分配权利义务。因此，相对于使"司法权服从于规则"这一目的而言，司法公正目的具有一定的实质性。当然，有学者认为，司法公正具有形式性和公正性，在司法公正之上，司法应当追求的价值包括秩序、保障安全、社会正义等，这些都是司法公正之上的价值，是通过司法公正所追求的优良生活情境。① 我们认为，在司法公正之上，司法所应当追求的终极价值为权利保护。这是因为，从自然法的角度出发，权利是法律存在的源泉，亦是评判法律正当与否的标准，制定法律的根本目的，即是为人们的权利提供充足的保护。因此，权利尤其是作为基本权利之人权的保护是法的终极目的，与法律具有不可分割的联系，是法的内核，也是决定法是恶法或良法的关键要素。② 司法首先是作为法律适用机构而存在的，而法律的终极目的在于人权保障，因此，司法在参与社会治理的过程中应当始终以人权保障为其根本目的。换言之，从这个角度而言，

---

① 吕忠梅：《司法公正价值论》，《法制与社会发展》2003 年第 4 期。
② 李龙主编《法理学》，人民法院出版社、中国社会科学出版社，2003，第 147 页。

社会情势变更对司法之要求，从表面上看是要求司法机关积极参与社会治理，提升纠纷解决能力，实质则为司法应以纠纷解决为切入点提升权利保障能力，据此建构公正、公平、和谐的社会秩序，这即是司法之社会治理能力的体现。

第二节　现有宪法秩序下人权保障对司法功能的优化

《中共中央关于制定国民经济和社会发展第十三个五年规划的建议》提出推进国家治理体系和治理能力现代化的总目标，国家治理体系和治理能力现代化成为当前学界讨论的热点问题。可以预见，司法作为国家结构体系的重要组成部分，其在国家治理体系现代化过程中必然发挥越来越大的作用。早在此之前，我国实务界和学术界已提出了司法参与社会治理的问题，分析了司法在国家治理体系中的地位及其化解社会纠纷和保障公民权利的重要作用。[1] 当然，司法参与社会治理以其功能的发挥为前提，换言之，司法能动建立在司法自我功能的发挥基础上，否则司法权即有可能越俎代庖。对司法功能之归纳，学者多从司法本身的权力结构体系出发，认为其具有纠纷解决、人权保障、社会控制等功能。[2] 实际上，对司法功能之审视应超越"司法"本身，对现有宪法政治体制之下的司法权及其地位进行全面审视，如此才能全面界定司法在宪法政治体制中的功能，进而借助人权司法保障理念对宪法秩序下之司法功能体系进一步优化。

---

①　杨建军：《通过司法的社会治理》，《法学论坛》2014 年第 2 期。
②　胡玉桃、江国华：《论现代社会中的司法功能》，《云南大学学报》（法学版）2014 年第3 期。

一　司法的政治功能：国家意志的表达

司法首先具有政治功能，其是"政治语境的司法"，[①] 司法的政治功能需要"从司法权在国家政治权力中所充当的角色"[②] 进行考察。在中国特色社会主义宪法体制中，司法的政治功能需要从司法所立足的政治制度中进行解读，作为主权构成的司法权、司法权对国家意志的表达以及对国家战略实施的服务皆证成了司法之政治功能是客观存在的。

当然，司法的政治性并不等同于党派政治和意识形态。[③] 司法的政治功能之根基在于，司法权是人民主权的构成部分。人民主权作为对内最高决定权和对外代表权，其在稳定的政治形态下即可衍化为制宪权——制宪权的行使可能决定了一国的政治形态，这符合对内最高决定权的要求。在宪法制定之后，人民主权即进入现存的宪法政治体制之内，隐含于宪法之中，以宪法权力的形态存在，被宪法分解为不同的权力形态。其中，司法权源于人民主权，也是人民主权被分解后的组成部分。

我国宪法即展示了人民主权与司法权之间的这种关系，如我国宪法第2条即宣告了主权在民的原则，第3条规定司法机关由代议机关选举产生。在此逻辑上，司法权即是人民主权的组成部分。司法权作为人民主权的构成部分，其主要是以"人民司法"的形式进行表达的，亦即"人民司法"将"司法"与"人民"相联结，使"人民"成为"司法"的定语，表明了"司法"对于"人民"的从属性地位。而在此表述中，"人民"是作为集体性概念而存在的，集体性的"人民"进入政治国家的语境中，即可衍化出"人民主权"

---

① C. Herman Pritchett, "The Development of Judicial Research," in Joel Grossman and Joseph Tanenhaus, eds., *Frontiers of Judicial Research*, New York: Wiley, 1969, p. 42.

② 陈琦华：《当代中国司法政治功能内涵及其价值》，《政治与法律》2013 年第 1 期。

③ See Richard A. Posener, *How Judges Think*, Harford University Press, 2008, p. 271.

这一概念。据此，司法权作为人民主权的组成部分的意境即得以完整形态存在。

司法之于人民主权的从属性地位，不仅有其宪法依据，还有其历史渊源。新中国成立初期起到临时宪法作用的《共同纲领》第17条①提出建立人民司法制度，这是司法之人民性的第一次正式表述。其后，《中央人民政府组织法》虽然建立了异于今天的司法体制，然而审判机关和检察机关皆以"人民"加机关名称为其命名规则，这足以从外在形式上表现司法机关之人民性。在司法改革过程中，基于人民代表大会制度的根本政治制度属性，司法的人民性也是指导改革开展的基本原则，《人民法院第三个五年改革纲要（2009-2013）》即提出了改革的目标为健全司法为民工作机制，着力解决人民群众日益增长的司法需求与人民法院司法能力相对不足的矛盾；认为司法体制和工作机制改革"必须充分听取人民群众的意见，充分体现人民群众的意愿，着眼于解决人民群众不满意的问题，自觉接受人民群众的监督和检验，真正做到改革为了人民、依靠人民、惠及人民"。

作为国家主权的重要组成部分，司法权当然需要表达国家意志。是以，司法的政治功能通过其对国家意志的维护而实现。具体而言，在现代民主体制之下，国家意志通过立法程序予以表达。即是说，法律本身即是国家意志的体现，国家意志通过立法程序而成为全民遵守的行为准则。司法机关通过对法律的适用而将法律中的国家意志予以实现，这在人民法院组织法中也得以体现。因此，司法对人民意志的表达主要通过审判活动予以实现。也就是说，法院通过审判，将有可能使犯罪分子被惩罚、社会主义制度得到维护，此时，法律所内含的国家意志即得以展现。

司法作为国家意志表达的渠道的进一步极端化，即为司法是阶级意

---

① 《共同纲领》第17条：废除国民党反动政府一切压迫人民的法律、法令和司法制度，制定保护人民的法律、法令，建立人民司法制度。

志表达的工具。司法的这种政治功能定位在"阶级刑法观"中得到更为显著的体现。"阶级刑法观"认为,"刑法是规定犯罪、刑事责任和刑罚的法律"。[①] 据此,司法机关作为刑法的适用机关,其适用刑法的目标是通过惩罚犯罪人而"维护本阶级政治上的统治和经济上的利益"。这也是司法被当作"刀把子"的思想根源。[②] 司法机关被比喻为维护阶级统治的"刀把子",表明司法机关同时是作为国家意志表达之渠道而存在的,这即是其政治功能存在的表征。

晚近以来,阶级法律观从主流地位退到幕后,学界和实务者更多地从权利义务关系和社会行为规范的角度理解法律。据此,司法负担的阶级意志抑或国家意志表达的政治功能似乎逐步消除。然而,不管是在宪法中还是在刑法中,统治阶级和被统治阶级的表达依然存在。与此同时,2006 年修改的人民法院组织法要求法院通过审判"保卫无产阶级专政制度",而 2018 年的修改则使用了更为中性化的表述,即"维护国家安全和社会秩序"。结合国家安全法第 1 条理解"国家安全",国家安全则是与"保卫人民民主专政的政权和中国特色社会主义制度"相联结的。从这个角度而言,国家安全即具有一定的阶级属性。人民法院组织法要求人民法院肩负维护国家安全的任务,表明司法的政治功能依旧存在,只不过是从"显性功能"转为"隐性功能",需要通过审判的方式展现,作为国家机关的司法机关的最终任务是维护现有法律秩序的稳定性。[③]

司法之政治功能从"显性功能"向"隐性功能"的转变,其根源在于国家政治生活之主题的转变。具体而言,"文革"之后,国家政治生活的重

---

① 高铭暄、马克昌:《刑法学》,北京大学出版社,2003,第 8 页。

② 刘风景:《"刀把子"的隐喻学阐释——分析人民法院性质与职能的新进路》,《清华法学》2008 年第 1 期。

③ Jacques Delisle, "Security First-Patterns and Lessons from China's Use of Law to Address National Security Threats," *Journal of National Security Law & Policy* 4(2010):398.

点从政治斗争转向经济建设，在此过程中，"以阶级斗争为纲"的路线被以经济建设为中心的路线所替代。随着这种转变的深化，司法机关即需要在其定位和功能上进行改革。是以，司法的表达国家意志这一政治功能被隐藏于其审判职能之下，而司法的人权保障、纠纷解决等功能也因此被充分认识。[①]当然，司法的政治功能从"显性功能"向"隐性功能"的转变并不代表司法的政治功能的消解，只是司法政治功能的发挥方式从表达国家意志转向服务国家战略。

司法服务于国家战略同样也是司法发挥其政治功能的表现形式之一。所谓司法服务于国家战略，是指司法在行使审判权的过程中，将国家战略的实现作为审判追求的目的之一，除了需要考虑证据、事实与法律之外，在法官的裁量权范围内，判决内容还需要尽可能地与执政党和国家的政策安排保持一致。换言之，司法服务于国家战略同样是通过审判权行使的方式实现的。[②]由于不同时期的国家战略是不同的，司法在服务国家战略的过程中，其所预设的目的也各不相同。在以经济建设为中心的背景下，法院的中心任务为"为经济建设保驾护航"，表现为法院试点设立经济审判庭，其审判工作的中心从刑事审判转向经济审判，人民法院逐渐从纯粹的政治角色向经济角色转变；而在建设社会主义和谐社会的背景下，司法的功能则衍化为"为社会稳定排忧解难"，司法力塑"司法为民"，出台一系列司法便民、利民、护民等具体措施。[③]当前，国家强调治理体系和治理能力的

[①]　Christine M. Korsgaard, "Personal Identity and the Unity of Agency: A Kantian Response to Parfit," *Phil. & Pub. Affairs* 18（1989）: 101, 119.

[②]　Pitman B. Potter, "Legal Reform in China: Institutions, Culture, and Selective Adaptation," *Law & Social Inquiry* 29（2004）: 465; Daniel M. Klerman, "Legal Infrastructure, Judicial Independence, and Economic Development," *Pacific McGeorge Global Business & Development Law Journal* 19（2007）: 427.

[③]　江国华:《转型中国的司法价值观》,《法学研究》2014 年第 1 期。

现代化，《中共中央关于制定国民经济和社会发展第十三个五年规划的建议》提出推进国家治理体系和治理能力现代化的总目标，此时，司法机关即将自身视为"国家治理体系"的构成，司法参与社会治理及其社会治理能力的提升因此成为学界和实务界讨论的重点，也是司法改革的重要方向。从中可见，不管司法"为社会稳定排忧解难"还是积极参与社会治理，其行动根源都在于国家战略安排的转变，这种转变促使作为主权之构成部分的司法权亦需发挥其在社会控制体系中具有的极其重要的作用，[①] 最终服务于国家战略。

二　司法的民主功能：民主制度的维护

在现代代议制国家，"民意"一般由代议机关予以表达。也就是说，在代议制民主制度之下，选民通过选举产生代议机构，议员在听取选民意见的基础上参与国家事务的决策，在这一民主的过程之后，国家所形成之决策即体现了多数人的意志。因此，在现代国家，民主功能主要由代议机构来承担。然而，从宪法结构体系的角度进行分析，司法实际上也承担有民主功能。这种民主功能主要通过司法对民主制度之维护来实现。具体而言，众所周知，实质意义上的民主具有两层含义，其一是多数决，其二是少数人权利保护。多数决与少数人权利保护是相辅相成的，多数决使国家决策建立在多数人同意的基础之上，这是民主的第一层含义；少数人权利保护则要求多数人所作出的决定需要充分尊重少数人的权利，只有如此，多数决才不至于衍化为"多数人的暴政"。司法对民主制度的维护即体现为其对少数人权利的维护之上。也就是说，在现有的宪法体制之下，少数人的权利隐藏于宪法和法律之中，为基本权利保护的对象；在此基础上，司法机关的司法审查职能即通过

---

① 程竹汝：《论司法在现代社会治理中的独特地位和作用》，《南京政治学院学报》2013年第6期。

司法审查形成对多数人之决议的制衡，使之能够符合基本权利保护的原则。从这个角度而言，司法作为权力分立体制下权力制衡的重要力量，其制衡的目的即在于保障权利和维护民主体制。

作为民主维护力量的司法并非民意代表机关，经由司法审查所形成的权力制衡的状况仿佛存在"反多数"的难题。所谓的反多数，是指立法机关经由代议制程序而获得广泛的民意基础，行政机关也可通过协商民主形式而获得民主正当性，在此基础上，由不具备广泛民意基础的司法机关负责对立法机关和行政机关之活动进行审查，似乎缺乏充足的民主正当性。"由非民选的法官对经过民主程序制定的立法进行审查不具有正当性，这违反了多数人统治的民主原则。司法审查的这一理论困境被称为反多数难题，成为扰其存在正当性的阿喀琉斯之踵。"① 实际上，隐含于"反多数难题"背后的逻辑是大众民主与精英民主之间的对立关系。大众民主认为民主的形式为多数决，而"精英民主理论事实上隐含了'审判独立等同于司法民主'的理论逻辑，即通过审判独立实现司法权力的民主政治功能。在精英民主理论之下，司法的民主角色主要通过权力制约结构体现出来，即司法的民主角色主要通过其权力制衡关系体现出来，司法越是独立越有利于其民主功能的发挥"②。从这个角度进行理解，司法审查本身即是一种民主的保护机制，司法的民主功能通过这一机制得到体现。

当然，司法在宪法体制中通过权力制衡暗合于精英民主的要求，但这并不表示司法与大众民主格格不入。实际上，司法也有符合大众民主的面向。在现代社会中，司法的组织、程序和方法皆需保持与民意间的适度关系，而非仰仗法律偏离民意。具体而言，其一，就司法的组织结构而言，

---

① 刘涛：《论司法审查的反多数难题及其化解之路径——兼论司法审查的正当性》，《求索》2013 年第 9 期。
② 刘景辉：《司法的民主角色与民主责任——解读司法民主》，《当代法学》2010 年第 3 期。

陪审制的设置使司法具有一定的"表达民意"的功能。现代意义上的陪审员制度起源于英国，12世纪，亨利二世以立法的形式将陪审制度确立下来，[1] 其特征明显在于"一群法律的外行居于追诉人与被追诉人之间，作出对有关事件的常识性判断"；[2] 资产阶级革命之后，英国的陪审制度广泛为欧洲其他国家所移植。"陪审制度之所以被许多国家继受或移植，主要是因为该制度被普遍认为蕴含了民主、权力制约等价值，是实现司法民主的重要制度设计。由此，陪审制度不仅被视为一项重要的司法制度，而且被视为一项重要的政治制度。"[3] 简言之，陪审制度之所以具有强大的生命力，其缘由在于陪审制度具有大众民主的价值取向，能够使普通民众参与司法判决的过程并影响判决的作出，从而弥补法律与生活之间的裂缝。[4] 从这个角度而言，陪审制度的设置实际上亦使司法具有了"表达民意"这一民主功能，只不过这一功能的发挥限于具体的个案处理的领域。其二，司法的过程实际上亦具有吸纳民意的程序机制。在英美法系国家，司法程序中一般设置有"法庭之友"制度，法庭之友制度的主要机制在于，当事人以外的个人利用自己的专业知识参与到诉讼过程中并提交法律意见书，据此影响审判活动的开展。[5] 法庭之友制度的设置，使司法的过程能够倾听到来自普通大众的声音，这表明司法同样具有"吸纳民意"的民主功能。其三，司法的民主性不仅体现于司法组织和司法程序中，在现代，司法理性也需包含有民众所能够普遍理解的生活理性。"作为法律适用过程的司法既应当满足高度职业化的技艺要求，也应渗入生活理性，法官须有生活情

---

① 蔡定剑、王新宇：《英国现行陪审制度》，《环球法律评论》2003年第2期。

② Wayne R. LaFave, Jerold H. Israel, Nancy J. King, *Criminal Procedure* (Fourth Edition), West Group, 2004, pp. 1038-1039.

③ 苗炎：《司法民主：完善人民陪审员制度的价值依归》，《法商研究》2015年第1期。

④ Victor E. Schwartz & Cary Silverman, "The Draining of Daubert and The Recidivism of Junk Science in Federal and State Court," *Hofstra Law Review* 35 (2006-2007): 217, 220.

⑤ 陈桂明、吴如巧：《"法庭之友"制度及其借鉴》，《河北法学》2009年第2期。

怀，司法过程应是职业理性与生活常理交互作用的过程。"[①] 生活理性的渗入，使法官在司法的过程中不仅能够运用三段论的形式逻辑思维进行推理，也确保其对当事人的陈述感同身受，从而有助于法官还原案件事实的本来面目，使司法以民众所能够理解的方式实现正义，增强司法判决的民意性基础。

我国司法机关也相当注重司法之民主功能的发挥。一方面，尽管我国是实行人民代表大会制度的国家，立法权、行政权与司法权之间并非相互制约和相互平衡的关系，作为人民主权行使者的人民代表大会在国家权力体系当中占据优越性地位，然而，司法机关可以通过行政诉讼实现对行政权的制衡。更为重要的是，依宪法的规定，司法机关是法律适用机关，通过法律适用，法律中内含的人民意志得以表达，这即体现了我国司法机关之民主功能。另一方面，我国司法改革的过程也相当注重司法的民主性，《人民法院第三个五年改革纲要（2009-2013）》即着重论述了司法的人民性及其制度安排。改革纲要提出要"充分听取人民群众的意见，充分体现人民群众的意愿"，这即是对司法民主化的要求，其所强调的是司法要贴近民意，解决民众之所需，表明民主价值是引领司法改革的主要价值之一，民主功能是司法需承担的功能。在此种目标的指引下，我国司法机关还提出了法律效果与社会效果相统一的命题，司法机关在审判中需要考量的社会效果具体表现为经济发展、社会稳定等。[②]"审判作为一项社会活动，其根植于社会生活中，审判的过程及其结果当然会对社会生活产生种种影响，这些影响作用于经济、社会和公众心理等层面。为此，审判中考虑的社会效果即主要包括经济发展、社

---

① 江国华、周海源：《司法理性的职业性与社会性——以裁判效果为视角》，《学习与探索》2015 年第 2 期。

② Jacques Delisle, "Security First-Patterns and Lessons from China's Use of Law to Address National Security Threats," *Journal of National Security Law & Policy* 4（2010）：398.

会稳定和公众认同等。"① 人民法院需要考量的社会效果实际上亦是民众对司
法的要求。其缘由即在于，决策者之所以提出法律效果与社会效果相统一的
命题，其目的在于使司法审判在确保法律的正确适用的前提下，最大限度地
符合普通民众的期望。法院以"审判符合于普通民众"为目的，表明司法的
过程有可能需要考虑民众对案件的感受及其意见，并将其吸纳到案件审理过
程当中，这即是司法之民主功能的表现。

三　司法的法律功能：法律统一适用

司法最为核心的功能为法律功能。换言之，司法机关的本职为"司法"，
所谓的司法，是指法律适用于具体案例的活动。因此，司法机关的性质即为
法律适用机关，法律的统一适用即是司法的法律功能。

司法的法律统一适用功能主要通过司法机关之任务得以体现。我国宪
法第 128 条规定了法院的性质，在此基础上，人民法院组织法第 2 条则对其
任务进行了详细列举。因此，法院的任务即为将法律条文适用于案件的审判
过程中，从而实现法律对社会生活的控制。简言之，法院的任务即在于确保
法律的统一适用，因此，司法的法律适用功能也体现于其运用法律解决具体
纠纷的过程，其过程主要包括以下几个环节。其一，对案件事实进行判断。
所谓的判断，是指对相关事实和关系予以认定，从而解决"是"或"非"之
问题的思维活动和实践活动。作为一种具有判断性质之活动，审判需要对
"法律事实"和"法律效果"予以认定。对事实之认定，主要通过证据之审
查得以实现，即是说，审判人员在审判过程中就当事人及其辩护人所提供之
证据材料，对其合法性、真实性和关联性予以审查，对具备以上"三性"的
证据材料予以采纳并使之成为具有法律意义的"证据"及至使之形成完整

---

①　周海源：《社会效果与法律效果统一的法官思维障碍与解决思路》，《云南师范大学学报》
（哲学社会科学版）2016 年第 1 期。

的证据链，并据此还原事实真相。当然，审判活动中对事实真相的认定是一种通过证据的事实认定，在此过程中，由于客观因素的制约，充分证明事实真相之证据材料并不一定能够为法院和当事人所取得。而证据缺失并非法院拒绝裁决的理由，在证据缺失的情形下，审判人员只能依据证据规则推导出"事实真相"，这种"事实真相"可能与客观事实存在差距。因而，审判作为一种具有判断性质的社会活动，其是对"法律真相"的判断，而非对"客观真相"的判断。其二，法律适用又是对已发生之事实的法律效果进行判断的行为，其建立在事实判断的基础之上。事实判断所要解决的是"是"或"非"的问题，而法律效果的判断则需要法官在某一事实语境下对当事人之间之权利义务关系作出认定。在此过程中，审判官之目光须在事实与法律之间"往返流转"，在事实的基础上根据实体法之规定判断当事人之间的权利义务关系。在实务中，审判人员对法律效果之判断一般通过判决书之说理部分得以证成。其三，法律适用同时是一种"裁决"活动。所谓决断，即是在认定事实和关系的基础上形成新的法律关系的活动。对事实和法律关系的判断是基础性行为，而决断则是审判得以完成的最终行为。事实和关系的判断更为主要地表现为审判官的思维过程，当然此过程需要吸纳当事人之材料与意见，而决断则是一种表意性的行为，其将审判官通过质证和法庭辩论阶段形成的意思表现于外，并借司法之权威而具有强制力，形成当事人之间必须予以尊重实现的法律关系。实务中，审判之决断性质则通过判决书之主文得以体现。当然，并非所有案例之审判皆经过"事实认定"、"法律关系认定"和"决断"的过程，很多案件是以调解结案的方式得以解决。然而，这并不影响审判之判断的性质，在典型的审判活动中，"判断"贯彻了审判的全过程。①

---

① 　王杏飞：《调解检察监督若干争议问题之再思考》，《法律科学》（西北政法大学学报）2018 年第 1 期。

司法为保障其法律统一适用功能的实现，建构有一套独特的思维和行为模式，具体表现为两个方面。其一，司法机关在司法过程中需要注重形式逻辑思维。三段论即是一种典型的形式逻辑思维模式。三段论思维需要首先确立一个一般性的原则即大前提，并对附属于大前提的特殊情况进行陈述，论证其与大前提之间的契合程度，在此基础上得出推理结果。司法过程中的三段论思维即表现为法官之思维在事实与法律之间的"往返流转"。首先，法官需要根据案件事实的性质寻求可以适用的法律，此即"找法"的过程。"找法"的过程即是寻找可以适用的大前提的过程。在大前提确定之后，法官需要依大前提中的要素对案件事实进行涵摄，剥离其中不符合大前提之构成要素的情节，并判断小前提即案件事实与法律之间的契合度。案件事实具有法律规范所要求的构成要件，即可以据此得出判决结果。三段论思维之所以能够确保司法之法律统一适用功能的实现，其缘由即在于三段论思维本身的形式逻辑性。也就是说，通过三段论思维的应用，法官只需要考虑案件事实与法律规范之间的契合程度，对于并非法律规范所要求的"规范性事实"，法官则可以在司法过程中将之予以排除，此过程的结果便为，只要大前提即法律规范本身不变，面对基本相同的案件事实，法官即可得出基本相同的判决结果。此种思维模式即是职业理性。职业理性又是一种技艺的理性，这种技艺理性使司法的过程按司法的本身规则行进，从而最大限度地确保法律的统一适用。因此，从这个角度而言，三段论思维实现了"同案同判"，这是法律之统一适用的基本要求。其二，司法之法律统一适用的功能同样需要通过司法的方法体现。应该说，司法机关最常用的司法方法即是法条主义的司法方法。法条主义司法方法的精粹在于要求法官将现行法律体系视为解决案件的"唯一正解"，法官只能从法律中寻求答案，而不能将法律之外的其他价值作为论证判断合理性的理由。在此基础上，法条主义的工作方法是使法官仅仅从法条本身的字面含义对法律进行理解，并将之予以适用。当然，在法律无法为案件提供现成答案时，法条主义则允许法官在现有的法律内运用法律价值判断解决案件。也就是说，严格依法律之规定进行审判是司法的基本原则，当然，在法律存在漏洞或冲突的情况下，法律规则体系则无法为法官司法提供明确的规则指引。此时，法官即需要依法律之价值行使审判权。"法官要受到法律之拘束，这是现代法治的基本原则之一，只有在既有的法律体系对特定的个案沉默无语之时，法官才可以诉诸于一些类似于正义原则等抽象价值标准来裁决案件。"① 在此过程中，由于法律含义被限定于其字面含义，起码不超出该法律制度所追求的价值，不同法官对法律的理解即得以趋同，从而确保法律的统一适用。

当然，在我国，除审判之外，司法机关承担的法律统一适用的功能还通过司法解释和案件指导的方式予以体现。人民法院和人民检察院的法律解释权源于《全国人民代表大会常务委员会关于加强法律解释工作的决议》的规定。司法解释的作用即在于解释清楚法律适用过程中具体应用法律、法令的问题。这实际上是为司法机关适用法律确立统一的标准，其目的也在于法律的统一适用。2010 年 7 月和 11 月，最高人民检察院和最高人民法院先后出台了各自的关于案例指导工作的规定，将我国的案例指导制度予以规范化。案例指导制度实际上具有统一法律适用的功能，其缘由即在于，案例指导制度的确立能够为同类案件的审判提供统一的法律理解规则，从而实现对法官裁量权的约束，"案例指导制度最直接的目的是规范自由裁量权，实现司法统一"。② 在此意义上而言，指导性案件的发布也是我国司法机关发挥法律统一功能的方式之一。

---

① 孙海波:《"后果考量"与"法条主义"的较量——穿行于法律方法的噩梦与美梦之间》，《法制与社会发展》2015 年第 2 期。

② 秦宗文:《案例指导制度的特色、难题与前景》，《法制与社会发展》2012 年第 1 期。

四 走向司法法治：立足人权保障的司法功能整合

如上所述，司法具有政治功能、民主功能和法律功能，司法的政治功能确保司法权行使满足社会对公平正义的需求，司法的民主功能则确保民意能够体现于司法的过程中，司法的法律功能确保形式主义法治的实现。在此意义上而言，司法的政治功能、民主功能和法律功能是缺一不可的，三者的合力将使司法通过法律的统一适用回应民意的诉求，服务国家战略的推进，这也是司法法治的应有含义。因此，司法改革在行进过程中不可偏废于任何一种功能，而应实现三种功能的有机融合。实际上，司法的三种功能并不是在同一层次上的。其缘由即在于司法的本质为法律适用权和判断权，其职责在于对争议事实及其法律性质的认定，① 这即决定了司法的法律功能为其最基本的功能，政治功能、民主功能的发挥建立在法律功能的基础之上。因此，在强调司法参与社会大局，服务国家战略大局的背景下，其在本体上应回归以审判为中心的结构体系，在价值上引入人权保障价值，在方法上建构多元能动的司法方法。

（一）人权保障价值的引入

如上所述，司法的三种功能并不是在同一层次上的，司法之政治功能、民主功能和法律功能的整合，需要建立在法律功能之优越地位的基础之上，政治功能和民主功能只能通过法律功能实现。

然而，纵使司法的政治功能和民主功能需要建立在法律功能的基础之上，并通过法律的适用得以体现，但在实践过程中，司法的政治功能、民主功能和法律适用功能之间常常存在紧张关系，政治功能和民主功能往往寻求突破法律功能的阻碍而追求法律之外的目的。例如，在"严打"期间，司法

---

① Charles De Secondat, Baron De Montesquieu, *The Spirit of the Laws* (Nurgent Translation), revised edn, 1873, first published, Bk XI, ch VI, pp. 175–176.

机关充当"刀把子"的角色被用来对犯罪分子进行严惩,这即表明司法机关的政治功能力压法律功能,或者说,司法的政治功能优于法律功能。出现此种现象的缘由,除了法治观念未得到贯彻与形势需要之外,最重要的在于法律功能本身仅着眼于法律的统一适用,具有形式主义法治的倾向。

因此,法律功能要在司法功能序列中占据优越性地位,就要求在司法中植入人权保障的价值。如上所述,司法的法律功能不彰的缘由,除了法治观念未得到贯彻之外,最重要的在于法律功能本身仅着眼于法律的统一适用,具有形式主义法治的倾向。而人权保障功能的植入则可使法律适用的过程具有优越性地位。一方面,人权价值的植入,可以使法律适用的过程走出形式主义法治的桎梏,使司法的过程具有超越实定法的价值指引,从而使司法实现从形式主义法治到实质主义法治的跃进。另一方面,众所周知,人权保障在法的价值体系中占据最高地位,统治秩序、民主等价值在与人权保障价值发生冲突时,皆需要让位于人权保障价值。此种情况下,在司法中植入法律价值,司法的过程即实现了法律的统一适用与人权保障的统一,法律的适用过程将借助人权保障而取代相对于政治功能和民主功能的优越性地位。此时,建构在司法之法律适用功能基础之上的法律功能、政治功能和民主功能的融合也才能够得到体现。

(二)立足审判的司法功能扩展

在引入人权保障功能以确保法律适用功能之基础性地位得以确立的前提下,司法即可立足于司法审判而实现司法功能的扩展。司法功能的扩展之所以要立足司法审判,其缘由即在于,如上所述,司法权的本质为判断权,这在宪法第128条和人民法院组织法第2条的规定中即得以明确体现。实际上,当前开展的以审判为中心的诉讼制度改革即是这种倾向的具体表现。审判中心主义司法改革的主要任务是确立司法审判在刑事司法中的核心地位,要求案件事实应在审判环节查明,对当事人的强制措施也应当在审判环节中实施，"刑事诉讼中一切活动应当以审判活动为中心，围绕审判的任务与目标进行，接受审判活动的检验"。① 以审判为中心的诉讼制度强调的是审判权对侦查权和检察权的制约，据此，侦查和检察过程所具备的打击犯罪、维护社会秩序、保障市场经济运行环境等政治方面或者民主方面的诉求即需要接受审判规则的约束，从而使政治功能和民主蕴含于法律功能之中。

在立足审判功能的基础上，司法即可实现向政治功能和民主功能的扩展。就政治功能而言，当前我国司法机关最为主要的政治功能即为服务大局，适应和服务经济发展新常态。2016 年的人民法院工作报告即提出，人民法院在 2015 年的主要工作包括服务国家重大战略实施、维护市场经济秩序、推动创新驱动发展等。当然，需要提出的是，2016 年的人民法院工作报告也明确了法院之政治功能的发挥建立在法律功能的基础上。② 从该报告的表述中可见，司法服务于大局的政治功能的扩展实际上建立在法律适用这一法律功能的基础之上。这也同时表现未来的司法改革需要通过司法之法律适用功能发挥其服务大局的政治功能。

与此同时，司法还可通过立足审判功能实现司法之民主功能的扩展。如上所述，司法的民主功能优先体现为司法对权力分立制衡之宪法体制的维护，"公正的司法程序对国家权力运行的规制，是政治文明的内在要求，也体

---

① 闵春雷：《以审判为中心：内涵解读及实现路径》，《法律科学》（西北政法大学学报）2015 年第 3 期。

② 该工作报告指出，在服务国家重大战略实施方面，上海、广东、天津、福建等地法院围绕自贸试验区建设，加强司法应对，依法审理涉自贸区案件，各级法院审结涉外商事案件 6079 件，依法保护海洋权益，审结海事海商案件 1.6 万件。在维护市场经济秩序方面，各级法院审结一审商事案件 334.7 万件，同比上升 20.3%；审结金融案件 105.3 万件，维护正常金融秩序，其中审结保险案件 10.7 万件，更好地服务保险业发展，审结虚假陈述、内幕交易等案件 4238 件，维护证券交易秩序。在服务创新驱动发展战略上，各级法院审结一审知识产权案件 12 万件，鼓励和支持大众创业、万众创新；依法审理著作权案件，加强原创作品保护；修改办理专利案件司法解释，加大对专利权的保护力度；依法审结不正当竞争和垄断案件 1802 件，增强市场活力。

现了法治国家建构的基本共识"。① 司法之制衡功能的扩展同样需要建立在法律适用功能的基础之上，这也是在由司法机关负责违宪审查的体制中，司法机关需要在具体的个案中审查立法之合宪性的缘由。当然，立基于宪法的人权保障价值，司法机关在司法审查的过程中可以对涉及基本人权保障的案件采取更为严格的审查基准，这也是立足法律适用而扩展司法之民主功能的一种表现。

第三节　通过人权保障的司法立宪主义建构

在宪法视角下，人权司法保障不仅有其必要性，司法与人权保障的耦合也具有相当重要的宪法价值，能够为司法机关参与社会治理提供论证。② 更为重要的是，人权司法保障也有利于促使宪法走向司法领域而使宪法中的基本权利条款从法律权利走向实有权利，进而满足司法立宪主义的要求。

一　司法立宪主义的提出

近年来，我国正大力推进司法体制改革，司法体制改革成为国家政治生活的热门话题。司法体制改革的目的不仅在于在微观层面使司法之组织构架和运行方式符合法律的规定，更在于使之满足宪法体制的安排，并在现有宪法政治秩序当中发挥维护民主制度、统一法律适用和解决纠纷、保障人权等作用。换言之，司法改革应在立宪主义原则的指引下展开，不仅改革的过程需要符合宪法和法律的规定，改革的结果即改革后形成的司法制度体系也需要满足宪法对司法权及其作用的设定。在此意义上而言，司法体制改革有向立宪主义司法迈进的必要。

---

① 莫良元：《转型社会司法法治生成的应然目标与多维价值》，《学海》2012 年第 5 期。
② 蒋银华：《人权行政诉讼保障的路径选择及其优化》，《政法论坛》2018 年第 5 期。

立宪主义司法指向的是司法在宪法体系中的正当性问题，包括司法权来源的正当性和司法功能、司法程序的正当性等问题，"它涉及司法权如何配置、司法机构如何组织、司法权力如何运作以及司法如何保证人权等基本问题"。[①] 立宪主义司法的内核在于两大问题。其一是司法权的宪法控制问题，即立宪主义司法首先需要解决宪法对司法权的控制问题，司法权来源、组织形式、运行程序和效果等都应当进入宪法规制的范围，而现实中存在的司法权也应当以宪法之赋予与约束为前提。[②] 其二是宪法价值之司法保障问题。宪法作为法律体系的根基，其必然包含各种各样的价值，这些价值正是宪法获得正当性基础的来源。在诸多的宪法价值当中，人权保障价值则应作为宪法的核心价值，宪法因此也被称为"一张写满人权的纸"。司法作为宪法体系的重要组成部分，其当然需要以宪法价值为运行的指引，通过司法权的行使而确保宪法价值的实现。因此，立宪主义司法的建构，首先需要在形式上实现宪法对司法权的控制；在此基础上，司法需要强化其人权保障功能，通过人权保障提升司法的价值内核，使之契合于立宪主义的要求。

宪法是国家之根本大法，其不仅在一国的法律体系中具有最高效力，也是国家权力行使必须遵守的基本规范。司法机关作为国家机关的重要组成，其权力源于宪法，当然也需要接受宪法规范的约束。司法改革和司法活动在宪法的范畴内开展，这是司法立宪主义的基本要求。"所谓'司法宪法化'，即让司法回缚于其宪法定位和宪法拘束。其核心问题就是将司法权及其运行过程纳入宪法轨道，实现宪法对司法和司法改革的全面规制；其本质上即司法立宪主义。"[③] 司法立宪主义的基本要求是司法在宪法的范围内活动，而人

---

① 江国华:《司法立宪主义与中国司法改革》,《法制与社会发展》2016 年第 1 期。
② T. Arthur, *The Challenge of Lam Reform*, Princeton, N. J. : Princeton University Press, 1995, pp. 4—5 .
③ 江国华:《司法立宪主义与中国司法改革》,《法制与社会发展》2016 年第 1 期。

权保障在司法过程中的植入，则可使司法法治从形式法治走向实质法治，符合宪法之实质性要求，体现司法立宪主义的精神。司法立宪主义之核心要义在于强调规则之于司法的根本地位，要求在司法领域内贯彻"规则至上"的理念，一切司法活动皆在法律范围之内进行。司法立宪主义作为法治理念在司法领域的具体反映，其对司法活动的展开有多方面的要求。

二　宪法对司法人权保障功能的设定

（一）通过司法权设置突出人权保障功能

司法对人权的保障分为多个阶段和多种方式。人权保障分为两个阶段：第一个阶段是确立规则和标准，其表现为由宪法确立人权保障的基本原则并通过立法将宪法中的基本原则和各项公民基本权利具体化，这是人权保障的起点；第二个阶段是实施规则和完善规则，即通过执行已有的规则，使各项人权法得以有效的执行和实施。司法在人权保障中的作用体现在第二个阶段上——为人权的保障提供救济的渠道。当然，在一定的法律制度之下，司法还可以对法律进行审查以查明该法律究竟是否与人权保护的基本原则相冲突。司法对人权的积极保护作用体现在以下三个方面。

首先，司法可以通过对立法审查保护人权。从司法运行实践来看，司法对法律制度的完善具有极大的促进作用，尤其是在实施司法审查制度的国家。也就是说，司法人员在对案件的审理过程中可以发现很多违反宪法基本原则的条款。将这些条款"冻结"不用或者直接宣布废除违宪条款，恶法的危害因此得以抑制。

其次，司法可以通过行政诉讼保护人权。行政诉讼制度，即"民告官"制度，在我国属于三大基本诉讼制度之一。行政诉讼制度是纠正和遏制行政权力侵犯人权的最为有力的制度。当公民个人的法律权力受到来自行政权的不法侵害时，公民可以向司法机关提起行政诉讼，要求司法机关对于行政机关行政行为的合法性进行审查并纠正行政机关的不法行为。在强大的国家行政权力面前，个人的力量显得格外渺小。相对于个体对个体的侵害，国家对个体的侵害更难以得到救济。行政诉讼制度的设立为个体更加方便、快捷地得到救济提供了司法制度保证，这无疑有助于尊重和保障人权。

最后，司法可以通过其本身的程序及结果保护人权。"国家司法机关在处理各类案件的过程中，既能运用体现公平原则的实体规范，确认和分配具体的权利义务，又能使这种确认和分配的过程与方式体现公平性。"[①] 司法权作为一种消极被动、中立独立的正义守护者，为解决个体之间的人权纠纷提供了一种公正而权威的解决方式。另外，司法权在实际运行过程中发展出一套系统化的符合正当程序和法治原则的原则、程序、方式、方法，为人权的救济和保护提供了坚实的保障。惩罚犯罪和保障人权是刑事司法活动的两大目的。其中惩罚犯罪不仅是保障人权的途径之一，而且在对犯罪进行惩处的过程中也要尊重和保障犯罪分子的人权。罪刑法定、罪责刑相适应、有利于被告人的无罪推定，刑事司法中的这一系列原则有利于尊重和保障人权。

（二）确保审判独立以强化人权保障

从总体上而言，我国司法机构之设置符合审判独立的原则，这种设置有利于司法机关发挥其人权保障的功能。根据宪法之规定，我国的政权组织形式为人民代表大会制度。人民检察院和人民法院之组织由全国人民代表大会通过制定法律而规定，人民法院和人民检察院的人事任免由人民代表大会或其常务委员会决定，人民法院和人民检察院需要向人民代表大会报告工作。宪法所做的这些制度安排，能够从根本上确保司法机构之独立以强化其人权保障功能。具体而言，在现行的人民代表大会制度之下，人民法院和人民检察院被置于人民代表大会之下，需要向作为民意代表机关的人民代表大会负

---

① 吕世伦、贺晓荣：《论程序正义在司法公正中的地位和价值》，《法学家》1998 年第 1 期。

责和报告工作，而不需要向其他机构负责，因此从根本上保证了人民法院和人民检察院的独立；而人民代表大会对人民法院和人民检察院之监督也仅仅限于对这两个机构之整体工作上的监督，而不能切入对具体的审判业务或检察业务的监督。因此，从整体上判断，我国司法机构在其设置上是符合审判独立之要求的。当然，审判独立不仅包括司法机构整体上的独立，还包括各级司法机构之间的独立及审判组织、审判人员的独立。从某种程度上而言，审判独立最终要落实到审判组织和法官个人的独立上。也就是说，法院外部独立的根本目的在于确保审判组织和法官个人在个案中能够依事实与法律作出公正的判决。也就是说，在案件解决过程中，进行司法的不是法院，而是审判组织和法官个人，只有审判组织和法官个人才是审判的亲历者。因此，审判独立，只有贯彻到司法者才是有意义的，司法机构独立之追求，即是为审判组织和法官个人建构不受外界干扰的司法环境，使之能够独立判案。

审判独立的作用在于提升司法之于人权保障的作用。尤其是在当前我国社会背景下，司法受行政机关的干预较多，司法的独立将使其能够为受到行政权侵害的权利提供强有力的救助。相比于立法权，行政权直接深入社会生活的各领域，直接对公民的权利和义务产生影响，因此也更容易对公民的合法权利造成侵害。行政诉讼制度也即"民告官"制度就是为公民遭受行政权力不法侵害提供法律救济的制度。相比作为个体存在的公民，行政权背后的国家机器是冰冷而强大的，在与行政权力的纠纷当中，公民个体如果没有与其力量相当的机构提供帮助，后果可想而知。"以权力对抗权力"是一条颠扑不破的道理。司法权通过受理具体的行政诉讼案件，一方面可以为受侵害的公民或者团体提供救济，修复受损的社会关系，另一方面也在宏观上维持对行政权力的制衡，防止行政权力的过度膨胀给整个社会和国家带来的威胁，而这正是法治国家的要求。

（三）规范司法程序以提升司法的公正性

司法程序的建构亦应当是司法人权保障的主要方面。这是因为，正当司法程序之于司法审判公正的保障作用是不可替代的，我们认为，没有公正的司法程序作为保障，案件的公正审判就如没有根基的楼房，司法公正和司法权威随时都有可能倒塌。司法中的重要价值，实质上都需要通过司法程序来实现。具体而言，就司法中立价值而言，司法中立的基本要求即在于司法官在处理具体案件的过程中，对案件的处理既没有利益纠葛，也没有形成先入为主的偏见。此目的的实现，需要通过回避制度、避免单方接触制度等程序性机制的建构而完善。司法程序实际上是通过为当事人双方提供平等的参与机会而使法官全面了解案件事实从而避免偏见的形成以达成司法的中立的。就审判独立而言，这个价值的实现也需要程序性规则予以保障。具体而言，审判独立的实现，最终需要贯彻到法官一级才有意义。即是说，审判独立的最终目的是确保法官依其内心对事实的确信和对法律的理解而对案件作出判决，这个过程既应当吸纳各种利益相关主体的参与，又需要排除他们对案件审判的不当影响。此目的是需要通过参与、辩护、取证等程序来实现的。更为重要的是，司法程序还有其独立价值。司法的公开、听证等程序，能够充分吸纳当事人参与，使其通过程序机制而实现平等的对峙，从而在程序中消除怨气，并提出案件最终处理结果的可接受度。即司法的公开性要求司法以看得见的形式对案件进行审理，其处理过程应接纳纠纷双方平等参与，使审判结果以双方当事人看得见的形式生成。[①] 而获得公正的司法救济本身即是人权的重要组成部分，宪法中司法程序的建构将能够促使司法公正的实现，最终服务于人权保障价值的实现。

---

①　石茂生、赵世峰：《司法程序的构成要素和价值特征》，《河南司法警官职业学院学报》
2009 年第 1 期。

三　人权保障对司法立宪主义的证成

司法立宪主义要求司法权之范围受到宪法的严格约束，司法权运行程序和司法权运作效果也时刻处于宪法和法律的规范范围内。然而，这些内容仅仅是对司法的形式要求，亦即这几个方面的要求仅仅触及司法与法律的形式关系，要求司法在"外观上"符合宪法和法律的规定，而宪法之精神和实质，则没有体现在上述内容之中。实质意义上的司法立宪主义不仅要求司法服从于宪法条文的约束，更要求司法机关的活动能够符合宪法的精神和实质，而人权保障在司法过程中的植入，则可提升司法法治的实质性内涵，使之符合司法立宪主义的全部要求。

其一，在司法权范围上，人权保障原则的植入可为司法权滥用植入实质判断性标准，最终确保司法权在实体上受到宪法精神与价值的约束，这是司法立宪主义的实体要求。如上所述，我国宪法第 131 条规定人民法院依照法律规定独立行使审判权，第 136 条规定人民检察院依照法律规定独立行使检察权。然而，这两条的规定相当模糊，我们无法从中确定司法权的准确范围；纵使是结合人民法院组织法和人民检察院组织法的规定，司法权的准确边界也是难以确定的。换言之，宪法和组织法实际上仅仅是规定了审判机关和检察机关之权力的性质，并对此种性质的权力进行了简单描述，宪法和组织法中并没有像宪法第 89 条规定国务院之权力那样，划定法院和检察院之职权范围。此外，在界定司法机关之职权时，需要为其设定"负面清单"，此负面清单即为有关当事人之基本人权保障的事项属宪法保留之范围，非有宪法上的依据，司法机关不得为有损人权之活动。

其二，在司法程序上，人权保障原则的植入可保持司法能动与司法被动的平衡，使司法在启动程序上符合宪法的设定，这是立宪主义对司法的程序性要求。司法被动是司法的本质属性。也就是说，如上所述，在立法权与司法权分立的宪法体制之下,以司法之经验理性制约民意的冲动倾向和迅速的变革,防止社会发展过度向某一方向倾斜,从而维护社会发展之平衡性和稳定性。具体而言,司法之保守性体现于其被动性。一方面,司法并不主动地参与社会政策的制定,同时也不作为社会政策的执行者,其只是在纠纷产生的前提下,介入纠纷的解决过程。在此过程中,司法在程序上具有保守性。另一方面,司法作为纠纷解决的专门机关,其在纠纷解决方面也应当具有一定的克制态度,只有在社会生活本身不能很好地解决纠纷时,司法机关方有必要介入纠纷处理过程。富勒形象地指出:"法院就像出了故障的闹钟,它们只在有人拨动时才能工作。"① 基于此,我们认为,在国家权力架构中,被动性是司法的本质属性。

然而,在现代社会背景下,司法又有走向能动的必要。一方面,社会生活的日益复杂化要求司法承担更多的社会责任。司法之于社会,犹如药品之于人体,只有在社会产生纠纷时,司法才有必要介入司法生活。在此意义下,司法更像真正意义上的"守夜人",其只需默默守护正义的底线。然则,在社会纠纷大量产生的背景下,司法的作用有可能需要"前移",犹如药品的作用亦需发生从"治疗"到"预防"的前移一样。在此种社会背景下,"司法能动地解决社会纠纷"即是应对社会复杂情势的必经途径,这也是司法走向能动主义的社会基础。在此种社会基础上,我国的司法政策实际上也向司法能动转向,或者说,"司法能动"的司法政策即是在此背景下被提出的。能动司法,按照官方解释,是要求司法超越被动性特征,主动参与到社会纠纷的解决过程,更多地承担维护社会稳定职能,服务于经济社会发展的大局。"中国式的司法能动主义是人民法院立足司法职能,遵循司法基本规律,积极主动拓展司法功能,最大限度地发挥司法主

---

① Lon L. Fuller, "The Forms and Limits of Adjudication," in American Court System, W. H. Freman & company, 1978.

观能动性，最大程度地实现司法的法律价值、社会价值、政治价值的司法活动。"①

　　然而，司法能动与司法谦抑处于对立关系之中。这是因为，司法能动要求司法积极地参与社会规则的形成过程，通过司法权的运行建构一种优良的生活秩序。在此种情形下，司法在一定程度上突破了其与立法权和行政权的权力界限，当然，这种突破也是社会纠纷多发的必然结果。司法能动的这种要求与司法的谦抑性规则是相悖的。司法能动与司法谦抑之间的矛盾与冲突需要通过司法之人权保障功能来调和。具体而言，一方面，人权司法保障功能要求司法是能动的，其既要求司法更多地接纳社会纠纷，扩大司法的受案范围，为受到侵害的权利提供广泛可行的救济路径，也要求司法超越于法律规则的字面意思而探寻立法者的立法原意，其中的人权保障即被视为蕴含于法律中的最高价值，也是司法权行使的最终目的。这即是人权司法保障的能动面向。另一方面，人权保障功能又要求司法是谦抑的，这种谦抑主要表现在，人权保障归根到底是蕴含于法律之中的价值，人权保障的考量虽在一定程度上使法官找到了突破制定法之字面意义的权力，但这种突破的正当性不是建立在所谓的经济发展、社会稳定等缘由上，而是建立在人权保障这一法律所蕴含的价值中。这就要求法官从法律中而非从法律之外寻求其裁决的理由，从而也能够防范法官过多地受到社会情势的影响。因此，人权保障价值所具有的要求司法恪守法律精神、排除案外因素干预的功能实际上是与司法谦抑的基本要求相一致的。从这个角度而言，司法能动与司法谦抑可在人权保障的维度内实现统一，进而也为司法权运作过程及其效果的规范性提供保障。

---

① 凌捷：《司法能动主义的改革方向》，http://news.sina.com.cn/o/2010-03-17/0830172294 27s.shtml，最后访问时间：2016-10-24。

第二章

人权司法保障的宪法依据

司法是社会系统的重要组成部分。在人类社会产生和发展的过程中，基于社会自身运行的需要，社会本身需要特定的制度机制以解除纠纷，维护社会秩序。这一制度机制即是司法制度。从这个角度而言，对司法角色及其功能的分析，需要从司法据以运行的规范体系入手，人类社会是司法产生的基础，同时也决定了司法的发展与运行。① 司法既是社会的，司法的运行即不能罔顾社会系统，其运行的过程需要从社会系统中吸收合理因素，运行的结果也需要接受社会系统的评判。基于司法的规范体系则决定了司法的运行模式和形态。人权保障作为司法制度运行的目的，需要体现于司法运行所依托的规范体系当中，此种情况下，作为法律适用过程的司法方能够最终实现人权保障的目的。司法权运行的规范体系则不仅包括司法规则，还包括司法原则和司法政策，后两者对司法的运行皆存在重要影响。因此，司法原则和司法政策同样是人权司法保障功能发挥所依赖的规范体系的组成部分。

---

① 江国华、周海源：《司法理性的职业性与社会性——以裁判效果为视角》，《学习与探索》2015 年第 2 期。

第一节　人权保障的宪法原则

一　分工制约原则及其人权保障功能

(一)分工制约原则概述

分工制约原则是宪法确立的基本原则，这是由司法之社会功能所决定的。具体而言，在司法诞生之初，司法的社会功能即在于解决利益纠纷、维护社会稳定。因此，定分止争即是司法的最初社会职能。而到了现代，随着国家权力体系的进一步发展，司法权成为国家权力序列中的重要组成部分，这种情况之下，司法权的社会作用不仅在于解决社会纠纷，更在于通过社会纠纷的解决而维系国家权力之间的平衡，防范权力的滥用而危害公民的权利。"司法一方面通过统一适用法律来表达权力，为政治权力提供合法性资源，另一方面又通过行政诉讼、违宪审查等手段制约政治权力的滥用。在民主政体的制度保障下，通过分权制衡的形式体现司法的至上性，树立起司法的权威。"[①]

当然，司法权之制衡功能的实现是需要以分权为基础的，即只有行政权、司法权和立法权分别由不同的机关行使，司法权的制衡功能才能得以实现。当然，我们所说的分权，并不一定是美国法上的三权分立与制衡。实质上，不同的国家具有不同的法传统和制度构架，不能因其分权制衡制度构架的不同而否认其分权制衡的实质。尽管我国并不实行美国法意义上的三权分立制度，但我国的各项国家权力之间亦存在一定的分工，这即是司法权之制衡功能存在的宪法基础，也是司法基本法应当将分工制约原则规定为司法之基本原则的法治基础。具体而言，我国宪法分别将立法权、行政权、司法权

[①]　季金华:《制衡与互动:司法权威的制度支撑》,《新疆大学学报》2002 年第 3 期。

赋予全国人大、国务院以及人民法院和人民检察院，并规定人民法院、人民检察院得独立行使其审判权和检察权，这即是分权制衡原则在我国宪法中的体现。当然，我国的分权制衡制度的建构是需要置于人民代表大会制度之下考量的，在国家权力体系中，司法权的制衡功能，更多地体现为司法机关通过行政诉讼对行政机关之制衡。而我国司法机关并无违宪审查权，因为无权对立法机关之立法及其行为进行审查，即不存在司法机关对立法机关之制衡。

宪法中分权制衡原则的存在，构成了司法基本法之分工制约原则的宪法基础；而以分工制约原则作为司法基本法之基本原则，要求司法基本法在配置司法权的过程中，应当保障司法权在国家权力体系中的平衡地位。即是说，在我国的宪法制度安排中，纵使法院所掌握的唯一资源是法官手中书写判决书的笔，但其在国家权力体系中的地位亦不可削弱。对于其制衡功能，我国宪法仅规定了司法权对行政权的制衡，但这种制衡对于人大之下的"一府一委两院"之间的平衡是具有重要意义的。因此，在司法基本法的制定中，司法机关之行政审判的权能应当得以强化。

分工制约原则不仅体现在司法权之于国家权力架构方面，更体现在各司法机关之间，司法规范在配置司法权之前，亦应当确保各司法机关能够相互制衡，这在宪法第140条 [①] 中得以体现。此条规定建构了人民法院、人民检察院和公安机关之间相互制衡的关系。当然，宪法的这条规定仅仅是就刑事案件的办理即刑事诉讼的过程而言的，刑事诉讼之外的其他诉讼程序之行进，似乎并不受宪法该项原则的制约。然而，笔者认为，在刑事诉讼程序之外，各司法机关之权能亦需要实现相互的制衡。就民事诉讼程序和行政诉讼程序而言，实质上亦存在检察院与法院之间的制衡。具体而言，在民事诉讼程序和行政诉讼程序中，依民事诉讼法和行政诉讼法之规定，检察院具有法

---

① 宪法第140条：人民法院、人民检察院和公安机关办理刑事案件，应当分工负责，互相配合，互相制约，以保证准确有效地执行法律。

律监督的职权，其认定法院的判决具有违反法定程序、事实不清、证据不足等情形的，即可以行使法律监督的职权，向上一级法院提出抗诉，从而使法院之判决不具有既判力，不能成为具有法律约束力的判决。当然，检察院对法院之监督仅具有程序法上的意义，即是说，检察院对于其认为不当的法院的判决，只能向上级法院提出抗诉，案件实体上的处理由法院决定，检察院并不具有对案件之实体权利义务进行处置的权力。"由检察权的程序性特点所决定，检察机关的法律监督是一种必然引起一定的程序、被监督者必须作出法律规定的反应的权力，而不是必然对被监督者产生实体影响的权力。"[①]也就是说，在检察院通过抗诉而行使其法律监督权之过程中，检察院可以从程序上启动抗诉程序，而法院则具有实体上的处置权，此种关系实质上体现了检察院与法院之间的分权制衡，宪法规定的分工负责、相互配合、相互制约之关系，不仅体现于刑事诉讼行进的过程中，实质上还体现于审判权和检察权运行的全过程。而在审判权与检察权运行过程中需要实现二者间的相互制约，当然需要从源头做起，在审判权与检察权配备过程中即设置二者间相互制约之权能。

（二）分工制约原则对人权的保障作用

分工制约原则主要通过刑事司法中的分工制约实现对人权的保障。如前所述，我国宪法第140条规定即建构了人民法院、人民检察院和公安机关之间相互制衡的关系。分工制约原则的前提在于分工，即人民法院、人民检察院和公安机关在刑事诉讼中各司其职。按我国刑事诉讼法的规定，公安机关负责案件的侦查，在取得证据的基础上将案件移送检察机关审查起诉。检察机关对于公安机关移送的案件，主要对其证据进行审查，尤其是审查证据的合法性以及证据对犯罪事实的证明程度。另外，检察机关也对职务犯罪等案

---

① 郑锦春、王戬：《检察机关法律监督与相互制约的底线分析》，《内蒙古社会科学》2010年第5期。

件行使侦查权。而在检察机关将审查完毕的案件向法院起诉之后，法院则负责对案件及其事实证据进行审理和判决。在此种职能分工的关系当中亦存在三者间的制约，主要表现为以下两个方面。一方面是检察机关对公安机关的制约。即检察机关对公安机关移送的案件进行审查，这本身即是检察权对警察权力行使的一种审查和制约，公安机关在刑事案件办理过程中，其取得的证据或者取证过程不符合法律之规定的，其在移送审查过程中即有可能被检察机关发现并需要承担相应法律后果。同时，公安机关收集的证据未能充分证明犯罪事实的发生的，案件也有可能被检察机关退回补充侦查；而对于公安机关未立案而检察机关认为应当立案的案件，检察机关也可以责令公安机关立案侦查。另一方面是审判机关对检察机关的制约。检察机关审查完毕的案件需要向法院起诉，起诉过程中其收集的证据材料也需要向法院提交，法院对事实和证据材料的审查同样起到监督和制约检察机关的作用。另外，对于检察机关起诉的罪名，人民法院经对事实的审理也可以进行变更，对检察机关起诉的案件甚至可以作无罪判决，这都是审判机关对检察机关的制约方式。

而此种制约最终的目的在于人权保障。也就是说，从抽象的层面而言，没有制约的权力即有可能走向腐败，这是颠扑不破的真理。尤其是就刑事诉讼而言，诉讼活动的开展既有可能限制或剥夺犯罪人的人身权、财产权及至生命权等最为基本的人权，同时也能够决定被害人的权利能否得到救济以及得到救济的程度。换言之，刑事诉讼与人权保障存在紧密的联系。这也决定了刑事诉讼过程中的司法权绝对不能滥用，否则将有可能严重侵害公民的人身、生命等基本权利。从这个角度而言，刑事诉讼中的分工制约即是为了防范司法权的滥用和保护公民基本权利。而从具体的层面而言，三机关分工制约也是防范刑讯逼供等侵害人权行为的有效方式。刑讯逼供问题是当前影响我国司法权威的重要因素。实践中，侦查机关为迅速完成案件的侦查和移送起诉工作，同时也为完成打击犯罪活动的任务，在工作过程中有可能采用刑讯逼供手段以取得证据。当然，我国刑事诉讼法已于2018年进行修改，这次修改的一个亮点即是全面防范刑讯逼供行为的发生。在这次修改中，对刑讯逼供行为主要从两个方面进行治理。其一，规范证据收集程序，刑事诉讼法第52条为司法工作人员设定了合法取证的义务，对这个义务的违反且涉及暴力使用的，即有可能构成刑讯逼供。其二，通过非法证据排除规则防范刑讯逼供行为。具体而言，该法第50条规定，证据确实充分必须是经法定程序查证属实的证据。而所谓的法定程序，当然包括非法证据排除规则。该法第56条更是直接规定，对于采用暴力、威胁等方法取得的言词证据，法庭不能作为定案的证据，在庭审过程中应当予以排除。该条同时规定，对于非经法定程序取得的书证，不经补正或者作出合理解释的，不能作为定案的证据。此条即直接规定了非法证据排除。更为重要的是，依刑事诉讼法第56条的规定，非法证据排除规则不仅存在于审判程序中，在侦查、起诉程序中，司法机关发现证据为应当排除的证据的，则应当予以排除。通过这些条文的设置，我国刑事诉讼法形成了较为完善的刑讯逼供治理规则体系。刑事诉讼法中的上述治理刑讯逼供问题的规范需要放置于三机关分工制约的角度进行理解，只有在三机关分工制约关系当中，上述规范对刑讯逼供问题之治理效果方有可能得以最大化。具体而言，就收集证据过程的规范化而言，刑事诉讼法第52条规定，审判人员、检察人员、侦查人员必须依照法定程序，收集能够证实犯罪嫌疑人、被告人有罪或者无罪、犯罪情节轻重的各种证据。而此条规定能否得到执行及其执行效果如何，则取决于检察机关的监督权能否得到有效运行。也就是说，就公安机关调查取证过程及其证据的合法性而言，只有检察机关严格按照刑事诉讼法和相关证据规则的规定对该过程进行监督并对违法人员予以严肃处理乃至启动职务犯罪侦查权，才能最大限度地避免公安机关在调查取证的过程中采用刑讯逼供手段，从而为犯罪嫌人之基本权利提供充足保障。同样，就通过非法证据排除规则防范刑讯逼供行为这一方式而言，非法证据排除规则同样由检察机关和审判机关启动，其本质上是审判机关和检察机关对侦查权的监督制约方式。从这个角度而言，作为司法基本原则的分工制约原则在刑事诉讼当中的具体化能够为人权提供充足保障。

二　审判独立原则及其人权保障功能

（一）审判独立原则概述

审判独立原则应是司法独立原则中国化的具体表现形式。司法独立原则是西方国家倡导的司法之基本原则，其既要求裁判权由法官依其对证据之认定和法律之理解独立行使，更要求司法权作为国家权力之组成部分而形成对其他权力的制衡。在此意义上而言，西方国家所提倡的司法独立起码包含两方面内容：其一是政治意义上的司法独立，即司法在国家权力体系当中具有独立地位且不受其他权力之干预，相反，司法应当构成对其他权力的一种制衡。其二是案件审理层面上的司法独立，即要求司法机关及法官在案件审理过程中排除其他机关和社会团体、个人的干预，能够独立行使审判权，实现对案件的公正审理。

就我国而言，需要明确的是，人民代表大会制度是我国的政权组织形式，人民法院、人民检察院都由人民代表大会选举产生，需要对人民代表大会负责并报告工作。因此，在我国，人民代表大会与司法机关之间是单向监督关系，即由人民代表大会监督司法机关，而司法机关对人民代表大会职权的行使并无监督制约的权力。在此意义上而言，我国并不存在西方语境下的"司法独立"。当然，司法独立具有第二层内涵，即司法者在司法过程中依其对事实的认定和法律的理解进行裁判而不受外界力量干预，这是司法公正的必要前提。也就是说在冲突的利益关系中，司法者需要保护受到损害的利益，其首先需要查清事实，理顺利益相关者之间的权利义务关系。这项工作的完成，需要司法者超越利益纠纷之上，处于不偏不倚的地位。在没有利益牵涉的前提下，司法者才能严格依事实和法律进行判断，从而确定纠纷当事人之间的权利义务关系，最终作出公正的裁决。司法者独立于利益纠纷之上即是其作出公正裁决的前提，无审判独立之保障，裁判者所作出的裁决很难是公正的，起码该裁决在外观上不具备公正性，难以使当事人相信该裁决是公正的。这即是司法公正与审判独立之关系，亦是审判独立构成司法的核心原则的缘由。基于此，我国宪法明确规定了审判独立原则，即宪法第131条规定，人民法院依照法律规定独立行使审判权，不受行政机关、社会团体和个人的干涉。

在我国，审判独立应当包含以下三方面内涵。其一是法院系统的独立。所谓法院系统的独立，是指法院在处理审判事务中，其审判权的行使不受其他机关、团体和个人的干预。晚近以来，我国推行了多项举措以确保法院系统的独立。例如，《中共中央关于全面推进依法治国若干重大问题的决定》提出，各级党政机关和领导干部要支持法院、检察院依法独立公正行使职权。建立领导干部干预司法活动、插手具体案件处理的记录、通报和责任追究制度。任何党政机关和领导干部都不得让司法机关做违反法定职责、有碍司法公正的事情，任何司法机关都不得执行党政机关和领导干部违法干预司法活动的要求。对干预司法机关办案的，给予党纪政纪处分；造成冤假错案或者其他严重后果的，依法追究刑事责任。在此基础上，中共中央办公厅、国务院办公厅印发的《领导干部干预司法活动、插手具体案件处理的记录、通报和责任追究规定》明确了领导干部干预司法的情形及其责任。另外，党的十八届三中全会决定还要求实行省级人民法院、人民检察院对其下市、县(区)级法院、检察院的人、财、物统管制度，审判机关在此基础上开展了人、财、物省级统管制度改革。上述措施的推行，都有利于减少其他机关对审判活动的干预，维护法院系统的独立。

其二是法院层级的独立。所谓法院层级的独立，是指各级法院对其管辖的案件独立行使审判权，其审判权的行使同样不受上级法院的干预。我国宪法第132条规定，最高人民法院监督地方各级人民法院和专门人民法院的审判工作，上级人民法院监督下级人民法院的审判工作。上级法院与下级法院之间是监督关系而非领导关系，这就为法院层级间的独立奠定了宪法基础。在此基础上，民事诉讼法、行政诉讼法和刑事诉讼法规定了各级法院在案件处理当中的关系，主要有接受上诉、发回重审等关系，其体现的也是上级法院对下级法院的监督，但上级法院不能直接干预或决定下级法院之裁判，这也体现了法院层级的独立。

其三是法官的独立。所谓法官的独立，是指法官在审理具体案件过程中，其审判活动依法官对事实的认定和法律的理解开展，既不受其他机关、团体和个人的干预，也不受本院领导的干预。党的十八届三中全会审议通过的《中共中央关于全面深化改革若干重大问题的决定》提出，改革审判委员会制度，完善主审法官、合议庭办案责任制，让审理者裁判、由裁判者负责。其中的"让审理者裁判、由裁判者负责"本质上即是倡导由法官独立行使对具体案件的审判权。另外，《领导干部干预司法活动、插手具体案件处理的记录、通报和责任追究规定》规定，对领导干部干预司法活动、插手具体案件处理的情况，司法人员应当全面、如实记录，做到全程留痕，有据可查。该项制度的建立也为法官个人对抗领导干部的干预提供了制度保障。

（二）审判独立原则对人权的保障作用

如上所述，审判独立原则主要指向司法的组织体系，要求司法机关在其外部组织体系、内部机构设置和审判组织、审判人员等方面确保司法权在社会纠纷解决过程中处于不偏不倚的地位，能够对抗来自当事人和外界的压力以严格按照法律的规定作出判决。因此，审判独立原则之于人权保障具有间接性，亦即审判独立原则仅作用于司法组织本身，而无法为当事人及其权利提供直接保障。然而，审判独立对司法的价值又极为重要，是司法维系其公正性的根基。因此，审判独立原则也主要通过对司法公正的维系和对外部压力的抵抗实现人权保障的目的。

其一是通过对公正司法的维系保障人权。审判独立对司法公正的维系具有重要作用。司法公正首先源于司法对法律的严格适用。也就是说，司法机关作为法律适用机关，其本职工作即在于依法律之规定处理案件，将法律设置的权利义务模式具体化为当事人之间的权利义务关系，进而解决他们之间的纠纷。在此过程中，司法机关只有严格适用法律，司法的公正性才能得到体现。而审判独立对司法公正的意义体现为，司法只有在其组织和人员上具有独立性，方能避免案外因素通过司法组织和司法人员而影响到司法人员对事实的认定和对法律的理解。在此基础上，司法机关对法律的适用才可能称得上是公正的。而公正司法则能够产生对人权保障的直接促进作用。从程序的角度而言，人权司法保障首先要求公民获得司法救济的权利得到保障，且获得司法救济的权利应当是获得公正司法对待的权利，司法机关应当对当事人予以同等对待，对相同的情况进行相同的处理。只有这样，公民的人性尊严方得到尊重。这即是公民享有获得司法救济这一基本人权得到保障的应然状态。另外，从实体的角度而言，对案件当中存在的权利义务关系进行公正处理，当事人于实体法上享有的各种权利尤其是其基本权利也才能够得到充分保障。这也是人权获得保障的重要方式。简言之，审判独立原则可以通过对司法公正的维系而实现人权保障功能。

其二是通过对抗外来压力保障人权。司法的过程既是适用法律的过程，同时也是对社会利益关系进行处理的过程。由于这一过程涉及利益的处理，利益相关主体即有可能对司法权的运作各种施压。另外，在对社会影响较大的刑事案件中，人民群众也可以通过舆论等方式对司法审判施加压力。此时，审判独立原则即可能通过对抗外来压力保障人权。以美国的"焚烧国旗案"为例，在该案的处理过程中，社会舆论尤其是爱国者对该案被告实施的焚烧国旗行为大为愤慨，要求法院对其予以严加处理。① 然而，该案法官则借助审判独立原则，依其内心对法律的确信和对事实的认定行使审判权，进而认定焚烧国旗是受宪法保护的言论自由，从而判处被告人无罪。从中即可发现，审判独立原则还可以为法官对抗外来压力提供堡垒，确保法官能够独立依据法律的规定进行审判，进而间接为人权保障提供屏障。

第二节 人权保障的宪法规范

法律是司法得以运作的基础，司法的本质即是"法律适用"，因此，现行有效的法律规范尤其是宪法规范所构成的秩序规整即是司法运行最为基本的外部环境。当然，在此外部环境当中，民法、刑法、行政法等实体法律是司法机关处理个别案件的依据，而宪法规则则是司法权运行的普遍性依据。在此意义上而言，宪法在司法运行环境当中占据基础性地位，构成司法运行的基本框架。当前我国宪法除规定审判独立等原则之外，还建构了较为完备的司法权运行规则体系，这成为司法人权保障得以实现的宪法依据。也就是说，宪法作为国家根本大法，国家政治生活中的重要部分皆离不开宪法之规范。司法权作为国家权力的重要组成部分，其依宪法而产生，运行的范围、程序和效果受宪法约束。这些对司法权之运行及其效果的规范即构成了司法之宪法渊源。具体而言，我国宪法第三章集中规定了人民法院、人民检察院之设立、性质、职权等事项，这些规范构成我国司法法的主要宪法渊源。另外，宪法第 37 条关于逮捕程序的规定、第 62 条关于最高人民法院院长和最

---

① 强世功：《言论自由与公民宗教——从焚烧国旗案看美国自由派与保守派之争》，《清华法学》2008 年第 1 期。

高人民检察院检察长之产生的规定也构成司法法之宪法渊源。这些规范，既有对法院体制、检察院体制之规定，亦有对司法机关于国家机关序列中之地位、司法基本程序之规定。

一　宪法中的司法组织规范

（一）有关人民法院体制之宪法规范

所谓法院体制，是指由宪法和法律规定的人民法院之性质、职权、机构设置和相互关系、法官地位等事项的集合体。我国宪法中关于法院体制之规范主要包括以下三个方面。

其一是关于人民法院之性质的宪法规范，即宪法的第 128 条。根据此条之规定，首先，人民法院之基本性质为"审判机关"。所谓"审判"，即是审理和判决的合称。人民法院作为"审判机关"，其基本职责即为查明案件和处理案件。当然，在控、辩、审三方三足鼎立的现代司法理念主导下，人民法院负有"查明案件"之义务并不表明其应当亲自收集证据，而是对检察机关提供的证据进行审查，在审查的基础上依证据认定事实。其次，人民法院之性质不仅为"审判机关"，还是"国家审判机关"。作为国家审判机关的人民法院应当是国家立法的维护者，以国家立法为其行为的基本依据，通过审判维护国家法制统一。基于此，宪法关于人民法院之"国家审判机关"的性质的规定，是我们反对人民法院地方化的主要理由。

其二是关于人民法院之组织的宪法规范。人民法院之组织包括人民法院的设置、人员任免和上下级法院之关系等事项。关于人民法院之设置，宪法第 129 条规定进行了明确规定。结合人民法院组织法理解，人民法院之设置分四级，即最高人民法院、高级人民法院、中级人民法院和基层人民法院。关于上下级法院之关系，依宪法第 132 条的规定，在人民法院之金字塔体系中，最高人民法院处于该体系之"最高"地位，是国家最高审判机关，对民事、行政和刑事案件行使终审权，同时享有司法解释权、法院运作规则制定权、司法政策制定权等。从某种意义上说，它是全国法院的法院，它所作出的司法解释、所制定的规则及所发布的司法政策，对全国法院的审判工作具有最为直接的效力。[1] 当然，最高人民法院具有"最高审判机关"地位之含义与国务院具有的"最高国家行政机关"地位之含义是不同的，国务院基于其"最高"地位，有权领导各部门、委员会和地方各级行政机关工作，而最高人民法院对于地方各级人民法院和专门人民法院之审判工作仅有监督的权力，并且这种监督权之行使应当遵循法定形式，即通过二审程序和审判监督程序行使。

其三是关于人民法院之职权的宪法规范，即宪法第131条。根据此条规定，我国法院所享有的职权为"审判权"。审判权从其性质上而言，属于判断权，"司法判断是针对真与假、是与非、曲与直等问题，根据特定的证据（事实）与既定的规则（法律），通过一定的程序进行认识"。[2] 即是说，审判权是一种对案件事实之真伪及其法律后果加以判断的权力。

（二）有关人民检察院体制之宪法规范

宪法中关于人民检察院体制之规范主要规定于宪法第三章中，这些规范亦可分为以下三个方面。

其一是关于检察院性质之规范，依宪法第134条之规定，可以对检察院之性质做以下理解。第一，检察机关是国家的法律监督机关。检察机关代表国家，并以国家的名义对法律的实施和遵守进行监督，它的监督应当以是否危害国家利益为标准，只要发生了危害国家利益的行为，检察机关就应当予以监督。第二，人民检察院是专门的法律监督机关。与人大以及其他机关的监督相比，人民检察院的监督是一种专门的监督，即宪法将人民检察院定位

---

[1]　刘练军：《我国宪法上的司法制度省思》，《江苏警官学院学报》2010年第3期。

[2]　孙笑侠：《司法权的本质是判断权——司法权与行政权的十大区别》，《法学》1998年第8期。

为法律监督机关，在此基础上，其他法律还对检察院的监督权及其手段进行了充分规定。这些手段是检察院所专有的，也是检察院之法律监督机关性质的必要保障。

其二是关于检察院之组织的宪法规范。检察院之组织亦包括检察院之设置、人员任免和内部关系等事项。宪法第135条、第62条、第63条和第101条对上述内容已有详细规定。在检察院之内部关系上，上下级人民法院之间是监督与被监督关系，而上下级人民检察院间是领导与被领导关系。

其三是有关人民检察院之职权的规范。宪法第136条为检察院配置了检察权，结合人民检察院组织法理解，我们认为，检察权之内涵包括了侦查监督、审判监督和行政执法监督等权能。就其性质而言，检察权为一种法律监督权，即对法律关系主体之行为是否合法进行监督，既包括了对个人和社会团体之行为的监督，亦包括对行政机关、人民法院之行为的监督。

二　宪法中的司法关系规范

我国宪法建构了人民代表大会之下的"一府一委两院"制。其中，作为司法机关的"两院"在国家机关序列中，既有其独立的一面，又要受到来自人大的监督。现行宪法中规定司法机关以上地位的规范主要包括宪法第62条、第63条、第67条、第101条、第104条和第131条、第133条、第136条、第138条。

就司法机关之独立地位，宪法第131条和第136条分别规定了司法机关依法律规定独立行使审判权和检察权。根据此两条之规定，司法权之行使具有独立的性质，司法机关依其对证据之审查结果而认定案例事实，依其对法律的理解而作出处理决定，在此过程中，法院之意志不受外界的干预。当然，其独立性质并非没有边界，其只能依"法律规定"在法律框架内独立行使，而不得违反法律的规定，或者超越法律之界限，否则构成违法司法。从中我们亦可看到，我国司法机关依照"法律规定"独立行使司法权，而非依照"宪法"规定独立行使司法权，因而司法权之独立是法律上的独立，而非宪法上的独立，司法机关不得以法律违反宪法为由而拒绝适用甚至作出撤销判决，这也是与我国人民代表大会制度相适应的。

另外人民法院审判权之行使亦受人大的监督。根据宪法第 131 条、第 136 条之规定，司法机关依法独立行使审判权并非排除人大对司法机关工作的监督。基于宪法第 67 条之规定，司法权之独立行使亦是人大监督下的独立行使。当然，人大的监督是对法院工作的整体监督，而非对个案的干预，在个案之处理过程中，司法权之独立行使受法律保护。另外，基于宪法第 133 条规定和第 138 条之规定，司法机关不仅需要接受人民代表大会的监督，还需要对同级人民代表大会负责。

三　宪法中的司法程序规范

程序是司法的生命，"司法是司法机关严格按照法定职权和法定程序所进行的专门活动，因此，程序性是司法的最重要、最显著的特点之一"。[1] 检察院与法院同为司法机关，其遵循着某些共同的司法程序，此即为司法基本程序。我国宪法中规定的司法基本程序之规范主要包括以下方面。

其一，依宪法第 139 条之规定，在少数民族聚居或者多民族共同居住的地区，应当用当地通用的语言进行审理；起诉书、判决书、布告和其他文书应当根据实际需要使用当地通用的一种或者几种文字。上述规定即构成司法机关的程序义务，是具有我国特色的程序性规范，也是民族平等的必然要求。

其二，宪法第 130 条规定人民法院应遵循公开审判和辩护原则，这实质

---

[1]　张文显主编《法理学》，高等教育出版社，2005，第 276 页。

上规定了两项司法基本原则，即公开原则和辩护原则。所谓公开原则，是指司法机关在行使司法权之过程中应当将司法权之行使依据、据此认定事实的证据和最终处理决定以一定的形式让当事人知悉，保障其知情权。而辩护原则则由自然公正原则衍化而来，该原则要求任何机关对他人之利益作出不利决定之前皆应当听取其意见，"当事人在其利益受到某决定影响的时候，作决定人应该充分听取其意见"。[①] 听取意见原则经长期的历史过程衍化为一项基本的程序性原则，这项原则在立法、执法和司法程序中均得以贯彻。宪法第130条规定人民法院审理案件应当遵循公开审判和辩护的原则，这两项原则自然可以作为审判之基本原则而存在。当然，我们应该看到，宪法第130条之主体为"人民法院"，这是否意味着公开审判原则和辩护原则仅仅是审判的基本原则，而非司法基本原则？我们认为不然。这两项原则在刑事诉讼法中均有体现，其约束对象同时包括检察院和法院，因而这两项原则应当具备司法基本原则之地位。

其三，依宪法第140条规定，人民法院、人民检察院和公安机关在办理刑事案件过程中，存在相互独立、相互制约的关系，此种关系是我国刑事诉讼法领域中侦查、审查起诉和审判程序构建的纲领性条文。相互独立和分工合作亦是我国司法法的基本程序性原则，并体现到了司法领域的具体程序中。例如，宪法第37条第2款规定了逮捕的实施程序，这即体现了分工制约原则。另外，本条规定于宪法第二章即"公民的基本权利和义务"一章，因而，从其字面意思而言，该条所彰显的是公民之人身自由权不受非法侵犯。然而，我们知道，公民权利既有主观公权利的属性，又有客观法秩序的属性。作为客观法秩序的公民基本权利，其指向对象为国家公权力，要求国家公权力负担不侵害公民权利的义务。因而，宪法第37条第2款所规定的公民人身自由不受

---

① 杨寅：《普通法传统中的自然正义原则》，《华东政法学院学报》2000 年第 3 期。

非法侵害的权利，实际上赋予了人民检察院、人民法院和公安机关在对公民实施逮捕时所负担的程序性义务。这种义务有一定的权力分立的性质，即在对公民实施逮捕时应当按以下三种程序进行：第一是在由公安机关侦查的案件中，公安机关将收集到的证据提交检察院并提出对犯罪嫌疑人予以逮捕的申请，检察院对证据予以审查之后，即作出批准逮捕的决定，再由公安机关执行该决定；第二是在检察院自行侦查的案件中，由检察院中的侦查部门向批捕部门提出实施逮捕的申请，批捕部门对申请及其相应证据进行审查并批准实施逮捕，该批准交由公安机关执行；第三是人民法院在审判的过程中，认为需要对被告人实施逮捕的，自行作出逮捕决定并交公安机关执行。即是说，在逮捕程序中，批准权或决定权与执行权是相互独立的，批准或者决定逮捕的机关不得自行执行逮捕，三者在逮捕过程中相互独立、相互制约。

第三节　人权保障的宪法政策

所谓政策，是指由政党、国家或者其他社会组织制定的，用以指引社会生活之走向和社会秩序之建构的行为准则。而宪法政策则是指"宪法中规定的基本国策或者国家政策"。[①] 也就是说，宪法政策也是宪法与政策的共同体，是获得宪法认同并体现于宪法规范中的政策。一般来说，政策与法律相比，其制定主体具有广泛性，不仅包括国家，亦包括政党和其他社会组织；而同样作为行为准则，法律之实施由国家强制力加以保障，政策之实施由国家或政党通过宣传对人之行为加以引导而实施。当然，政策之实施没有国家强制力作为后盾，对政策的违反亦不必然带来否定性的后果。然而，宪法政策则与此不同，宪法政策体现于宪法规范之中，其是法律规范体系的重要组成部

---

① 朱应平：《论宪法政策对民生的保障》，《求是学刊》2010 年第 6 期。

分，与一般的政策相比，具有相当程度的强制性。也就是说，我国宪法第 5 条确立了宪法规范在法律体系与社会生活当中的最高地位，而宪法政策同样属于宪法的组成部分，因此宪法政策在国家政治生活当中同样具有最高性。在此意义上而言，宪法政策同样对司法之组织与运行存在拘束力。更为重要的是，宪法政策所倡导的精神和原则更是司法人权保障的重要依据。

一　宪法政策的基本内容

（一）依法治国政策

依法治国是我国宪法中的基本政策，亦是当前党和国家奉行的基本治国方略。依法治国具有丰富的内涵，是法治理念在中国的具体体现。法治理念作为人类文明社会之基本共识，其不仅得到了宪法的确认，亦为党和国家之政策所认同和倡导。

依法治国之理念在我国早已有之，而首次将依法治国确定为基本治国方略的文件是中国共产党第十五次全国代表大会报告。该报告不仅将依法治国之内涵解读为党的领导、人民当家作主和依法治国的统一，丰富和发展了依法治国理念，还将依法治国确立为治理国家的基本方略，使法治在当前社会建设中之地位得到空前提高。更为重要的是，十五大报告将依法治国确立为基本的治国方略，表明法治理念成为社会共识，而依法治国之方略的提出，更是推进了宪法对法治理念的宣扬，1999 年修宪时，"依法治国"即被写进了宪法。从中，我们亦可以看到政策之于法治进程的强大的推动作用。

（二）司法为民政策

司法为民政策亦是我国的基本司法政策，此项政策源于革命时期，与我国人民民主专政政体的发展存在紧密联系，构成了我国司法规范和司法制度发展的重要制约原则。在学理上，司法为民有着广泛而扎实的基础。司法权在本质上是因为市民社会的存在而存在，它不是国家压制社会的工具，而是

以服务于市民社会为目的。^①

在我国，司法为民政策与我国古代的"恤民爱民"有所关联。"恤民爱民"思想是古代司法文化的重要内容，其源于儒家的"仁政"思想。所谓恤民爱民，即要求统治者体恤民之疾苦，爱惜人民，处庙堂之高者则要忧其民。这种思想体现在司法中，一方面表现为"轻刑"的做法，讲究刑罚之实施应当限于人民所能承受的范围。具体而言，恤民爱民表现在司法上，则要求司法宽仁慎刑，体恤老幼妇残，注重对弱势群体的保护。^②另一方面，"恤民爱民"还表现为"司法为民"的观念，司法官以通过审判为民服务为己任，因而在诉讼过程中亦奉行"纠问式"的程序理念，司法官承担收集证据之义务，力求通过司法权之行使查明事实真相，实现为民司法之理念。恤民、爱民的思想"深深地影响着当时的司法实践者的伦理道德观念，才使得中国古代出现了许多恤民、爱民的清官。他们关心民间疾苦、为民兴利除弊和不畏权势、秉公断案，热情为老百姓伸张正义的义举广为流传"。^③恤民爱民之价值在当代经取舍后得到了彰显。一方面，我国当前体现出了"轻刑化"的趋势，特别是"疑罪从无"之原则在刑诉法中的确立，体现了"慎刑"的价值追求。另一方面，当前"司法为民"理念尽管与传统司法文化中的"司法为民"在内涵和本质上有着天壤之别，然而，两者从方法论上皆提倡司法官为人民服务，二者之间之源流关系是不容置疑的。而"恤民爱民"之司法文化无疑拉近了司法与民众之距离，使司法获得了人民的认同。

当然，在"恤民爱民"文化影响下的"司法为民"理念与我们今天提倡的司法为民是有本质的区别的。后者以人民司法为其逻辑前提，倡导司法之人民性，确保作为主权之司法权始终掌握在人民的手中，并通过以整体形式制定

---

① 张卓明、倪斐：《司法为民的关键在于司法公正》，《法制现代化研究》2009 年第 00 期。

② 沈德咏：《中国司法文化：从传统到现代》，《人民司法》2011 年第 9 期。

③ 李世书：《中国古代司法伦理道德观透视》，《信阳农业高等专科学校学报》2006 年第 1 期。

法律和以个别形式担任陪审员参与审判的途径影响司法权的运作。在此基础上，司法为民即体现为司法对民意之回应与满足。而传统司法文化中的"司法为民"则是建立在封建主义制度基础之上，其缺乏民主主义的支撑，官吏对民之体恤更多地表现为一种"恩赐"而非履行权力本身所附带的义务。

需要说明的是，司法为民政策并没有直接规定于宪法当中，但在现有的宪法体制之下，宪法的诸多制度条款都体现了这一政策。换言之，司法为民政策具有丰富的宪法制度和规范作为其渊源。首先，司法为民是通过人民民主专政得到体现。我国宪法第1条规定我国是人民民主专政的社会主义国家，因此人民性是国家的根本属性。作为国家之代表和国家权力行使者的国家机关当然地具有人民性。而司法的人民性，决定了司法之任务必须以人民的意志为依托，以满足人民的需要为目标。从这个角度而言，司法为民是由司法机关之人民性所决定的，亦是人民民主专政国家的必然要求。在此基础上，宪法更是进一步规定司法机关的产生方式及其应向人大负责，这实质是要求司法机关对人民负责，这也是司法为民的基本要求。在此意义上而言，宪法第3条同样体现了司法为民的宪法政策要求。最后，宪法第27条更是直接规定了国家机关与人民之间的紧密联系及国家机关为人民服务的原则。作为国家机关之组成部分的司法机关当然受到宪法第27条之约束，其负有宪法所规定的"为人民服务"的义务。当然，这种"为人民服务"的义务具有一定的抽象性，其更多地表现为一种政治宣告而不约束司法权之运行过程。然而，宪法对国家机关"努力为人民服务"之规定，一方面构成司法机关之司法为民任务的直接渊源，另一方面亦可以作为规定司法机关之服务人民的具体义务的宪法依据。

在宪法确立了司法为民政策的基础上，当前我国司法实践中对这一宪法政策进行了补充和发展。中华人民共和国前任首席大法官王胜俊即强调，要把群众是否满意作为检验工作的第一标准，通过审判工作回应群众要求和期待，努力实现好、维护好、发展好最广大人民群众的根本利益。为确保人民司法之任务得以实现，司法为民机制的建构亦成为人民法院改革的重要内容。《人民法院第三个五年改革纲要（2009-2013）》即提出，要建立健全司法为民机制，加强诉讼引导、诉前调解、风险告知、诉讼救助、案件查询、诉讼材料收转、信访接待、文书查阅等工作，切实方便人民群众诉讼。从其本质上而言，调解能够促成现实的妥协，增强调解的实际效果，起到引导和管理的作用，① 从而也能够更迅速地完成解决群众纠纷的司法为民任务。这些司法政策具有深厚的学理基础和宪法依据，其提出亦是对司法为民之任务的阐释，同时将司法为民之任务落到实处。

人民司法政策是司法精神和司法原则的体现，司法政策在司法领域的贯彻和司法官对司法政策的遵守，有利于解决成文法过于机械的状况。从这个角度而言，人民司法政策与司法规范是相辅相成的，司法规范之精神决定了司法政策的内容，司法政策的提出丰富了司法规范的内涵，亦指导着法官对司法规范的遵守和适用。基于此，司法权运行所依赖的规范体系即包含政策这一要素，人民司法政策对人权司法保障功能的强化亦有积极意义。

二　宪法政策对人权司法保障的作用

不同的政策对人权的保障作用各不相同。依法治国政策作为基本国策，作用于司法体制及司法权运用的所有环节，具有纲领性作用。而其他政策则主要通过转化为立法、指导司法体制改革和司法权力运行过程等方式促进人权司法保障功能的实现。

（一）依法治国政策对人权司法保障的纲领性作用

依法治国政策的提出为人权司法保障奠定了坚实的政策基础。这是因

---

① Christopher W. Moore, *The Mediation Process: Practical Strategies for Resolving Conflict*, Jossey-Bass Publishers, 1987, p. 18.

为，司法是法治的最后一道防线，法治包含着审判独立和司法公正的基本要求。如 1959 年在印度召开的"国际法学家会议"上通过的《新德里宣言》将法治作为一个"能动的概念"，赋予法治全新的内涵：维护人的尊严，防止行政权力的滥用，要求审判独立、公正和律师自由。[①] 从《新德里宣言》中我们可以看出，法治与审判独立和司法公正无疑具有千丝万缕的关系。在此种背景下，依法治国之政策促进了法治理念在社会获得广泛的认同，从而有利于司法改革的深入推进和人权司法保障的实现。依法治国政策本身所宣扬的即是一种"守规则"的社会治理理念，在这种理念指导下，司法作为社会纠纷之解决的最后机制和社会利益平衡维护的最后方式，其本身是"规则"之适用者。作为"规则"之适用者，司法者不仅在解决纠纷之时需要适用规则以判明当事双方之权利义务，更重要的是司法权之组织、运行及其程序是符合规则的——司法只有"身正"才不会导致"影子歪"，司法权之运行只有是符合规则的，其对纠纷之解决亦才可能是符合规则的。而依法治国政策的提出将在全社会范围内倡导一种"守法"的气氛，这种气氛的形成，无疑能够感染司法，促进司法领域"守法"氛围的形成。而司法的"守法"既提出了人权司法保障的要求，又为人权司法保障功能的展开奠定了社会基础。

更为重要的是党的依法治国政策经一段时期的发展，其不仅表现在治国方面，亦直接渗透到了司法领域。中国共产党第十七次全国代表大会报告即提出了深化司法体制改革的要求，也对司法体制改革的目标进行了设定，中国共产党对司法的深入认识，将为司法改革的深入和人权司法保障奠定政策基础。这是因为，众所周知，中国共产党是我国的执政党，我国宪法也明确了党在政治生活中的领导地位。中国共产党是我国政治生活中最为重要的政

---

① 李长健：《论法治概念与法治判断的要素》，《黑龙江社会科学》2009 年第 4 期。

治力量，在历次的重大立法特别是在宪法修改中，往往先由中共中央政治局讨论，再向全国人大中的中共代表提出法律案，并最终促成法律案的通过。基于中国共产党在我国政治生活中的重要性，中共提出的深化司法体制改革，建设公正高效权威的社会主义司法制度的政策，将为人权司法保障扫清障碍，从而构成人权司法保障的政策性基础。

（二）宪法政策具体化为法律规则

　政策转化为立法是政策影响社会生活的主要方式。实际上，政策与法律相比，其主要有以下特征。其一是软性的约束力。政策的软性约束力是指政策的实施不具有法律实施所依赖的国家强制力，即法律的实施有行政权力、司法权力等强有力的国家权力形式为后盾，在法律实施过程中，法律规定的权利义务形态被社会主体所破坏的，以行政权力、司法权力为表现形态的国家暴力即有可能依法律的规定对其进行惩处。而政策则与此不同。政策的实施虽然也需要借助行政权力、司法权力等国家权力形式，但由于政策不宜设置针对于社会主体的罚则，社会主体违背政策设定的目的的，国家权力机关也不宜采用强制力对社会主体进行惩处。换言之，政策对社会主体而言仅有软性的约束力，国家机关可以采用规劝等方式引导社会主体遵循政策规定。其二是不具有规范性。所谓规范性，是指法律文件所具有的直接规定社会主体之权利义务的属性。规范性是法律的基本属性，法律即通过对社会主体之权利义务的明确规定而实现对其行为的规范。换言之，规范性权利义务相牵连，对社会主体之行为的规范需要通过权利义务设置的方式实现。政策与法律相比则缺乏此种规范性，即政策不宜在其文本中直接规定社会主体的权利义务。

　由于政策具有的软性约束的特征，政策对社会生活的规整需要通过立法的方式予以强化。也就是说，在政策作为"政策"形态存在时，基于政策的软性约束特征，其只能依托国家机关的规劝、社会舆论的宣传和人们的自觉认同方能够得到实施。因此，政策的实施及其效果的显现将可能是长期的过程。为确保政策的快速执行，国家即有可能促进政策的法律化。以环境保护的基本国策为例，为确保该国策的有效执行，自 20 世纪 90 年代之后，我国加快了环境法的立法工作，《中华人民共和国环境保护法》《中华人民共和国水污染防治法》《中华人民共和国大气污染防治法》等法律规范相继出台，这极大地提高了我国的环境法治水平。在此意义上而言，政策对社会生活之规整的最优途径即为转化为立法。

就人权司法保障而言，相关政策及其法律转化形态也构成了人权获得司法保障的外部环境。具体而言，诸多关于人权保障的法律规范实际上首先以政策的形态表现出来，是政策的转化形态。如假释制度是我国特有的刑事判决执行制度，该项制度也是宽严相济的刑事司法政策的表现形态。也就是说，基于宽严相济的刑事司法政策的要求，在刑事判决的执行过程中，司法机关应当根据犯罪人执行判决的情况及其悔改程度对后续刑期及其执行方式进行个别化的处理以达到宽严相济的要求。对于认罪服法且改造态度良好、有悔改表现的犯罪人，自然应当对其予以宽容对待。这体现在后续刑期的执行中，即应当允许司法机关对刑期进行变更以减轻对犯罪人的处罚，并据此起到促进犯罪人积极改造的效果。在此基础上，宽严相济的刑事司法政策转化为我国刑法中的假释制度，通过假释制度的实施，既落实了惩罚与教育相结合的原则，又减轻了对改造良好的犯罪人的处罚，有利于其权利获得充足保障。从这个角度而言，政策转化为立法之后，法律制度的执行将可能促进人权司法保障的实现。因此，政策即构成人权获得司法保障的重要外部环境。

（三）宪法政策指引司法改革的开展

政策不仅通过影响立法或转化为立法的方式作用于司法权运行的过程而强化司法的人权保障功能，其对司法体制改革的开展同样具有指导价值。

司法政策通过对司法体制改革的指导，起到保障人权的作用。

政策对司法体制改革的指引作用是显而易见的，尤其是就我国而言，司法的开展往往以政策的形成为前提。具体而言，依我国宪法的规定，中国共产党是我国的执政党，党的领导、人民当家作主和依法治国是三位一体的概念。这也就决定了党的领导首先需要通过政策指引的方式在人民群众中形成共识，进而通过人民代表大会的民主决策形成法律，为依法治国的开展奠定基础。在此过程中，党领导国家所形成的政策先于法律而产生，也先于国家机关的改革决策而产生，在某种程度上而言，国家机关展开的体制机制改革都是在党和国家的政策指导下实施的。

具体到司法体制改革而言，这项改革的开展更是在党和国家的政策指导下展开并完成的。例如，《中共中央关于全面推进依法治国若干重大问题的决定》提出了多项司法改革措施，包括完善确保依法独立公正行使审判权和检察权的制度、优化司法职权配置、推进严格司法、保障人民群众参与司法等，这些改革措施经该决定公布之后，全国人大和司法机关等即着手展开了此方面的改革。例如，该决定提出要推行统一刑罚执行体制，法行政事务管理权和审判权、检察权相分离等改革措施，这些改革措施已基本为司法机关予以试点，有些措施甚至建立了较为完善的制度机制，如司法机关人财物管理体制、最高人民法院设立巡回法庭等改革措施已得以切实执行，而决定提出的解决行政诉讼立案难、审理难、执行难等突出问题，在行政诉讼法修改后已得到初步解决。

政策指导司法改革的开展，而政策中内含的人权司法保障价值也通过司法改革得以落实。例如，上述决定也提出了加强人权司法保障的价值追求，同时提出一系列强化人权司法保障的措施，包括强化诉讼过程中当事人和其他诉讼参与人的知情权、陈述权、辩护辩论权、申请权、申诉权的制度保障，健全落实罪刑法定、疑罪从无、非法证据排除等法律原则的法律制度，完善对限制人身自由的司法措施和侦查手段的司法监督，加强对刑讯逼供和非法取证的源头预防，健全冤假错案有效防范、及时纠正机制等。这些措施最终体现到司法改革的过程中，从而提升了司法对人权的保障力度。

除《中共中央关于全面推进依法治国若干重大问题的决定》之外，我国还存在其他诸多司法政策，如上文所述的司法为民政策即是其中之一，这是一项我国司法机关在革命时期即遵从的政策。司法为民政策同样也转化为司法体制改革的内在要求，最终有助于人权司法保障的强化。具体而言，司法为民政策一方面具有民主司法的价值取向，其首先要求司法机关应当在行使检察权和审判权的过程中严格以法律为依据，将法律中体现的人民意志予以严格执行；同时需要在司法过程中通过司法公开等方法听取公民意见，回应公民利益诉求。另一方面，司法为民同样要求司法以人民群众的合法利益为出发点和落脚点，此项要求即可析出司法人权保障这一价值，即司法机关应当将"司法为民"的落脚点放置于切实保护公民权利这一基础上。因此，司法为民政策即同时为司法公开、司法参与等司法制度改革提供了指导，即从程序上保障公民的参与，确保其人格尊严得到尊重，也从实体上提高了司法的公正程度，最终有利于人权保障目的的实现。

（四）宪法政策影响司法审判的开展

严格来说，司法的过程应当是法官严格依照法律之规定审查具体案件的过程，政策除非转化为立法，否则难以影响到司法审判的开展。也就是说，在司法过程中，法律是法官的唯一上司，法官仅需要严格依法律之规定作出裁判，而不需要考虑法律与事实之外的其他因素。实际上，在严格规则主义司法制度下，除法律与事实之外，其他因素皆被当作案外因素予以排除。特别是为了排除案外因素对法官判决的影响，现代司法制度还建构了两套隔离案外因素制度机制。其一是司法程序机制。程序公正的要求在于"有意识的思维隔离"，意指司法程序的各个环节都应当是相对独立的，后一环节的开展虽建立在前一环节所形成的基础上，但后一环节可能形成的结论不能影响前一环节的行进。法律程序之所以做如此设计，其目的即在于避免后一环节的结果影响前一环节的处理，从而确保在前一环节中，法官仅面向于已有的事实和法律作出决定。在此过程中，案件当事人也需要在法律规定的环节以法律规定的形式提出事实证据和诉讼理由，且当事人带入诉讼程序中的各种事实、证据和事由皆需要向对方当事人出示和进行辨认、质证和辩论，进而最大限度地防范案外因素介入案件当中影响法官对个案的处理。其二是司法方法机制。传统司法采用三段论的思维方式，法律为大前提，事实为小前提，事实经由涵摄而进入三段论的推理过程中，从而获得法律所规定的效果。在此过程中，法律和事实为法官据以判案的依据，政策同样被排除于司法过程之外。

然而，上述机制仅是一种理想的模式，在实践过程中，司法政策通过社会效果考量的方式影响司法审判的开展并最终达到人权司法保障的目的。具体而言，21世纪以来，我国提出了法律效果与社会效果相统一的要求，要求法官在审理案件的过程中，既要考虑审判在法律上的正当性，也要考虑其对社会生活的影响。实际上，课题组针对审判人员展开的一项调查也显示，政策对司法审判活动的开展具有一定的影响。关于司法政策对司法判决的影响程度调查显示，共有1002份有效作答，其中21人选择影响很弱，108人选择比较弱，255人选择一般，479人选择比较强，139人选择很强。选择比较强的人数最多，占总数的47.80%，若加上选择很强选项的人数，则占总人数的61.68%之多。

因此，社会效果即作为裁量理由进入案件过程中。社会效果作为独立的裁量理由，是指在审判中，法官将可能出现的社会效果予以单独的考虑，使之与其他裁量理由并列，并基于这些理由而作出判决。如在"韦杰元交通肇事案"中，法官认为"适用非监禁刑不仅不会对其所在的社区造成不良影响，还会对化解矛盾、和睦乡邻带来更好的社会效果"，其中的"不仅不会对其所在的社区造成不良影响"和"还会对化解矛盾、和睦乡邻带来更好的社会效果"实际上都是对社会效果的考量，且二者是相互独立的，没有与其他情节结合，都是作为一项独立的裁量事由而存在。[①] 在这个案件处理过程中，法官进行判决的依据除了法律之明确规定外，实际上还包含了社会效果，即"适用非监禁刑不仅不会对其所在的社区造成不良影响，还会对化解矛盾、和睦乡邻带来更好的社会效果"，据此作出了判处缓刑的结论，这个结论实际上也符合宽严相济的要求，最终达到了减轻犯罪人刑罚以保障其人权的目的。从这个角度而言，司法政策实际上可以通过对社会效果的考量而成为法官作出判决的依据，最终达成保障人权的目的。

---

① "韦杰元交通肇事案"，南宁市上林县人民法院刑事裁判书，（2013）上刑初字第 10 号。

第三章

合宪性维度的人权司法保障过程

党的十九大报告提出，要加强宪法实施和监督，推进合宪性审查工作，维护宪法权威。实际上，宪法的权威不仅需要通过合宪性审查加以体现，或者说合宪性审查是一种事后的监督机制，与事后监督机制相对应的，是宪法的实施过程必须具有合宪性。①另外，依宪法第5条的规定，宪法的最高性和权威性起码体现在两个方面：其一是宪法在法律体系当中的最高性，这需要通过法制统一和一切法律不得与宪法相抵触予以体现；其二是宪法在国家政治生活当中的最高性，这要求社会主体应当在宪法与法律的框架下活动。在此意义上而言，"合宪性"指向的则为包括司法权在内的国家权力应当在宪法的框架内运行。

就人权司法保障而言，一方面，人权保障是宪法确立的基本原则和基本价值，也是宪法对司法权运行的要求，更是司法之本质属性的基本要求。在此意义上而言，人权司法保障即具有天然的正当性。另一方面，司法在为人权提供保障的过程中，又可能涉及司法之定位、司法与其他国家机关之关系、司法与社会之间的关系等问题，如处理不好上述关系，其立足人权保障之正当性所开展的司法过程则有可能偏离原有目标，造成合宪性问题。具体而言，一方面，人权司法保障要求司法具有一定的能动性，其要积极地回应社会民众对人权保障的要求，为受到侵害的各种权利提供无漏洞保护，因此在司法方法上应提倡能动方法，同时也要求司法者不仅需要具备法律理性，

---

① 秦前红：《两种"法律监督"的概念分野与行政检察监督之归位》，《东方法学》2018年第1期。

也需要具备生活理性，能够对实践中受到侵害的权利产生感同身受的认识，如此方能强化司法对人权保障的力度。但另一方面，司法又是社会正义的最后一道防线，作为"最后"一道防线，司法就应当具有一定的谦抑性，如司法在社会治理中扮演冲锋陷阵的角色，有可能过多地陷入各种社会利益关系当中，最终可能影响司法的中立性和公正性。总之，如果司法仅凭人权保障的天然正当性而在司法人权保障过程中"横冲直撞"的话，司法人权保障的正当性基础无疑会被侵蚀。[①] 为避免此种情况的发生，就应当对司法人权保障的过程进行具体化的分析，针对司法之回应性与保守性、教义学方法与其他方法、法律理性与生活理性之间的矛盾与冲突，从宪法的角度出发析出司法在人权保障过程中应秉持的价值、原则和功能，构造合理的司法人权保障模式、思维与方法。

第一节　人权司法保障模式的合宪性控制

一　司法合宪性的基本要求

人权是法的核心价值，作为法律适用过程的司法过程即以人权保障为其永恒的价值取向，在现代国家权力体系和社会系统当中，人权保障功能是司法的基本功能之一。当然，在不同的社会形态之中，司法对人权的保障则通过不同的司法权力运行模式实现。在经典的自然法理论看来，权力是造成人权受到损害的核心因素，只有运用权力制约权力，权利方有可能得到保障。因此，司法的功能被界定为严格适用法律以实现对立法权和行政权的制约，最终达到人权保障的目的。而在 20 世纪五六十年代民权运动兴起的背景下，

---

① F. W. Maitland, *The Constitutional History of England*, Cambridge University Press, 1920, p. 22.

人权保障则面临种族平等、宗教信仰、言论自由等多方面问题，司法因此也结束了刻板地适用法律的历史阶段，能动地为人权提供保障。

　　当然，在当前我国社会背景下，社会转型是法治建设的核心命题，一切法律问题都需要放置于这个大背景进行考量，充分考虑转型社会时期各种社会观念和利益冲突对法治建设造成的影响。司法人权保障的推进亦是如此，即司法人权保障的实现，同样也需要考虑到社会转型的背景及其对司法的功能影响。此种背景下，人权司法保障之推进则可能统一司法之经验合法性与规范合法性。也就是说，司法在经验维度的合法性首先要求司法权的运行获得民众的认同。在传统语境下，司法在经验维度的合法性即主要通过法律适用而实现。也就是说，在民主体制之下，法律是民意的表现形态，司法机关依组织法之规定设立，行使法律规定的审判权，严格依据法律审理案件，其背后即是运用体现于法律中的民意解决当前的社会纠纷，司法实现即具备了经验维度的合法性。当然，在社会转型的背景下，司法之经验维度合法性更为复杂，此即要求司法机关及审判人员在组织上具备民主正当性，更要求司法权在运行过程中接纳民众的直接参与，要听取其意见，甚至需要通过陪审制度使民众掌握部分司法权；同时，司法还需要处理好与社会舆论的关系，解决社会迫切需要解决的矛盾纠纷。只有如此，司法才能满足转型社会背景下民众对司法的要求，具备经验维度的合法性。而司法在规范维度的合法性则表现为其对人类理性共同认同的价值的遵循，即司法需要在宪法框架内，严格依照法律的规定处理案件，司法权的运行需要遵循内化于法律之中的审判独立、司法公正、人权保障等价值，同时需要将这些价值融入其对法律的理解当中，进而转化为其判决生成的依照。其中，人权保障价值作为法的核心价值，当然也是司法首要保护的价值，通过对人权价值的保障和实现，司法在规范维度的合法性方得以证成。实际上，哈贝马斯也将经验主义和规范主义相融合，有"合法性意味着某种政治秩序被认可的价值"的著名论断。[①] 因此，上述两种合法性需要上升到合宪性的高度才有可能实现统一，即在现有的宪法框架内，宪法确立的人民代表大会制度、协商民主制度、公众参与制度等确保了司法在经验维度的合法性，而宪法同时内含审判独立、司法公正、人权保障等价值，这可确保司法之规范维度的合宪性。

当然，在转型社会背景下，司法的合宪性更有新要求。亦即司法既要回应转型社会背景下民众对司法的要求以证成其经验合法性，又要遵循人权保障的价值取向，为人权提供切实保障。而这两个维度的合法性的统一，则关系到司法能否兼顾回应社会需求和强化人权保障这两大目标。为实现二者的统一，司法有必要迈向回应型的司法模式，在回应社会需求的过程中提升人权保障的司法功能；而人权司法保障在回应型司法中的植入，则不仅是司法价值品格的提升，[②] 也能够为回应型司法确立人权保障这一目标和限度，要求司法回应社会诉求始终以人权保障为目的导向，也坚守人权保障的限度，防止司法权超出人权保障的目的进行不当扩张。

二　转型社会背景下人权保障对回应型司法的要求

转型期是当前我国社会的最主要特征。所谓转型，即社会形态从传统向现代的转型。在中国语境下，社会的转型表现在多个方面，如在经济发展层面，表现为计划经济向市场经济的转型，在此过程中，政府的经济管理权限逐步收缩，市场体制不断完善；在政治层面，则表现为民主制度的不断完善，由此也引发了行政层面的政府再造问题，国务院大部制改革、行政审批制度改革、行政权力清单制度改革等都是在转型社会背景下行政体制不断

---

① See Michel Rosenfeld and Andrew Arato eds., *Habermas on Law and Democracy：Critical Exchanges*, University of California Press, 1998, p. 82.

② 樊崇义：《从"人权保障"到"人权司法保障制度"》，《中国党政干部论坛》2014 年第 8 期。

适应社会发展所主动实现的改革措施。总之，社会转型涉及社会生活的方方面面，我国各社会领域都发生着从传统到现代的转变，这构成了中国语境下转型社会的基本图景。在社会转型的各项表征中，政治体制的改革对法治发展和司法改革起到直接的推动作用；除此之外，社会纠纷的集中爆发和民众权利诉求的日益强烈也是影响法治发展和司法改革的关键因素。社会纠纷的集中爆发是社会转型的主要特征之一，在我国更是如此。在我国，社会转型首先表现为计划经济向市场经济的转变，这是社会纠纷集中爆发的根源。具体而言，市场经济以市场主体和市场利益的多元为其基本特征，在主体与利益诉求多元的背景下，不同主体对市场发展有不同认识，也存在各自不同的技术、人力资源等优势。在此种背景下，各市场主体依托自身优势参与市场经营，市场竞争的氛围才有可能得以形成，而市场规律也是在充分的市场竞争的基础上方可能发挥调节作用。此时，充分的市场竞争的实质即是不同市场主体对市场资源的争夺，这是社会纠纷产生的经济根源。换言之，社会纠纷的集中爆发与社会转型相伴而行。而市场经济同样可能激发人们的权利意识。在市场竞争环境下，市场主体需要在竞争中取胜方可获得利益，同时需要自负盈亏，这促使其更多地关注生产的成本和收益，权利意识即是在此背景下产生的。社会纠纷的集中爆发和民众权利诉求的日益强烈体现到法治和司法的层面，则要求法治建设和司法改革吸纳公众的参与和回应公众的权利诉求，这即构成了回应型法和回应型司法建构的社会基础。

为回应转型社会背景下公众的权利诉求，法律有走向回应型法的必要。回应型法首先由诺内特等人提出，其在对法律之历史类型进行归纳的基础上提出了回应型法的概念。诺内特和塞尔兹尼克在《转变中的法律与社会——迈向回应型法》一书中提出了法律的三种类型，即压制型法、自治型法和回应型法。压制型法以压制型的政治体制为基础，在此种政治体制下，统治者和法律对民众的利益漠不关心；为了实现有效的压制，法律即强调统治的权威性，以赋予官员广泛的裁量空间。自治型法则是近代以来产生的法律模式。自治型法首先强调法律的自治性，即政治与法律相分离，法律体系本身即具备完善的运行系统。在此基础上，自治型法强调通过规则的治理，即法律规则在社会治理中处于权威地位。为了确保法律的有效实现，自治型法走向了程序中心主义，即通过程序的设计确保法律运行的自洽性，而此种自洽性使法治有走向法条主义的倾向。回应型法则是弥补自治型法之不足的产物，其注重目的在法律推理中的权威性，主张公众参与协商以建构法治的正当性基础。[①] 应该说，回应型法是转型社会背景下最为优良的法律形态，具体而言，一方面，回应型法强调目的在法律推理中的核心地位，而占据核心地位的目的则具有开放性的特征，能够满足公众对正义、秩序、利益保护等方面的要求；另一方面，回应型法强调通过协商解决治理的正当性问题，这也可以迎合转型社会背景下公众的权利诉求及其参与意愿。[②] 据此，在转型社会背景下，法律有走向回应型法的必要。

　　回应型法则构成了回应型司法建构的直接前提。也就是说，在法律突出强调目的导向和协商程序的背景下，司法也有必要将法律的这一价值追求予以落实。具体到司法过程中，回应型司法表现为以下几个方面：其一是司法应当加大其对社会治理的参与力度，通过纠纷解决实现社会治理的目的，从而回应公众日益扩展的公正司法需求；其二是司法应当建构开放型的程序机制，广泛接纳民众对司法的参与，尤其是在判决中体现民众的共同意见，据此维系判决的民意正当性；其三是司法的过程不仅需要从法律中寻找答案，还需要坚持目的在法律推理中的导向作用，在此基础上使司法满足对实质正

---

① 〔美〕诺内特、塞尔兹尼克：《转变中的法律与社会——迈向回应型法》，张志铭译，中国政法大学出版社，2004，第 18 页。

② 栗峥：《国家治理中的司法策略：以转型乡村为背景》，《中国法学》2012 年第 1 期。

义的维护，实现"司法职能由裁决纠纷向参与社会治理拓展"。①

　　从总体上而言，当前我国的司法体制改革也在于促使司法走向回应型的司法。例如，在理念层面，我国历次司法改革皆突出人民司法价值的主导地位，要求司法改革以人民群众的根本利益为出发点和落脚点，这实际上即是要求司法能够及时回应民众对公正司法的需求；而在司法组织上，近年来，我国大力推行陪审制度改革，这实际上也是确保民众能够参与司法权运行的过程，体现司法的回应性。当然，晚近以来的行政诉讼制度改革则更加突出地展现了司法的回应性。其一，行政诉讼法在 2014 年进行修改，修改的缘由之一即是回应社会对权利保障的要求。具体而言，信春鹰在第十二届全国人民代表大会常务委员会第六次会议作关于《中华人民共和国行政诉讼法修正案（草案）》的说明时指出，人民群众对行政诉讼中存在的"立案难、审理难、执行难"等突出问题反映强烈，并将之作为修法的理由之一，这表明该法的修改首先注重对人民群众之诉求的回应。2014 年修改的具体内容也体现了增强行政诉讼之回应性的目的，即在受案范围的概括上，新行政诉讼法以"行政行为"概念替代"具体行政行为"概念。行政行为具有比"具体行政行为"更为广泛的外延，即行政行为包含了部分抽象行政行为，进而在事实上扩大了行政诉讼的受案范围；在此基础上，行政诉讼法还规定了行政行为明显不当的可以作为撤销的理由，这实际上强化了司法机关在行政诉讼当中的实质合法性审查。而在受案范围和审查强度上的拓展则可视为行政诉讼法强化其回应性的方式之一。其二，2017 年 6 月，全国人大通过了关于修正行政诉讼法的修正案，修正案正式确立了行政公益诉讼这一诉讼程序。行政公益诉讼制度的确立实际上也是行政诉讼回应社会诉求的方式之一，即近年来，在我国，环境、食品、国有资产等领域的行政违法行为屡有发生，而

---

　　① 崔永东：《司法能动论：历史考察与现实评价》，《法学杂志》2013 年第 8 期。

诸多行为由于未侵害公民权益而仅侵害了公共利益以致未能通过司法予以矫正。行政诉讼法的本次修改，实际上即建立在上述基础之上，其目的在于增强行政诉讼制度对社会问题的治理力度，强化行政诉讼的回应性。[①]

三 回应型司法的合宪性限度

（一）司法回应社会诉求应以人权保障为路径

在传统语境下，司法的基本功能在于纠纷解决，这也是由司法之本质属性所决定的。也就是说，司法之所以为司法，其意指司法机关应以法律适用为基本任务，即司法的过程就是法律适用的过程。而法律适用的前提在于纠纷的产生，适用的目的则在于解决纠纷。因此，纠纷解决即构成了司法的基本功能。当然，回应型司法同时意味着司法发展出了社会治理功能。具体而言，在诺内特、塞尔兹尼克的理论体系中，回应型法的典型特征即在于其同时作为社会治理的工具。即回应型法强调公共利益和实质正义在法律中的核心作用，主张通过法律的实施维护社会公共利益和实现实质正义。此时，回应型法即被当作实现这些价值的治理工具而存在，这也是《转变中的法律与社会——迈向回应型法》一书所指出的：回应型法中法律成为社会调整、社会变化的能动的工具，具有能动性、认知性、开放性。[②]

在回应型法被当作社会治理的工具的背景下，司法同时也增加了社会治理的功能。也就是说，在回应型法理论框架下，既然法律的首要目的在于实现对社会的有效治理，那么作为法律适用过程的司法当然应当将法律中的治理理念予以变现，通过法律的适用和个案纠纷的解决而实现社会治理的目的。据此，司法需要在纠纷解决功能基础之上，满足社会治理的需要，通过

[①] 黎慈:《转型时期司法吸纳公民参与的价值及其改进》,《海峡法学》2011 年第 3 期。
[②] 〔美〕诺内特、塞尔兹尼克:《转变中的法律与社会——迈向回应型法》,张志铭译,中国政法大学出版社,2004,第 81 ~ 128 页。

纠纷解决并化解社会治理中的重点问题，推动社会治理的有序化。

　　而回应型司法的人权保障功能则是在治理功能的基础上得以实现的。也就是说，如果将司法当作社会治理体系的重要组成部分，那么司法治理就首先需要满足社会对权利保障的要求，这也是人权保障的基本要求。[①] 如上所述，在转型社会背景下，市场主体需要在竞争中取胜方可获得利益，其同时需要自负盈亏，这促使其更多地关注生产的成本和收益，权利诉求即在此基础上产生。对于司法而言，其回应公众之权利诉求的最佳方式无疑是扩大其案件的审查范围，在此基础上实现有权利即有救济的目的。也就是说，司法回应社会的首要方式应当是建构开放型的受案机制，扩大公民权利的保护范围，只有这样，司法才能够广泛地接纳各类社会纠纷，并通过纠纷的解决实现社会治理的目的。而由于获得救济的权利本身即是人权的重要组成部分，司法基于回应性扩大案件的受理范围，本身即保障人权的重要举措；在此基础上，司法通过对案件的公正处理，即可为当事人的实体权利提供救济，司法的人权保障功能也因此得到最大程度的体现。简言之，回应型司法要求司法通过开放受案范围积极回应民众的权利诉求，回应型司法的人权保障功能可通过对民众权利诉求的回应得以体现。

　　（二）公众参与司法程序应以人权保障为必要

　　回应型法与自治型法的不同之处表现为其具有回应性，"应该放弃自治型法通过与外在隔绝而获得的安全性，并成为社会调整和社会变化的更能动的工具。在这种重建过程中，能动主义、开放性和认知能力将作为基本特色而相互结合"。[②] 回应型法的此种能动主义和开放性则通过程序机制来建构，即在法律程序中加入公众参与的因素，进而使立法、执法和司法的过程最大

[①]　吴英姿：《论诉权的人权属性——以历史演进为视角》，《中国社会科学》2015 年第 6 期。

[②]　〔美〕诺内特、塞尔兹尼克：《转变中的法律与社会——迈向回应型法》，张志铭译，中国政法大学出版社，2004，第 82 页。

程度地体现公众意见，并使公众意见中的多元价值取向皆得到尊重。在此基础上，协商式的民主范式和多元价值取向的平衡即成为证成回应型法之合法性的根基。在回应型法理论基础上，司法的回应性也需要借助协商民主和多元价值平衡来建构，"司法亦需要从协商民主中汲取智慧，摆脱零和博弈的思维定势，寻求一种能够整合多元价值和利益关系的回应机制"。①

当然，司法的过程是法官运用法律解决案件的过程，在此过程中，法律将裁判权赋予了法官，法官不得将该权力通过协商民主的形式与其他主体分享。因此，这也决定了司法决定的生成不适宜直接引入协商民主机制。不过，司法还是借助了协商民主形式以建构其回应性，表现在以下几个方面。其一，在司法的组织上，协商民主理论在回应型司法中的引入要求司法更多地吸纳公众参与到审判组织的组成中而成为审判人员，英美法系的陪审团制度和我国的陪审员制度都是司法回应公众参与需求的有益制度机制。其二，在程序机制上，司法程序在更大程度上向当事人和公众开放以增强其回应性。司法程序对当事人和相关公众参与性权利的保障都体现了司法在回应公众参与方面的努力。其三，在判决的生成上，司法机关也需要更多地体现民意，力求其判决能够获得民众的认可。如在我国，判决说理性的强化、对判决之社会效果的考量都反映了司法机关在作出判决时努力通过判决回应社会需求和解决社会迫切需要解决的问题。

在此过程中，回应型司法的人权保障价值则体现在以下两个方面。一方面，回应型司法程序具有开放性，其向当事人和社会公众开放，这即具有保障公众获得救济的权利和参与性权利的价值内涵。也就是说，不管是获得救济的权利还是参与性权利，其都是基本人权的重要组成部分，回应型司法通过开放式的程序机制的建构，既保障了当事人广泛获得救济和参与司法程序

---

① 吴建国、汪进元：《回应型司法的理论逻辑与制度平台》，《东疆学刊》2014 年第 1 期。

的权利，也保障了其他公众参与的权利，客观上有利于强化对司法权力运行的监督和制约，最终使得司法权的运行及判决结果的生成符合人权保障的目的。另一方面，回应型司法以多元价值的平衡保护为基础，这形成对司法中的民意听取机制的制约，同时也构成人权保障的基础。也就是说，协商民主形式在司法中的引进在程序上而言确实具有保障参与权的效果，而在实体上而言，民众的参与和民意的表达不一定符合人权保障的目的，甚至有损于这一目的的实现，药家鑫案的判决即可体现民意对司法人权保障的负面效果。而回应型司法借助协商民主形式的基础在于多元价值保障的原则。多元价值的保障表明不仅获得民意支持的价值如药家鑫案中的秩序价值和美国焚烧国旗案中的爱国价值能够获得司法的认可，而且在法律上的一切正当的价值皆能够获得司法的保障，如美国焚烧国旗案中的言论自由价值即是如此。在此过程中，多元价值的保障取向使司法获得了对抗不符合人权保障价值之民意的力量，同时，司法对不同价值尤其是未占据优势地位的价值的平衡保护使人权获得司法保障成为可能。在此意义上而言，回应型司法通过协商民主形式寻找不同价值的平衡保护，实际上也有利于人权司法保障功能的实现。

（三）实质正义应以人权保障为标准

回应型法与自治型法的最大不同还在于，回应型法更加强调实质正义的实现。也就是说，就自治型法而言，自治型法强调法律体系的自洽性，认为现有的法律体系构成了法律秩序的全部基础，排斥法律之外的政治、伦理、道德等对法律实施的影响；在此基础上，法律强调专业性，并通过专业化的法律机制的建构确保法律规则的至上性；而在法律实施过程中，则采取规则主义的模式，要求执法和司法的过程严格服从制定法的规定，忠于法律。[①]与此不同的是，回应型法则强调实质正义的实现。也就是说，相较自治型法

---

① 〔美〕诺内特、塞尔兹尼克:《转变中的法律与社会——迈向回应型法》，张志铭译，中国政法大学出版社，2004，第59～80页。

而言，回应型法并不强调法律的自洽性，因此回应型法的法律系统是开放性的，法律判断同时也糅合了价值判断、伦理判断等法律之外的判断，而执法人员和司法人员也因此享有大量的裁量权。当然，在法律体系具有开放性、执法和司法人员享有大量裁量权的情况下，为了避免法律滑落为压制型法，回应型法引入了实质正义这一价值，要求裁量权的行使首先应当以实现实质意义上的正义价值为基础，并据此回应纳入多元的社会利益诉求，实现法律的回应性。

回应型法通过对实质正义的实现以体现其回应性，就司法而言，司法对社会生活的回应同样需要借助实质正义这一目的；换言之，对实质正义的追求同样构成回应型司法的本质特征，"通过司法的社会治理是以一种更加完美的方式实现司法正义的明智路径选择，不仅注重形式法治下的正义，更加关注实质法治下的正义"。① 而对实质正义的追求则为司法对人权的保障提供了空间。就司法的过程而言，追求实质正义，需要从法律外寻找依据。也就是说，在自治型法当中，法律的目的全部体现于法律条文之中，法律条文的规定即是司法权行使的全部依据。在此种情形下，司法也只能以受到法律明确宣示的精神为其判决的依照。回应型司法则与此不同，在法律条文之外，司法机关还可以纳入对其他因素的考虑，同时也可以借助人权保障等价值证成其判决的合理性。此时，人权保障的目的即成为回应型司法所追求的"实质正义"。换言之，实际正义在回应型司法中的引入使司法具有了在法律规范之外寻找其他价值依据的正当性缘由，而人权保障则可以成为司法判决所追求的实质正义，在此基础上，人权司法保障的功能即得以体现，这即是回应型司法在人权保障方面的积极意义。

---

① 侯明明：《以司法回应时代：通过司法的社会治理——以卡多佐司法实用主义哲学为导引》，《政法学刊》2015 年第 3 期。

四　回应型人权司法保障模式的优化

回应型司法首先是符合转型时期社会对司法的要求，即其能够通过建立开放式的审判机制回应公众权利诉求和接纳公众的参与；在此基础上，回应型司法又具有一定的人权保障价值，其对公众权利诉求的回应、对多元价值的平衡保护和对实质正义的追求等，都可以为司法保障人权提供广阔空间。在此意义上而言，回应型司法能够满足转型社会背景下人权司法保障的需要。当然，更为重要的是，回应型司法在运行过程中，需要通过协商民主的形式广泛听取民意，这在一定程度上使司法成为依托民意进行社会治理的工具。司法的工具性价值实际上与司法的本质属性不相符，即司法为保持其公正性，不应当预设某种法外的目的。而人权价值的植入，则可实现对回应型司法之工具性倾向的矫正，即人权作为法的核心价值，其也是司法首要保护的目的。当然，从方法而非权限的角度扩展司法回应社会的能力，这也是与"小政府、大社会"的改革方针相符合的。[①] 在回应型司法过程中植入人权保障的价值并对其回应性机制进行优化，才能使回应型司法因具备人权保障功能而得以维系其正当性。

（一）陪审制度的优化

陪审员制度是我国司法组织制度的重要组成部分，体现于我国的人民法院组织法和各诉讼法当中。人民法院组织法第30条规定合议庭可以由法官和人民陪审员组成，第34条则规定人民陪审员依照法律规定参加合议庭审理案件。而在各诉讼法中，人民陪审制度甚至被确立为诉讼法的基本原则，如刑事诉讼法第13条即规定，人民法院审判案件，依照本法实行人民陪审员陪审的制度。

---

① 鲁篱、凌潇：《论法院的非司法化社会治理》，《现代法学》2014年第1期。

实践中，陪审员制度的运行实效有待提升。在课题组面向审判人员的一项调查中，针对人民陪审员、人民监督员制度实效问题，共有 1556 人参与调查，其中 158 人选择实效较大，306 人选择实效大，828 人选择实效一般，264 人选择没有实效。选择一般的人数最多，约占调查总人数的 53.21%，而选择大的人数次之，约占 19.67%，选择没有的人数约占 16.97%，最后是选择较大的人数，只占约 10.15%。可以看出，对于人民陪审员、人民监督员制度在实效问题上，司法机关大多数人员并不持乐观态度，选择"较大"和"大"的人数加起来也没有选择"一般"的人数多，选择"没有"的也不在少数。综合来看，司法机关人员认为人民陪审员、人民监督员在其职能实效上没有发挥其应有的作用。从侧面也可反映出该制度的可操作性一般，参与性和监督、制约性一般。

我国陪审制度的建构和运行更多地侧重于强调其民主功能，即通过陪审制度的组织形式使公民能够参与司法权的行使过程，并成为合议庭的组成人员，与职业法官共享司法权，从而在司法领域实现人民当家作主的目的。陪审制度的这种民主功能，在马克思主义经典作家的论著当中也有充分体现，恩格斯即提出，在古代的陪审员法庭里，根本没有法律专家，法庭庭长或审判官根本没有表决权。判决是由陪审员独立作出的。[1] 而人民成为陪审员参与审判过程，则是"人民自治"的一种表现形式，能够确保司法对人民负责，受人民监督。[2] 换句话说，社会主义国家的人民陪审制度建立在人民民主的基础上，其目的在于让民众参与司法过程以体现司法的民主性。具体到我国而言，人民陪审员制度也是基于上述原则而设置。而最高人民法院发布的《人民陪审员制度改革试点方案》也提出，要通过改革人民陪审员制度，推进司法民主，促进司法公正，保障人民群众有序参与司法，提升人民陪审员

---

① 胡玉鸿：《马克思恩格斯论司法独立》，《法学研究》2002 年第 1 期。

② 恩格斯：《马尔克》，《马克思恩格斯全集》第 25 卷，人民出版社，2001，第 575 页。

制度的公信度和司法公信力，让人民群众在每一个司法案件中感受到公平正义。据此，我国的人民陪审员制度建构和改革的目的在于通过在司法过程中吸纳公众参与强化司法的民主性和对司法权运行的监督，形成对职业法官的制约，避免司法脱离民众，增强司法对社会的回应性。

　　然而，尽管马克思主义经典著作借用人民民主理论对陪审制度进行了改造以突出其民主功能，但此项源于英美法系国家的司法制度的本来目的在于保障人权。具体而言，陪审制度实际上源于"同类人审判"的观念。陪审制度初期的理论基础是同类人审判。同类人审判即要求与纠纷双方当事人具有基本相似的情况的公民参与审判，其目的在于确保审判者对拟审判的案件具有感同身受的认识。"陪审制早期的理论基础就是'同类人审判'或'邻里人审判'观念。"[①] 因此，在陪审制度产生之初，"同类人审判"也被视为基本人权，其缘由即在于，只有同类人才能真切地在案件发生的特定环境下对案件中存在的权利义务关系进行真实理解，这种理解既有助于陪审人员对事实与法律有更为贴切的认识，更使之对当事人的处境感同身受。"同类人对案件当事人之切身情景可能有感同身受的认知，能够更为深刻地理解当事人行为的逻辑和案件事实的本质，从而形成更加公平的判决。"[②] 据此，陪审制度方得以成为自由的堡垒和确保当事人避免受到专制压迫的工具。[③]

　　由于从"同类人审判"的角色理解陪审制度，陪审制度具有保障人权的功能，因此，我国陪审制度的完善，不仅需要发挥该制度的民主功能，更要发挥其人权保障的功能。实际上，如前所述，司法本不是表达民意的最佳场

---

① 卢少锋：《民主与共识：陪审制度的理论基础刍议》，《山西省政法管理干部学院学报》2008 年第 3 期。
② 江国华、周海源：《司法理性的职业性与社会性——以裁判效果为视角》，《学习与探索》2015 年第 2 期。
③ 蔡琳：《人民陪审员助理角色之实证考察》，《法学》2013 年第 8 期。

所，或者说司法对民意的表达仅需要通过准确理解和执法法律这一固态化的方式来实现，只不过是为了弥补职业法官与社会生活之间可能存在的裂缝，司法才需要引入陪审制度以强化司法的回应性；在此过程中，为了避免司法滑落为执行民众意见的工具，司法权的运行即需要法的价值尤其是人权保障价值加以指导，通过人权保障价值的植入过滤渗入司法程序中的不理性民意，最终确保司法遵循不偏不倚的中立立场。简言之，强化陪审制度的人权保障功能有其必要性，是避免司法在回应社会过程中被不理性民意挟持的有力措施。而陪审制度之人权保障功能的突出，还需要回到"同类人审判"这一语境对该制度的运行机制加以完善。其一，注重陪审员来源的广泛性。实际上，《人民陪审员制度改革试点方案》也提出了实现人民陪审员的广泛性和代表性的措施，即陪审员的聘用需要注意吸收普通群众，兼顾社会各阶层人员的结构比例，注意吸收社会不同行业、不同职业、不同年龄、不同民族、不同性别的人员。之所以需要注重陪审员来源上的广泛性，其缘由即在于，在法院可能受理的案件当中，当事人的来源肯定具有多样性，可能来源于不同行业，有不同的职业背景和阶层构造等。只有陪审员来源具有广泛性，在具体的案件处理过程中，才能够选任与当事人构成"同类人"的人员担任陪审员。其二，也是最重要的，在具体的案件处理过程中，担任陪审员的人员一定要与当事人构成"同类人"。实践中，为了方便审判管理工作的开展，职业法官可能与陪审员形成了相对固定的搭配，这实际上是与陪审制度的民主性和人权保障价值追求相悖的。如上所述，陪审制度的核心在于确保"同类人审判"，因此，在陪审员的分配中，一定要遵循个案处理的原则，通过对案件当事人之基本情况的分析，为案件配置符合"同类人"要求的陪审员。据此方能使陪审制度在发挥民主功能的基础上强化对案件当事人之合法权益的保护。

（二）审判方法的优化

应该说，回应型司法与自治型司法的最大区别在于，后者强调法律的严格适用，要求法官接受制定法的严格拘束，追求形式正义的实现；而回应型司法则要求司法过程突出对"实质正义"的实现，此时，司法不仅需要严格依照法律条文的明文规定审判案件，还需要探寻法律背后的社会价值，运用这些价值对事实和规范进行评价，确保审判结果符合实质正义的要求。"回应型司法的法律适用在相当程度上克服了规则的刚性，相关的实体规则和程序技术都在很大程度上富有弹性、柔性和灵活性，司法机构和司法官员由此获得了较大的自由裁量权。"① 对实质正义的追求为人权司法保障的实现提供了空间。具体而言，如上所述，实质正义在回应型司法中的引入使司法具有了在法律规范之外寻找其他价值依据的正当性缘由，而人权保障则可以成为司法判决所追求的实质正义，在此基础上，人权司法保障的功能即得以体现。

而借助实质正义追求人权司法保障目的的实现则要求对司法审判的方法进行优化。具体而言，自治型司法强调法官对规范的严格适用，法官的裁量权受到较大的限制。与自治型司法相对应的司法方法论则为三段论方法。三段论方法是严格的形式逻辑方法，其由大前提、小前提和结论三部分构成。在司法过程中，三段论方法的应用意味着法官首先需要依法律规定的法律事实要件对案件事实进行涵摄，经由涵摄，认为案件事实符合法律事实之构造的，则将之作为小前提而套入大前提中，进而赋予该案件事实以大前提中规定的法律效果。三段论方法严格限制了法官进行推理的过程，"能够说明判决中的司法推理过程是由逻辑过程推导出来的，而非法官运用自身的思考方

---

① 高志刚：《回应型司法制度的现实演进与理性构建——一个实践合理性的分析》，《法律科学》2013 年第 4 期。

式进行判断"。[①] 当然，尽管三段论方法能够确保法官忠于法律，但其无法确保法律条文之字面含义规定之外的价值能够体现于司法审判之中，尤其是当法律条文并未直接指明对人权之保障时，人权保障这一价值即有可能被司法审判所忽略。因此，在回应型司法运作过程中，价值判断方法有必要纳入司法过程以弥补三段论方法的不足并实现对人权保障等实质正义的保护。"在司法裁判中恰当地运用价值判断可以保证获得一个符合正义的个案裁判，简言之其目的就在于推进个案正义的落实。"[②] 哈佛大学法学院教授基滕也赞同法官创造为"价值所支持的"判决。[③] 当然，从回应型司法强调实质正义这一特征来看，"实质正义"并不能通过对法律条文的字面解释而实现，而需要依法的价值对法律条文进行体系解释、历史解释等方面可得出。因此，价值判断方法也是回应型司法应当具备的司法方法。在回应型人权司法当中，价值判断方法的应用即要求法官将人权保障的价值融入法官对法律的认识和对事实的认定过程中，进而使司法审判的开展满足人权保障的要求。总之，在回应型司法当中，通过三段论方法与价值判断方法的优化组合，司法既能够满足确保法官接受制定法拘束的要求，同时能够为司法的过程植入人权保障这一价值以确保司法对民意的回应始终保持在合理范围内。

第二节　人权保障中司法理性的合宪性调适

司法理性是职业性与社会性的统一。一方面，司法理性具有职业性，其必须遵循审判独立、司法能动等规律；另一方面，在国家治理体系和治理能

[①] 韩登池：《司法三段论——形式理性与价值理性的统一》，《法学评论》2010 年第 3 期。

[②] 孙海波：《在"规范拘束"与"个案正义"之间——论法教义学视野下的价值判断》，《法学论坛》2014 年第 1 期。

[③] See Robert E. Keeton, *Keeton on Judging in the American Legal System*, Charlottesville, Va. Lexis Law Pub, 1999, p. 187.

力现代化的背景下，司法理性必须体现社会治理过程及其需要，其在司法权范围和司法权行使程序上呈现出一定程度的扩张性。这两种属性呈现了一定的二律背反的关系，即司法的职业性要求司法恪守其原有的边界，通过严格的法条主义司法方法的运用着眼于个案纠纷的解决，避免过多参与社会生活的形塑；与此相反，司法的社会性则要求司法作为社会治理工具参与到社会治理进程当中，通过法律统一适用服务于民主化进程。司法的这两种属性如何调和，则需要回归司法本身的功能定位，从功能的角度为二者的调和提出折中路径。

一 司法理性属性的二律背反

（一）司法理性的职业性

司法理性具有职业性，其是技艺程度较高的职业思维定式。职业理性不能经由逻辑学习而习得，其需要司法官通过长期对司法实践进行学习和观察而掌握。因此，司法职业理性即与司法经验具有紧密联系，是司法经验与智慧的结晶。[①] 司法理性的职业性具有以下三方面要求。

其一是司法理性的职业性体现为司法理性需要以司法规律为价值遵循。一般来说，司法的规律包括多项内容，其中最为基本的规律则为审判独立、不告不理、司法公正公开等。司法理性作为法官分析和思考案件与法律之对接问题的思维模式与方法的集合，其思维模式与方法的应用总体上需要以司法规律为指引。具体而言，司法理性的职业性首先要求司法理性之运作以审判独立为前提。审判独立即是要求法官之裁判以事实为依据，以法律为准绳，事实与法律之外的任务因素不得影响案件的审理。高度职业化的司法即

---

① Steve Shepard, "The Selected Writings and Speeches of Sir Edward Coke," *Liberty Fund*, 2003, Vol. I, p. 701. 转引自李栋《英国普通法的"技艺理性"》，《环球法律评论》2009年第2期。

要求司法制度为司法理性之运行构造不受外界干预的独立空间。换言之，司法理性的职业性即体现为该种理性的运作以审判独立为其前提保障。其次，司法理性的职业性要求司法理性的运用遵循不告不理的规则，这也是司法理性体现职业性的前提。作为"职业"的司法过程，法院对纠纷的处理需要遵循不告不理的规则，只有在有案件被提交审判时，其才能启动对案件之实体与程序问题的处理；否则，法官的"提前介入"将有可能使之形成先入为主的偏见，影响司法的公正性。最后，司法公正公开也是司法理性之职业性得以体现的前提。也就是说，法官的思维及其方法在运作的过程中，就应当处于不偏不倚的中立地位。同时需要将案件的处理过程向当事人公开，公开的意义在于使当事人提供的证据与观点能够进入法官的考量范围内，最终确保司法理性之运行建立在证据事实充分、法律理解得当的基础上。

其二是司法理性的职业性要求法官在对事实问题的处理上坚持以法律事实为依据。事实问题的处理是司法过程的重要环节，也是司法理性所要处理的核心问题。司法的过程存在客观真实与法律真实的界分，二者并非对立，但其在认定与效果上截然不同。而法官赖以作为审判基础的事实，只能是法律事实而不是客观真实。这就要求职业化的司法理性在对事实问题的处理上做到以下三点。一是放弃对案件事实之全部"客观真实"情节的追寻。求真务实是我们应当遵循的基本哲学态度，但在司法过程中，求真务实不等于要求法官追寻案件事实的全部"客观真实"情节。从其本质上而言，案件事实是"过去发生的事情"，司法对案件事实的认定即需要对过去发生的事实予以还原。出于各种客观情况的制约，司法对过去发生的事实极难做到百分之一百的还原。换言之，案件事实不可能完全等同于客观真实。据此，职业化的法官就需要放弃对客观真实之全面情节的追寻。其只需要寻得具有法律意义的那些情节，并将之转化为法律事实，据此即可作出裁判。二是舍弃可能为真但没有证据证明的案件事实。也就是说，法官在事实认定的过程中，对于一般社会经验可推定的事实应持谨慎态度，只能将有证据证明的事实作为案件事实。典型的例子即著名的彭宇案。根据该案的最新报道，彭宇在当时极有可能确实撞倒了原告。但问题在于，在案件审判过程中，警方丢失了事发时对双方的询问笔录，因此使得在对"被告是否撞倒原告"这一事实的认定上缺乏直接证据。针对这一问题，法官进行了"事实推断"，提出"不是你撞的你为什么要扶"，进而认定被告存在撞倒原告这一事实。这就是典型的运用社会经验推定案件事实的例子。这一推定现在看来可能是正确的，但个案上事实推定的正确以丢弃司法理性之职业性、违背证据规则为代价，其所造成的后果是极其严重的，甚至被认为诱发了"碰瓷"诈骗现象和社会道德滑坡。三是据以定案的法律事实的认定需要遵循严格的证据规则。在舍弃不必要或没有证据证明的客观真实的基础上，法律赖以定案的案件事实既需要有证据予以支持，而对案件事实的认定也需要遵循严格的证据规则。"自由心证"是证据认定的公认准则，但坚持"自由心证"并不是说法官在证据认定过程中就无所拘束。相反，证据的认定需要遵循系统规则。例如，证据法上有"孤证不立"之说，其要求法官不得以单独的证据作为定案的依据，证据之间不存在冲突，共同指向于同一案件并形成完整的证据链。"孤证不立"在我国刑事诉讼法上的体现即为，刑事诉讼法第55条规定，对一切案件的判处都要重证据，重调查研究，不轻信口供。只有被告人供述，没有其他证据的，不能认定被告人有罪并处以刑罚。总之，职业化司法理性作用于案件事实的认定，要求法官摒弃通过经验的推断，而是遵循一系列规则，最终确保案件的公正审理。

　　其三是司法理性的职业性要求法官之推理遵循形式逻辑。"朴素正义观"兴许能够为法官如何看待案件提供基本的判断。但司法推理的过程是高度形式化的逻辑推理作业，这一过程需要防范经由朴素正义观之判断而作出裁决。换言之，司法理性的职业性体现于法官之思维对逻辑推理规则的遵从。一般来说,司法过程中最为基本的形式逻辑规则是三段论规则。一方面,三段论规则之所以是"形式"的,其缘由即在于,在三段论规则当中,案件事实被抽象化为法律事实。也就是说,在事实处理方面,对于为证据证明的事实,法官还需要按法律之规定对之进行裁剪,只有符合法律规定之构成要件或考量情形的事实才能够进入三段论推理范围内。例如,刑事案件中,刑事法规范规定了特定犯罪的构成要件及其量刑情节,三段论的涵摄过程就是将刑事法的规定作为模型来对案件事实进行裁剪,只有符合法律规定的事实方被保留。另一方面,三段论的形式逻辑特征还表现于其推理的过程也应当是"顺理成章"的。也就是说,在三段论中,司法推理应当存在与数字计算一般的逻辑性,其要求法官将案件事实经裁剪而纳入法律规范构造之模型之后,依法律对该事实之后果的规定有逻辑地生成裁判结论。据此,作为形式逻辑方法的三段论使法官的思维和法律的适用具有严密的逻辑性,这也确保了司法理性的职业性,使之区别于普通民众看待司法问题时的"朴素正义观"。

(二)司法理性的社会性

司法作为社会生活的产物,其从同态复仇中蜕变而来,负担着回应社会需要的功能。也就是说,司法取代同态复仇的意义即在于其提供了一种文明的纠纷解决方式,这种纠纷解决方式减少了纠纷解决的血腥程度,也使得纠纷的解决更具终局性。在此基础上,司法的社会功能即表现为对纠纷的解决和对秩序的维护,这即是司法理性之社会性的根源。尤其是随着社会转型的深入和社会矛盾的增多,民众对司法公正提出了更高的要求。司法理性即需要在坚持职业性的基础上,进一步接近民众,融合社会理性。司法理性的社会性表现在以下几个方面。

其一,司法理性既是逻辑的,也是经验的。纵使司法理性的运用需要遵循一系列形式逻辑规则,但从本质上而言,司法理性具有经验性的面向。一方面，法律的生命本身就在于经验而非在于逻辑。也就是说，法律作为一般性的社会规则，其不应当是由人的主观意志所"设计"出来的，而应当是经由社会发展而"实践"出来的，只有反复经历了各种各样不同的社会问题，需要处理复杂多变的社会利益冲突，立法者才能从中归纳出一般性的社会规则。据此，作为法律适用过程的司法即应当是社会的，司法理性同时包含经验理性。另一方面，从司法理性的生成过程来看，从马克思主义哲学的角度而言，理性作为意识的一部分，其必然是源于实践的，是实践造就了理性，而非理性决定实践。就司法理性而言，其需要经过无数次的实践及实践中的试错，人们才可能从这些实践中提炼出司法运行和法官思考的思维模式和方法，这就构成了我们今天所谈及的"司法理性"，换言之，司法理性不是凭空捏造产生的，也不是经由逻辑演绎而生成的，而是经过大量反复的社会实践才得以生成。

其二，司法理性需要融合社会常识。司法理性的运作并非纯粹意义上的数学运算，相反，其需要糅合司法者的社会常识。应该说，司法的过程首先需要避免法官依其"朴素正义观"进行裁判，但这并不意味着法官不需要朴素正义观。司法裁判的过程当然首先需要依司法三段论进行推理，从案件事实与法律规范的逻辑关系上形成裁判结论，但这一结论不能太过于偏离社会常识。相反，司法理性的运作需要社会常识加以矫正。也就是说，依托高度职业化和抽象化的司法理性所进行的裁判存在走向极端的可能，这就要求法官的裁判融入社会常识，将逻辑推理与社会常识相结合，以逻辑推理为主线，依托社会常理加以验证和矫正，如此才能确保司法裁判既合乎法理，又体现常识。

其三，司法理性并不排斥共情。"法不容情"也许是人们对公正司法的美好期待。法不容情所指向的应当是法官不能因个人感情而对案件予以不同处理。当然，法不容情并不表明法官不需要对当事人怀有共情。共情原本是心理学上的概念，其在心理学上特指体验别人内心世界的能力。实际上，就司法理性而言，其既要求法官具有严密的形式逻辑推理能力，也要求其能够体验到当事人的内心世界，在逻辑推理与共情体验结合的基础上形成判决。司法理性需要体现共情实际上也有相应的制度机制加以保障。例如，英美法系国家通行的陪审制即是使司法理性中糅合共情的制度机制。陪审制度源于同类人审判的理念。之所以要求由同类人加以审判，其缘由即在于只有同类人才能够更加接近当事人的生存状态，理解其行为逻辑和心理动因，从而才能形成更贴切于当事人实践的判决。当然，我国对英美法系的陪审制度进行了改革，实行人民陪审员制度。人民陪审员制度同样是从普通公民中选择人民陪审员，人民陪审员的角色并非职业法官，而是从不同职业群体中选取，在不影响本职工作的情况下，间或参与案件的审理。因此，人民陪审员实际不具备专业的法律知识。当然，也正是由于人民陪审员不具备专业法律知识，其对相关案件的分析研判也不会受到高度形式化的职业理性的影响，使其能够运用常识与生活理性，更加深入地体验当事人的内心世界，从而使司法的过程及其结果能够根植于生活，更具社会性。

二　立宪主义下司法的功能定位

司法既有其社会性，也有其职业性，这两种属性本身存在对立关系。司法过程中对这两者关系的调和，则需要回归到司法本来的功能定位进行探析，从司法之根本价值的角度进行调和。

（一）作为判断权的司法权

就其本质而言，司法权是一种判断权，其基于证据对事实进行判断，并据此辨明当事人之间的权利义务关系；在此基础上，司法权之运行需要对不公正的社会现实进行矫正，并客观上起到权利救济的作用。基于司法权的这种判断权、矫正权和救济权的性质，作为基本权利之核心构造的人权当然落入司法权的保障范围内。

首先，司法权具有裁断性，是一种判断权。司法权的判断权的本质已为学界所认识。所谓的判断，即是对相关事实与法律内涵之认定。[①] 作为判断权的司法权即是对案件事实真伪及其合法性问题所进行的认定。司法判断权的运作过程主要包括两部分。

其一是事实判断。就事实判断而言，在司法过程中，法官往往运用三段论的思维模式进行司法。在三段论思维模式中，法官之思维在"事实与规范之间"往返流转，规范为大前提，事实为小前提，法官通过事实选择法律，通过法律涵摄事实，进而实现事实与法律的对接。[②] 在此过程中，法律与事实的对接即需要以"事实清楚"为前提，这也是我国三大诉讼法皆以"事实清楚"为原则的原因。当然，司法过程所要求的事实清楚是指"案件事实"的清楚，而非追求法律事实与客观达成完全的一致。因此，从生活事实到案件事实的衍化，离不开证据的认定。换言之，在司法过程中，证据的认定即构成了司法判断的事实基础，也是司法判断的逻辑起点。也就是说，如果说司法过程中的"事实认定"有别于生活情景中的事实认定，这种区别即体现于司法过程中的事实认定需要遵循严格的证据规则，一方面，当事人需要在法律允许的范围内取得证据并按规定期限和方式向法庭提交；另一方面，法官非有特殊情况只能被动地接受当事人提交的证据而不能主动收集证据；对于当事人提交的证据，法官需要对其合法性、客观性和关联性进行认定，并在自由心证原则的支配下自主排列各种证据的效力等级，排除证据间的冲突，最终建立起事实与证据之间的关联关系，并

---

① 孙笑侠：《司法权的本质是判断权——司法权与行政权的十大区别》，《法学》1998年第8期。

② 江国华、周海源：《司法理性的职业性与社会性——以裁判效果为视角》，《学习与探索》2015年第2期。

使法律适用所建立的事实皆有证据予以证明，而由其他证据延伸出来的合理怀疑也被排除。简言之，在司法过程中，司法的判断权性质首先通过证据认定而得以体现。

其二是法律判断。司法的过程不仅是事实判断的过程，同时也是法律认定的过程；而事实的认定，最终是服务于法律认定的，事实认定为法律认定提供事实依据，从而使法律认定得以建立在案件事实的基础之上。换言之，司法的法律判断过程主要体现了司法的判断权性质。司法过程中的法律判断又可称为合法性判断，其主要内容是判断案件事实与法律规范之间的契合度。因此，这一过程与事实认定是分不开的，这也同时表明法官的目光需要在事实与规定之间往返流转。法律判断实际上包括两个方面的内容。第一方面的内容为事实涵摄，即法官需要依法律规定构成要件判断案件事实的法律性质。如行政法规范规定了行政行为之合法性要件，一般包括主体要件、职权要件、程序要件、形式要件、效果要件等，法官套用法律之规定对行政活动进行评判的过程即是事实涵摄的过程，如"事实"满足法律规定的要件，则可推断出法律规定的效果。第二方面的内容为权利义务界定。在事实涵摄的基础之上，法官的法律判断过程仍包含逻辑演绎，"只要法律判断仍需基于一般性的法律规范来获得其正当性，演绎就必不可少"。[1] 此种演绎的结果即可推导出当事人之间的权利义务。

（二）通过判断的正义矫正

司法权的判断权属性仅仅是在司法权行使的过程中所进行的界定，司法权经公正行使作出判断之后，其所生成的结果则具有矫正社会的功能。因此，矫正性即是司法权的第二属性。换言之，裁断性是司法权的第一属性，而司法裁断的运用必然产生社会关系矫正的客观效果，矫正性据此得以成为

---

[1]　雷磊:《什么是法律逻辑——乌尔里希·克卢格〈法律逻辑〉介评》,《政法论坛》2016年第1期。

司法权的第二属性。实际上，在亚里士多德看来，正义有两种形式，分别为矫正正义和分配正义。① 在亚里士多德的二元正义理论中，分配的正义即立法和执法上的正义，立法机关正是通过法律规范的制定设定人们之间的权利义务关系，从而实现对社会利益的分配。② 行政执法的过程既是执行立法机关之意志的过程，也是将立法中设定的利益分配格局予以实现的过程，其归根到底也是一个分配正义的过程。而司法过程则为矫正正义的过程。司法的矫正性则表现为，司法权可以通过司法判断而认定案件事实真相，从而使在具体个案中受到侵害的社会关系得以恢复。也就是说，在立法和行政执法过程不能实现正义时，司法即需要从幕后走向台前，将已然扭曲的社会关系矫正。司法的矫正作用即表现为对利益关系的矫正，亦即当利益关系出现不公平现象时，司法权即作用于社会利益关系，通过调整社会关系而实现正义。

　　司法权的矫正性在司法权运行的各个领域中都普遍存在。首先，违宪审查制度是一种正义矫正制度。立法机关正是通过法律规范的制定而设定人们之间的权利义务关系，从而实现对社会利益的分配。而在立法不能准确反映宪法之精神而有违正义原则时，司法机关通过违宪审查权的行使即可以使违宪的法律归于无效，从而使受到立法扭曲的社会关系得以矫正，亦即司法审查制度本身即是一种实现矫正正义的方式。而在现代民主社会，很多国家实行的违宪审查制度即为司法审查制度，由司法机关负责审查制定法之合宪性。司法机关所享有的这种违宪审查权即是司法之矫正性的体现。当然，司法审查只是违宪审查的一种形式而非其全部内容，有许多国家的违宪审查制度并非由司法机关进行审查，而是由其他机关进行审查。在由其他机关进

---

① 汪习根：《论社会管理创新的法律价值定位——基于"宜昌经验"的实证分析》，《法学杂志》2013 年第 3 期。

② See Walter F. Murphy, *Elements of Judicial Strategy*, Chicago: University of Chicago Press, 1964, p. 135.

行违宪审查的体制下，司法的矫正性依然可能体现在民事司法、刑事司法等司法过程。如在民事司法中，法官通过审查可以判决被告赔偿损失、赔礼道歉、恢复原状等。民事判决的作出，使得为民事侵权行为或违约行为所侵害的民事关系得以矫正，进而实现矫正的正义。同样，在刑事诉讼过程中，法官在事实清楚的情况下所作出的裁判既可使犯罪人受到应有的惩罚，又可使被害人在物质上和精神上得到抚慰，更通过惩治犯罪使社会秩序恢复正常。这即是刑事司法的矫正性的体现。更为重要的是，基于刑事司法的矫正性，学界更是提出了"恢复性司法"的概念，恢复性司法的理念在于，司法的主要作用并不在于惩治破坏法律关系的当事人，而在于全面恢复受到破坏的法律关系。而受到破坏的法律关系则主要表现为被害人在物质和精神方面受到的损害，因此，司法的主要作用在于恢复被害人在侵权案件和犯罪中受到的损害。[①] 简言之，恢复性司法侧重关注的并非犯罪人受到多大程度的惩罚，而是被破坏的社会关系如何恢复。因此，刑事司法领域中的恢复性司法理念更能够体现司法之矫正性。

（三）作为终极价值的权利救济

司法的判断性和矫正性最终指向其救济性，司法的救济性也正是人权需获得司法保障的根本原因。具体而言，其一，司法的判断性和矫正性与司法的救济是三位一体的关系，司法的判断和矫正最终指向权利救济。也就是说，司法从其表征上而言，首先是一种判断权，通过对事实和法律的判断实现对案件的公正处理；而司法判断在客观上又具有矫正社会关系的效能，司法通过对个案的判断和处理，最终使受到损害的社会关系得以修复。当然，司法对社会关系的修复主要通过对被害人一方的救济得以实现。如上所述，在民事司法中，法官通过审查可以判决被告赔偿损失、赔礼道歉、恢复原状

---

① 李卫东:《恢复性司法视野下的被害人量刑参与权》,《学习与探索》2015 年第 11 期。

等。民事判决的作出，使得为民事侵权行为或违约行为所侵害的民事关系得以矫正，进而实现矫正的正义；在刑事诉讼过程中，法官在事实清楚的情况下所作出的裁判既可使犯罪人受到应有的惩罚，又可使被害人在物质上和精神上得到抚慰，更通过惩治犯罪而使社会秩序恢复正常。这即是司法的矫正性的体现。从中可见，司法矫正正是通过权利救济实现的，只有个案中当事人受到侵害的权利得到补偿，该案件所改变的法律关系才有可能恢复到原有的状态。因此，在司法过程中，司法的判断性、矫正性最终统一于救济性中，司法只有通过权利救济，才能实现对案件的公正处理。

司法的救济性主要通过两个方面得以体现。一方面，司法可为当事人提供程序上的救济。救济权是人权的主要构成部分，《公民权利和政治权利国际公约》第2条第3款（甲）规定，公民基于该公约所享有的权利受到损害时应当可以向有权机关寻求救济。因此，保障受到损害的当事人获得救济即是司法的功能之一。换言之，司法应为社会公众提供一种程序机制，这种程序机制应是社会公众寻求救济的最后机会，通过司法程序机制的运行，当事人的诉求应获得最终处理，这即是司法之程序救济性的体现。另一方面，司法的救济性还体现在其对当事人之实体权利的救济上。如上所述，在民事司法中，法官通过审查可以判决被告赔偿损失、赔礼道歉、恢复原状等；在刑事诉讼过程中，法官在事实清楚的情况下所作出的裁判既可使犯罪人受到应有的惩罚，又可使被害人在物质上和精神上得到抚慰。亦即在民事判决中，判决书的内容一般即表现了对一方当事人的救济；而在刑事诉讼中，尽管刑事责任的追究并不能够从实体上为被害人带来物质上的利益，但刑事判决所确保的刑事处罚可以防范被害人受到进一步的伤害，也可以从精神上对被害人予以抚慰，况且刑事附带民事判决也可实现对被害人之物质损失的补偿，这即体现了司法之于当事人之实体权利的救济性。

三 通过人权保障的司法理性调和

司法立宪主义要求司法权之范围受到宪法的严格约束，司法权运行程序和司法权运作效果也时刻处于宪法和法律的规范范围内。然而，这些内容仅仅是对司法的形式要求，亦即这几个方面的要求仅仅触及司法与法律的形式关系，要求司法在"外观上"符合宪法和法律的规定，而宪法之精神和实质，则没有体现在上述内容之中。实质意义上的司法立宪主义不仅要求司法服从于宪法条文的约束，更要求司法机关的活动能够符合宪法的精神和实质，而人权保障在司法过程中的植入，则可提升司法法治的实质性内涵，最终调和司法之职业性与社会性。

其一，在司法权范围的拓展上，人权保障原则的植入可为职业性与社会性的调和植入实质判断性标准。如上所述，我国宪法第131条规定人民法院依照法律规定独立行使审判权，第136条规定人民检察院依照法律规定独立行使检察权。然而，这两条的规定相当模糊，我们无法从中确定司法权的准确范围；纵使是结合人民法院组织法和人民检察院组织法的规定，司法权的准确边界也是难以确定的。换言之，宪法和组织法实际上仅仅是规定了审判机关和检察机关之权力的性质，并对此种性质的权力进行了简单描述，宪法和组织法并没有像宪法第89条规定国务院之权力一般，划定法院和检察院之职权的范围。此时，在界定司法机关之职权时，即需要为其设定"负面清单"，此负面清单即为有关当事人之基本人权保障的事项属宪法保留之范围，非有宪法上的依据，司法机关不得为有损人权之活动。据此，即可引申出调和司法之职业性与社会性关系的两项准则。一为司法尊重人权。司法在功能上的拓展抑或在权限范围上的延伸，皆应以司法尊重人权为前提。实际上，相对于立法和行政部门而言，纵使司法作为"最小危险部门"，其在面对弱小的公民个体时，也有可能成为人权的最大威胁。也就是说，司法在民事层面掌握着对公民人身权利和财产权利进行处置的权力，在刑事层面更是掌握着对公民之自由及至生命进行处罚的权力。司法权一旦滥用，其对公民自由的损害也将是不可估量的。据此，司法功能的调适即首先需要确立司法权的底线，尊重人权即成为司法权力运行的底线，这是司法权不至滥用的前提。从这个角度而言，在司法功能日益强大、司法权迎合社会需要而在行使范围上日益拓展的背景下，尊重人权应成为司法权运作的第一戒律。当然，司法尊重人权更多的是强调司法权在司法程序中的不作为义务，即不滥用强制手段或刑罚权侵害公民权利。① 二为司法应以为人权提供救济途径为参与社会治理和纠纷解决的价值追求。尊重人权是司法权运行最低限度的要求或曰底线，在此底线之上，司法功能的调适还应当有更高层次的准则，此项准则即为司法权能的拓展应建立在为人权提供救济途径的基础上。也就是说，在权力分立体制之下，司法并非民意表达机制，也并不是社会治理部门，司法实际上不宜过于能动地参与社会生活的形塑。如果说司法有参与社会生活形塑的必要，此种必要性即建立在尊重和保障人权的前提之上。换言之，在权力分立体制当中，司法最根本的作用在于适用法律解决纠纷以保障权利，因此，法律内含的人权保障价值当然对法律适用的过程产生决定性影响，司法机关对法律的适用应体现人权保障这一价值。也只有在此基础之上，司法权能的拓展才有其正当性缘由。在此基础上，司法即可实现与人权的联姻，而人权的法律保障向人权的司法保障的迈进，则不仅是人权保障机制的进步，也是司法价值品格的提升。② 用此两项原则处理司法之职业性与社会性之关系，才能确保司法权之范围不至超出其应有的界限，从而使司法更加贴切于立宪主义的要求。

---

① 江必新：《关于完善人权司法保障的若干思考》，《中国法律评论》2014 年第 2 期。
② 樊崇义：《从"人权保障"到"人权司法保障制度"》，《中国党政干部论坛》2014 年第 8 期。

其二，在司法程序的建构上，人权保障原则的植入可保持司法能动与司法被动的平衡。被动性是司法的本质属性，当然，在现代社会背景下，司法又有走向能动的必要。一方面，社会生活的日益复杂化要求司法承担更多的社会责任。司法之于社会，犹如药品之于人体，只有在社会发生纠纷时，司法才有必要介入。在此意义下，司法更像真正意义上的"守夜人"，其只需默默守护正义的底线。然则，在社会纠纷大量发生的背景下，司法的作用即有可能需要"前移"，犹如药品的作用亦需发生从"治疗"到"预防"的前移一样。在此种社会背景下，"司法能动地解决社会纠纷"即是应对社会复杂情势的必经途径，这也是司法走向能动主义的社会基础。在此种社会基础上，我国的司法政策实际上也向司法能动转向，或者说，"司法能动"的司法政策即是在此背景下被提出的。

然则，以司法能动为内核的司法社会性与以司法谦抑为内核的司法规律性则处于对立关系之中。这是因为，司法能动要求司法积极地参与社会规则的形成过程，通过司法权的运行建构一种优良的生活秩序。在此种情形下，司法在一定程度上突破了其与立法权和行政权的权力界限，当然，这种突破也是社会纠纷多发的必然结果。司法能动的这种要求与司法的谦抑性要求是相悖的。司法能动与司法谦抑之间的矛盾与冲突则需要通过司法之人权保障功能来调和。具体而言，一方面，人权司法保障功能要求司法是能动的，其既要求司法更多地接纳社会纠纷，扩大司法的受案范围，为受到侵害的权利提供广泛可行的救济路径，也要求司法超越法律规则的字面意思而探寻立法者的立法原意，其中的人权保障即被视为蕴含于法律中的最高价值，也是司法权行使的最终目的。这即是人权司法保障的能动面向。另一方面，人权保障功能又要求司法是谦抑的，人权保障归根到底是蕴含于法律之中的价值，人权保障的考量虽在一定程度上使法官找到了突破制定法之字面意义的权力，但这种突破的正当性不是建立在所谓的经济发展、社会稳定等缘由上，而是建立在人权保障这一法律所蕴含的价值中。这就要求法官从法律中而非从法律之外寻求其裁决的理由，从而也能够防范法官过多地受到社会情势的影响。因此，人权保障价值所具有的要求法官恪守法律精神、排除案外因素干预的功能实际上是与司法谦抑的基本要求相一致的。从这个角度而言，司法能动与司法谦抑可在人权保障的维度内实现统一，进而也为司法权运作过程及其效果的规范性提供保障。

第三节　人权司法保障方法的合宪性控制

人权司法保障是晚近以来我国提出的司法改革和人权司法的重大价值指引。《中共中央关于全面推进依法治国若干重大问题的决定》在提出通过立法保障人权的基础上，也强调了人权司法保障的重要性，具体措施包括强化诉讼过程中当事人和其他诉讼参与人的知情权、陈述权、辩护辩论权、申请权、申诉权的制度保障。健全落实罪刑法定、疑罪从无、非法证据排除等法律原则的法律制度。完善对限制人身自由司法措施和侦查手段的司法监督，加强对刑讯逼供和非法取证的源头预防，健全冤假错案有效防范、及时纠正机制。应该说，上述决定既提出要通过立法保障公民经济、文化、社会等方面的基本权利，又提出通过司法强化人权保障，建构多层次的人权保障体系。更为重要的是，该决定将人权与司法相勾连，既提升了人权保障的可实现程度，又为司法体制改革的深化推进提供了更高的价值指引，可视为我国近 30 年来对人权保障与法治建设之认识的升华。

在人权司法保障提出之后，司法体制改革的展开即以此为原则实施了多项改革措施，全面提升司法的人权保障水平。例如，在司法组织方面，司法机关探索了司法机关人财物管理体制，明确了领导干部不得干预司法，提升了司法的独立程度；与此同时，司法机关还进行了司法责任制改革，尤其是深入推进了错案追究机制的建构和运行，这些措施最终都有利于提升司法的公正程度和防范司法对人权的侵害。在司法程序方面，人权保障的相关程序机制也得以进一步完善。如在刑事诉讼当中，刑事诉讼法的修改建构了非法证据排除规则，具体体现于刑事诉讼法第52条、第56条、第57条等条款中，如第52条要求证据收集的程序具有合法性，第56条、第57条更是明确提出了非法证据排除。除此之外，刑事诉讼法修正案还强化了警察的出庭作证义务，建立了近亲属免证制度，这都可以视为人权司法保障程度的提升。而行政诉讼法的修改也扩大了司法救济的范围，强化了司法权的审查强度，尤其是对行政处罚、行政征收等行政权力的审查强度，进一步完善了行政诉讼中的人权保障机制。

当然，司法的人权保障不应仅体现于司法组织的建构和司法程序的设计，其应当体现于司法权运行的全过程。从某种程度上而言，最终影响公民之权利义务的因素不在于司法组织和司法程序，司法组织和司法程序都仅仅是审判开展所依赖的规范环境，审判权在这一环境中如何运行，还受到诸多其他因素的影响。其中，司法方法因素的影响至关重要。"一切司法活动，都是一个司法方法运用于其中的活动。"① 司法方法是司法人员据此展开事实认定、法律解读和司法推理的方法体系，其最终目的在于确保司法官员有逻辑地生成判决结果，减少判决生成过程中的随意性，提高判决的可接受程度。在此意义上而言，司法官员采用何种司法方法以及如何采用该种方法，都最终会影响判决的作出，也因此关系人权的司法保障程度。因此，人权司法保障的理论，不仅应当作用于司法组织、司法权配置和司法程序改革的过程，还应当具有指导司法方法选择的价值，司法机关只有在人权保障价值的指导

---

① 谢晖：《论司法方法的复杂适用》，《法律科学》2012年第6期。

下选择恰当的方法进行裁判，其判决才有可能在确保法律适用准确性的基础上最大限度地实现对人权的保障。

一　司法功能和司法方法

在日常生活中，功能与方法是相互关联的两个要素，功能决定了方法的采用，在特定事物之功能被设定之后，人们即会选择便捷和合适的方法实现该功能；与此同时，方法的选择对功能的发挥也存在重要影响，采用合适的方法能够起到事半功倍的效果。在司法领域，司法功能与司法方法同样存在上述关系，司法的基础性功能是通过法律适用以解决纠纷，这就决定了司法的基本方法首先应当能够确保法官准确适用法律。

（一）司法的基础性功能

应该说，司法权作为国家权力的重要组成部分，其同样负担社会治理的任务，具有多种功能面向。如果超越于司法本身而对现有宪法体系之下的司法权及其地位进行全面审视，我们即可以发现司法的这种多功能面向，具体包括在政治系统中表达国家意志，通过权力制衡维护民主制度，在法律适用中保证法律的统一理解等。[①] 然而，在这诸多的功能中，通过法律适用以解决纠纷方为司法的基础性功能，其他功能的发挥需要建立在纠纷解决这一功能的基础之上。

司法之所以以纠纷解决为其基础性功能，其缘由即在于，司法自其产生之初起，即以纠纷解决为其主要任务。也就是说，在长期的人类发展史过程中，纠纷的发生无处不在，只要有利益的存在，纠纷即不可避免地在利益相关主体之间产生。而原始社会形态下的同态复仇的方式不仅不利于纠纷的解决，反而可能造成纠纷的扩大化乃至破坏社会生产力的发展。此时，原始

---

① 蒋银华：《司法的功能体系及其优化研究》，《法学论坛》2017 年第 4 期。

形态的司法即得以产生，用以取代同态复仇而解决社会纠纷。"司法从其产生之初始即是社会的产物，是社会控制系统的一部分。司法从原始社会中走来，其取代同态复仇的意义在于以文明的方式解决社会纠纷。司法的功能因此被定位为社会纠纷的解决。"① 在此意义上而言，司法的最初功能即是纠纷解决功能。

当然，在原始社会进入有组织的国家形态之后，司法即具备了国家性，作为国家权力的重要组成部分，承担了纠纷解决之外的其他功能。到了近现代，随着法治建设的推进、司法理论的变迁和司法能力的提升，司法功能更是得到极大的扩充，形成了丰富的司法功能体系，具体包括政治功能、民主功能和法制功能等。尤其是就我国而言，晚近以来我国还提出了国家治理体系和治理能力优化的目标，司法也被当作国家治理体系的重要组成部分，要求其通过个案处理实现对社会的有序治理。在此意义上而言，司法还具备了社会治理的功能。当然，不管司法的功能体系如何丰富，这些功能的发挥都需要建立在纠纷解决的基础上，适用法律解决纠纷方为司法的基础性功能。② 其缘由即在于以下方面。

其一，司法权的启动以当事人将纠纷提交法院为前提。被动性原则是司法遵循的主要规则。司法被动性原则意味着司法只能"被动"地等待案件进入司法权行使范围内，而不能主动出击对案件进行处理。司法被动性原则是与司法在权力分工秩序中的地位相一致的。即在权力分立体制下，立法机关专职立法，负责通过立法分配社会利益；行政机关专职执法，负责将法律规定的权利义务予以实现。在此基础上，在法律实施过程中产生不公正现象

---

① 江国华、周海源：《司法理性的职业性与社会性——以裁判效果为视角》，《学习与探索》2015 年第 2 期。

② 胡玉桃、江国华：《论现代社会中的司法功能》，《云南大学学报》（法学版）2014 年第 3 期。

的，司法方得启动以实现矫正正义。况且在社会系统中，司法虽不是唯一的纠纷处理机制，却是最权威的纠纷处理机构。因此只有在其他纠纷处理机制不能很好地解决纠纷时，司法权方可展开对案件的处理。司法机关以当事人将纠纷提交为前提，这表明司法职能配置主要是以纠纷解决为基础的，纠纷解决是司法的基础性功能。

其二，司法权围绕纠纷解决运行。司法权围绕纠纷解决运行表现在司法权在行使过程中，首先需要着眼于纠纷的基本情况，这在案件处理过程中即为对案件事实的认定。对案件事实的认定构成司法审判的基础，而"案件事实"本身即是对社会纠纷的抽象化处理。也就是说，当事人只有在社会生活活动存在利益冲突，此种利益冲突又恰恰属于法律调整的范围时，该种冲突方可进入诉讼过程而成为案件事实。司法权的运作则主要是围绕案件事实进行的，主要包括两个环节。第一个环节为对案件事实的认定环节，即通过收集证据并组织当事人对证据进行质证，在合法证据的基础上还原案件事实。这是司法权运作的主要环节。第二个环节为法律适用环节。法律适用建立在对案件事实认定的基础上，即在通过对案件事实的认定对当事人之间的利益纠纷进行梳理之后，法官依经验可能形成对纠纷之类型及其可能适用的法律的初步认识，在此基础上即可适用法律解决具体个案中的纠纷。因此，司法权的运行也主要围绕纠纷解决进行。

其三，司法判决主要着眼于纠纷的解决。应该说，在现代司法体制当中，司法判决的效力层次较为丰富，不仅作用于当事人，还可能作用于其他社会主体。尤其是在判例法体制中，判决的作出即可形成后续类似案件的审理需要遵循的判例法，在此意义上而言，司法判决即具有了规范形成的作用。就我国而言，我国虽未采用判例法制度，但案例指导制度也使指导案例中的判决对后续案件的处理具有指导意义。另外，就行政诉讼而言，其判决不仅能够解决当事人的纠纷，还具有一定的反射效力，起到强化对行政权运行监督的作用。当然，不管司法判决在事实上具有哪些效力或作用，判决的着眼点还应当放置于纠纷解决上。以我国的行政诉讼制度为例，新的行政诉讼法修正案赋予了人民法院对规范性文件进行审判的权力，相对人可以提请法律对侵害其合法性权益的行政行为所依据的规范性文件进行附带审查。然而，在判决主文当中，行政判决仅能够涉及对行政行为之合法性的认定，以及在此基础上对行政行为及与行政行为相关的相对人权利的处理。至于规范性文件的合法性等，法院可以在判决的说理中进行分析，但不能在判决主文中予以宣判。同样，在民事判决中，判决书也需要针对当事人的诉讼请求作出，不能涉及与当事人之纠纷和诉求无关的事务。简言之，司法判决需要以纠纷的解决为其作用对象。总之，既然司法权的启动、运行及其判决都围绕纠纷解决展开，司法的核心功能即是纠纷解决功能，这构成了"司法"之所以为司法的本质特性；司法的其他功能的发挥，需要建立在纠纷解决的基础上，且不能喧宾夺主，阻碍司法之纠纷解决功能的实现。

（二）法律适用的基本方法

司法的基础性功能在于解决社会纠纷，而社会纠纷则依托法律予以解决，因此，纠纷解决的过程也是法律适用的过程。在司法过程中，纠纷之所以需要运用法律加以解决，其缘由有二。其一，只有构成了法律上的纠纷方有可能进入司法审判的范围内，此种纠纷的法律属性即决定了其应当适用法律加以解决。也就是说，在社会生活当中，纠纷有多种形态，也可能涉及各种不同的利益关系。并非所有的纠纷都可以进入法律的调整范围内，只有那些涉及法律上的权利义务的纠纷才能够进入该范围；而情感、礼仪等方面的纠纷由于不涉及法律上的权利义务关系，是被排除于法律调整范围的。既然利益纠纷因涉及法律上的权利义务方得以进入法律的调整范围，对纠纷的处理当然需要依法律上的权利义务关系进行解决。其二，在成熟的社会体系当中，规范的种类具有多样性，而法律是其中最为重要的规范，其不仅对人们之权利义务关系予以了明确规定，同时有国家强制力加以保证，因此构成有序的社会系统的支柱。[①] 这也就决定了司法机关应以法律为纠纷解决的主要规范。简言之，司法的基础性功能在于解决纠纷，而纠纷的解决则以法律的适用为前提。

司法机关之基础性职能在于解决社会纠纷，纠纷又需要通过法律适用的方式解决，而法律的适用则需要依托三段论推理方法。具体而言，如上所述，司法审判的主要任务可分解为以下两项，即事实的认定以及法律的选择、解释和适用，事实的认定指向纠纷的查明，法律的选择和解释则是法律适用的前提，在此基础上法官再通过逻辑推理实现事实与法律的勾连。而能够将这两项任务连接起来的方法即为三段论推理方法，即在司法过程中，司法者需要适用三段论来黏合事实与法律。[②]

三段论包括了大前提的确定、小前提的确定和结论的得出三个环节，三个环节涉及了对事实的认定和法律的适用。"在我国，'以事实为依据，以法律为准绳'，由'法官独立审判案件'等正是将待决案件事实置于法律规范构成要件之下，以获得特定判决的一种逻辑思维过程，也就是以法律规范为大前提、案件事实为小前提、最后得出判决结果的推理过程。"[③] 具体而言，在司法者进行裁判活动的过程中，其首要工作即是确定案件的大前提。案件的大前提实质上是法律规范中所设置的行为模式及其法律后果。如在民法通则第 61 条中，行为模式即是"恶意串通，实施民事行为损害国家的、集体的或者第三人的利益"，法律后果则为"追缴双方取得的财产，收归国家、集

---

① 张志杰：《修宪后检察权的架构与运行——宪法修改对检察权的深远影响》，《内蒙古人大》2018 年第 4 期。

② 焦宝乾：《三段论推理在法律论证中的作用探讨》，《法制与社会发展》2007 年第 1 期。

③ 韩登池：《司法三段论——形式理性与价值理性的统一》，《法学评论》2010 年第 3 期。

体所有或者返还第三人"。这两部分共同构成了三段论推论方法中的大前提。[1] 大前提的确定实质上也是一个从事实到规范的过程。即是说，对于客观世界中发生的事件，法官首先需要判断这种事件中的法律关系是刑事法律关系、民事法律关系、行政法律关系抑或其他法律关系，在此基础上，还需要进一步分析其是适用合同法、物权法、侵权责任法抑或行政处罚法、行政许可法的规定。因此，在司法过程的第一环节，即大前提确定的环节，实质上也需要法官在事实与法律之间进行考量，因而需要法官以事实为依据，以法律为准绳。

司法者进行裁判活动的第二个环节即是小前提的确定。小前提的确定是确定案件事实的过程。也就是说，在三段论推断中，法官在大前提的基础上，需要对案件事实进行全面的把握，分析其中的各种定案情节和其他裁量情节，在此基础上，将此小前提嵌入大前提中，进而依大前提中的规定而得出决定。也就是说，小前提确定的过程是一个确定案件事实的过程。因此，从这个角度而言，依"三段论"思维进路作出判断离不开小前提的确定，而小前提确定的过程又是一个事实认定的过程，因此，司法的过程必然是需要以事实为依据的。当然，纵使是在确定小前提即认定案件事实的过程中，也需要以法律为准绳。这是因为，在诉讼行进过程中，法庭认定的案件事实并不要求达到客观真实的标准，而是需要达到法律真实的标准。所谓的法律真实，是指法庭所认定的案件事实是有证据予以证明的，而证据本身又符合客观性、关联性和合法性的要求，经质证程序而为法庭所采纳。因此，事实认定的过程实质上也需要以法律为依据，此中的法律即是证据规则，法庭对案件事实之认定需要依证据规则而作出。因此，从这个角度而言，司法裁判推进的过程是一个"目光在事实与规范之间往返流转"

---

① 卢佩：《"法律适用"之逻辑结构分析》，《当代法学》2017 年第 2 期。

的过程，此过程中，三段论方法有效地解决了事实与法律之间的隔阂，且能够有逻辑地说明法律适用于当前案件的合理性，因此，三段论即构成司法的基本方法。

二　三段论在人权司法保障中的两难处境

三段论是司法的基本方法，其能够确保司法有逻辑地依照法律对纠纷进行裁决，是司法公正性的必要保证。具体到人权寻求司法救济的过程中，司法也只有运用三段论规则对案件进行公正裁判，人权的司法保障才成为可能。然而，人权司法保障本质上是对司法运行的一种价值指导，而三段论的作用则在于排除价值、情感、社会情势等规范以外的因素对法官审判之过程的影响。在此意义上而言，三段论方法在人权司法保障中的应用似乎存在两难处境。

（一）人权司法保障的实现依赖三段论逻辑

人权获得司法保障应当以司法机关严格依照法律公正司法为前提，也是司法权运行的基本要求。公正司法则能够产生对人权保障的直接促进作用。从程序的角度而言，人权司法保障首先要求公民获得司法救济的权利得到保障，且获得司法救济的权利应当是获得公正司法对待的权利，司法机关应当对当事人予以同等对待，对相同的情况进行相同的处理。只有这样，公民的人性尊严方得到尊重。这即是公民享有获得司法救济这一基本人权得到保障的应然状态。从实体的角度而言，对案件当中存在的权利义务关系进行公正处理，当事人于实体法上享有的各种权利尤其是其基本权利也才能够得到充分保障。这也是人权获得保障的重要方式。简言之，人权司法保障建立在司法公正的基础上。另外，人权司法保障实际上有两方面内涵，即一方面是司法权的运行不得侵害人权，尤其表现为刑事诉讼过程中在程序上不得采用刑讯逼供手段、不得剥夺当事人的辩护机会等，在实体上则表现为不得进行有罪类推、不得罚过其罪等 ① ；另一方面是司法权运行应当为受到侵害的基本人权提供救济，如在行政诉讼中通过撤销侵害公民权利的违法行政行为实现这一救济功能。只有司法机关严格依照程序法和实体法的规定，在程序进行过程中充分保障当事人的诉权、辩护权等权利，在实体上依法律之明确规定作出判决，人权司法保障才有实现之可能。

人权司法保障以法律的严格适用为前提，而法律的严格适用离不开三段论推论方法。三段论推理本质上属于形式逻辑推理方法，这种方法在司法过程中的适用，其目的即指向要求法律的适用达到如数学推理般的精准。三段论对法律严格适用之作用体现在以下三个方面。

其一，三段论能够确保司法判决的形成以事实为基础。以事实为基础、以法律为准绳原则是我国诉讼法的基本规则。以事实为基础、以法律为准绳原则的提出首先指向裁决的作出以事实为前提。实际上，司法判决的基础性功能在于解决事实层面的利益纠纷，因此，案件判决建立在对事实基础之准确认定上也是司法公正的基本要求。而三段论之形式逻辑思维的要求能够确保判决的生成建立在事实基础之上。具体而言，如上所述，三段论大致包含了大前提、小前提和结论的生成三环节，三个环节缺一不可，只有历经这三个环节，完整的三段论推理方宣告完成。而事实的认定则对接于三段论中的小前提，即只有法官所认定的事实能够为法律规范这一大前提所涵摄，其才能构成三段论意义上的小前提，并可置于大前提之下而取得大前提规定的法律效果。在此过程中，三段论起码在以下两个方面确保案件的裁决建立在事实基础上：一方面，三段论推论以小前提的存在为前提，小前提即是案件事实在三段论中的映射，表明三段论推论需要建立在事实基础上；另一方面，案件事实也只能符合法律规范规定的要件，其能够为法律规范所涵摄而

---

① 曹晟旻：《论司法实践中类推适用的相似性判断标准》，《贵州警官职业学院学报》2012年第 2 期。

成为法律事实并取得相应法律效果，表明三段论推理起码在形式逻辑上反映了事实与法律之间的对应关系，这也是法律得以公正适用的最低限度要求。

其二，三段论方法能够确保事实与法律有逻辑地予以对接。事实与法律的对接是司法判决的核心命题。实际上，法律适用本身所指向的也是事实与法律之对接问题，即运用法律规范解决案件事实中存在的利益纠纷。在事实与法律的对接方面，三段论提供了大前提、小前提及涵摄等概念与方法。亦即在三段论中，法官首先需要根据事实寻找可以适用的法律，再运用法律规范对事实要件的规定对事实进行涵摄，提炼案件事实中符合法律规定的部分，剔除不具有法律含义的因素，进而才将案件涵摄于由法律规范构成的大前提中，如此方可实现事实与法律的对接。"法官根据以往审理类似案件的经验以及对相关法律规范的'前理解'或'前判断'，对构成案件事实的材料或因素进行'剪裁'。"[①] 在此过程中，事实与法律的对接则采用涵摄模式，即符合法律规定的事实可以涵摄于法律构造之下，反之则予以排除，如此即保证了事实与法律可以以可视的逻辑形式予以对接。

其三，三段论方法能够确保案件的裁判最大限度地排除案外因素的干预。司法免受案外因素的干预也是法律得以严格适用的前提，法律的严格适用即内含了以事实为依据、以法律为准绳这一前提，而其中的"以事实为依据"则只能以经质证的证据证明的案件事实为依据，而不能以其他因素为依据。三段论则是这一要求得以实现的方法论支持。具体而言，三段论作为形式逻辑推理形式，其严密的形式逻辑性要求判决结论的生成只能够由小前提中出现的且能够为大前提所涵摄的因素决定，未出现于作为小前提、能够为法律规范涵摄的案件事实中的事实因素以及并未出现于法律规范中的其他要求，皆不能作为裁决形成的事由。"三段论思维模式是一种被动性的思维

---

① 郝建设：《三段论小前提的建构及其价值判断》，《法律方法》2013 年第 00 期。

模式,行为模式设定的事实是三段论思维的启动装置,只有当事人提出并证明的事实符合行为模式中设定的事实,三段论思维才能启动。换言之,只要法官是依三段论思维进行思考,则三段论思维即可形成隔离机制以隔离案外因素。"①

（二）三段论对人权保障价值的排斥

尽管人权保障的实现需要建立在司法采用三段论方法以严格适用法律的基础上,然而,从其本质上而言,人权司法保障是对司法运行的价值指引,而三段论的作用恰恰在于排除价值、伦理、社会情势等要素对司法过程的干预。从这个角度而言,人权司法保障的实现需要司法机关遵循三段论推理规则,而三段论推理规则又排斥人权司法保障价值的植入,这即是人权司法保障过程中三段论推理规则的两难处境。

具体而言,人权司法保障首先是一种价值倡导。所谓价值倡导,是指以特定的价值作为社会活动的指引和评价标准,并对符合此种指引的行为给予肯定性评价。"人权司法保障"作为价值指引,表现为人权保障是法律最为基本的价值。亦即在自然法学家看来,价值构成了法之所以为法的内核,只有符合人类普遍正义标准所遵从的价值的立法,才能成为良法而具有要求人们服从的效力。而在法的价值体系当中,人权保障的价值占据首位,是法不可或缺的价值,也是在多种价值发生冲突时,应当予以优先保护的价值。"人权司法保障"则将人权保障这一价值从立法迁移到司法中,要求司法活动的开展也遵循这一价值。当然,人权司法保障价值对司法之指引作用体现在以下几个方面。其一是转化为立法。诸多关于人权保障的法律规范实际上首先以政策的形态表现出来,是政策的转化形态。如假释制度是我国特有的刑事判决执行制度,该项制度即内含人权保障的价值。也就是说,基于人权

---

① 周海源:《社会效果如何寓于法律效果之中——从法官思维切入》,《云南师范大学学报》（哲学社会科学版）2016 年第 1 期。

保障的要求，在刑事判决的执行过程中，司法机关应当根据犯罪人执行判决的情况及其悔改程度对后续刑期及其执行方式进行个别化的处理以达到宽严相济的要求，对于认罪服法且改造态度良好、有悔改表现的犯罪人，自然应当对其予以宽容对待，进而达到保护犯罪人人权的目的。其二是指引司法改革的开展，《中共中央关于全面推进依法治国若干重大问题的决定》提出了加强人权司法保障的价值追求，同时提出一系列强化人权司法保障的措施，包括强化诉讼过程中当事人和其他诉讼参与人的知情权、陈述权、辩护辩论权、申请权、申诉权的制度保障；健全落实罪刑法定、疑罪从无、非法证据排除等法律原则的法律制度；完善对限制人身自由司法措施和侦查手段的司法监督，加强对刑讯逼供和非法取证的源头预防，健全冤假错案有效防范、及时纠正机制等。这些措施最终体现到司法改革的过程中，从而提升了司法对人权的保障力度。其三是指导司法审判的开展，也就是说，人权司法保障的实现需要司法机关以人权保障为其终极目的，认真执行罪刑法定、疑罪从无、非法证据排除等法律原则的法律制度，严格确保司法公正的实现，既通过公安、检察和审判之间的分工制约防范司法机关侵害人权行为的发生，也要通过司法权的行使为受到侵害的公民权利提供充足保障。

应该说，在上述第一种和第二种方式中，其将人权司法保障价值融入立法和司法组织中，并不直接作用于个案中的法律适用过程，与司法方法的应用并无直接关联，因此该种价值指引作用并不与三段论思维模式相悖。难点在于第三种方式，即人权司法保障价值直接作用于司法审判的过程，用于指导个案的审判工作。作为形式逻辑思维方式的三段论对此种价值指引存在一定的排斥。具体而言，三段论作为形式逻辑思维，存在形式性和封闭性的特点。三段论的形式性表现为，在三段论推理过程中，判决生成所考虑的因素必须能够体现于三段论各个环节中，或作为大前提而存在，或能够为大前提涵摄而成为小前提。在此基础上，法官对法律的理解和对事实的认定都应当作形式性的处理，使之能够成为三段论中的大前提和小前提，也只有将小前提套入大前提下，结论方可生成。① 换言之，三段论推理的形式性表现为如计算机程序运行或数学计算一般的"公式化"，法律和事实需要代入公式中，再依公式中的逻辑生成结论。三段论的封闭性则建立在形式性的基础之上。亦即三段论的形式性要求对结论生成的因素做形式化的处理以代入其推理公式之中。这也就意味着只有进入推理公式之中的要素才能够最终影响审判的作出。具体到司法审判的过程中，三段论的封闭性表现有二，其一是大前提的封闭性。亦即三段论本身是法教义学方法论背景下产生的推理方法，其以法官受制定法拘束为追求，力图排除价值、伦理等法律外的规范对司法的影响。因此，作为三段论之大前提的法律只能是国家立法，法律之外的规范形式即被排除在外。其二是小前提的封闭性。在三段论中，小前提的提炼有专有的术语，即"涵摄"。涵摄意味着依法律规定的法律事实之构成要求对案件事实进行裁剪，只有能够为法律规范涵摄的事实因素方得以进入推论过程中。三段论所具有的上述严密的逻辑要求则排除了价值的进入。也就是说，就三段论的形式性要求而言，依三段论进行推理而生成的结论应当为司法判决的全部内容，如果规范条文本身设置有人权保障的价值要求，则判决的结果需要体现这一要求；反之，如果规范条文并未直接体现这一价值追求，则三段论推理的过程也不得考虑"人权司法保障"这一因素，人权司法保障的价值指引作用则无从谈起。而就三段论的封闭性而言，其更是排除了人权保障价值的进入。也就是说，如上所述，三段论本身是法教义学方法论背景下产生的推理方法，其以法官受制定法拘束为追求，力图排除价值、伦理等法律外的规范对司法的影响。因此，作为三段论之大前提的法律只能是国家立法。换言之，三段论要求司法以规范条文为审判的依据，人权司法保障这一

---

① 雷磊:《为涵摄模式辩护》，《中外法学》2016 年第 5 期。

价值无法直接进入司法审判的过程，因此难以起到对司法审判进行价值指引的作用。

三　人权能动保障及其合宪性分析

人权司法保障要求法律得到严格适用，这以三段论方法的应用为前提，而三段论本身又排斥包含人权保障在内的价值因素对司法的影响，这即是三段论方法在人权司法保障过程中的两难处境。解决这个问题还需要回到"人权司法保障"本身进行分析。实际上，人权司法保障的实质即是要求司法既要立足法律适用和纠纷解决，又不限于个案纠纷的解决，而需要通过个案解决以达成其他效果。在此过程中，司法的功能即实现了扩展，而司法也兼具对法律与社会的综合考量。

（一）人权司法保障中的司法能动主义倾向

实际上，人权司法保障最为成功的范式即为美国的违宪审查制度。① 美国联邦最高法院自马伯里诉麦迪逊案之后，经长期的历史进程而发展了强有力的司法审查权。尤其是在 20 世纪 50 年代之后，随着美国平权运动的发展，美国联邦最高法院在民权保障方面承担冲锋陷阵的职责，在事实上充当人权保障的急先锋。在此过程中以及在此之前，通过格里斯沃尔德诉康涅狄格州案、焚烧国旗案等经典案件，美国联邦最高法院通过解释宪法明确了基本权利的内容体系，是人权司法保障的典范。"人权司法保障"也是在这种背景下才逐步从法律本书走向司法实践，因此具有广泛影响力，也成为司法应当承担的社会功能之一。美国联邦最高法院在人权保障方面的功能扩展被后世

---

① 当然，学者们对美国联邦宪法文本是否规定了美国联邦最高法院拥有据以审查法律合宪与否的权力一直存在争议。参见 Mark Tushnet, *Taking the Constitution Away from the Courts*, Princeton University Press, 1999; William Gangi, *Saving the Constitution from the Courts*, University of Oklahoma Press, 1995。

称为司法能动主义，即司法不再限于机械地适用法律以解决个案纠纷，而是立足于当前案件，能动地探寻宪法规范的价值内涵及案件可能形成的社会影响，最终为人权提供充足保障。① "在美国的司法史上，司法能动主义经历了从司法审查到人权保护的重心变迁，因而至今，人权保护尤其是人身权的保护成为了美国司法能动主义的主要领域。"② 就香港的司法实践而言，司法能动也与人权保障相牵连，是在人权保障方面的能动。③ 在此意义上，人权司法保障实际上是司法能动主义的另一种表述，或者说，人权司法保障是对司法功能的实际性要求，而司法能动则是实现这一价值追求过程中司法的外部表现形态。具体而言，人权司法保障与司法能动主义的内在关联性主要表现在以下几个方面。

其一，能动主义司法是以人权保障为价值导向的司法功能扩展。如上所述，司法的本职工作在于通过法律适用解决具体的个案纠纷。尤其是在权力分工制约的宪法体制当中，立法、行政与司法各司其职，各机关应当恪守各自权力的界限，防止权限范围的过度扩展和权力的滥用而侵害个人权利。此种情况下，纠纷解决即被定位为司法的基础性功能。而人权保障则是在纠纷解决上的司法功能扩展。在权力分工制约体制下，司法功能的此种扩展需要借助人权保障这一价值证成其合法性。也就是说，尽管在对社会情景的判断和对利益的分配方面立法机关和行政机关可能具有更为专业的判断能力，在司法审查过程中涉及对此方面的判断时，法院应当以合宪性推定方法为主；然而，法院在宪法和法律规定的权利保障方面则具有无可替代的优越地位。也就是说，针对一项权利是否应当属于法律上予以保护的权利，法院

---

① John Choon Yoo, "Marshall's Plan: The Early Supreme Court and Statutory Interpretation," 101 *YALE L. J.* 1607（1992）.

② 杨建军：《司法能动主义在全球的发展》，《山东警察学院学报》2014 年第 4 期。

③ 秦前红、付婧：《在司法能动与司法节制之间——香港法院本土司法审查技术的观察》，《武汉大学学报》（哲学社会科学版）2015 年第 5 期。

具有比立法机关和行政机关更为专业的判断能力，司法机关立足于权利保护对立法和行政之行为加以强有力的审查并不与权力分工制约的原则相违背。在此意义上而言，司法能动主义倾向的正当性即建立在人权保障价值的基础上，只有以人权保障为价值指引的司法能动方为符合宪法体制安排的司法功能扩展。

其二，人权司法保障事实上扩展了司法审查权，这也是能动司法建构的基础。司法能动的实质是司法权的扩展，即司法权在一定程度上突破司法保守主义的界限，在管辖权上实现扩张，将更多案件纳入审查范围内以提供更广泛的权利保障；另外，司法能动也要求司法机关在实体上强化其审查权，即司法机关在审查过程中应强化对事实、证据与法律适用的审查。例如，在我国行政诉讼法中，行政诉讼法修正案既扩大了行政诉讼的受案范围，尤其是第 12 条第 1 款第 12 项更是扩大了受保护的权利范围，同时也强化了司法机关的审查力度，即将明显不公平的行政行为纳入可撤销范围，这体现了行政诉讼法修改中的司法能动主义倾向。而司法权的此种扩展需要建立在人权保障的基础上。具体而言，一方面，就司法管辖权的扩展而言，扩展的缘由一定要建立在权利救济的基础上，即司法机关基于"法官不得拒绝司法"的原则，可以最大限度地将侵害公民权利的行为纳入其管辖范围以实现人权保障的目的；然而，与公民权利无关的行为，司法机关则不能将其纳入审理范围，因为司法的专业性体现于法律适用和权利救济上，而不反映在分配正义和社会情势的判断上。另一方面，就司法审查权的扩展而言，同样，在涉及经济发展、社会情势等方面的判断时，司法应当保持克制的态度，只有涉及基本权利保障时，其才能够以积极能动的姿态进行审查。在此意义上而言，人权保障即构成了能动司法在程序与实体上予以扩展的基石。

其三，人权司法保障也为司法能动提升了价值调衡标准。司法的基础性功能在于通过法律的适用解决社会纠纷。当然，在现实社会语境下，司法功能在纠纷解决的基础上发展了完备的功能体系,国家意志的表达、民主制度的维系、法律的统一理解与适用等,都通过纠纷解决得以体现。就我国而言,新中国成立以来,在不同的历史阶段,司法扮演了不同的角色,如在严打时期为维护社会秩序冲锋陷阵,在改革开放后为经济发展保驾护航等,这都是司法功能在不同背景下的流变。① 在如此丰富的司法功能体系当中,司法如何能够做到不失本我? 这就要求司法始终立足人权保障调和其他价值的冲突。也就是说,不同的司法功能实际上代表了不同的人类价值,在诸多的价值当中,司法机关需要坚持人权保障的核心地位,这是由人权保障在法价值体系中的优越地位决定的,也是由司法在人权保障方面的专业性所决定的。立足人权保障为标准调和司法功能的冲突,才能够为司法的能动主义倾向提供合理界限。在此意义上而言,能动司法是人权保障的外在表现,人权保障则构成司法能动的价值内涵。

（二）人权能动保障的合宪性分析

人权是法的核心价值,尊重和保障人权是国家治理的精髓所在,也是国家现代性的根本体现。② 司法对人权的能动保护能够回应转型时期社会对司法的诸多要求,是国家治理现代化的体现。当然,人权能动保护有其合宪性难题。司法又是社会正义的最后一道防线,作为"最后"一道防线,司法就应当具有一定的谦抑性,如司法在社会治理中扮演冲锋陷阵的角色,有可能过多地陷入各种社会利益关系当中,最终影响司法的中立性和公正性。不仅如此,司法过多地参与社会生活的治理,有可能与已有的宪法原则相悖,存在合宪性难题。在宪法确立的权力分工关系当中,立法和行政为社会治理的主要力量,即在新的社会情势或矛盾出现时,冲锋陷阵的角色应当由立法和行政扮演,司法只是社会治理的辅助。更为重要的是,司法对社会问题的治

---

① 江国华:《转型中国的司法价值观》,《法学研究》2014 年第 1 期。
② 张文显:《法治与国家治理现代化》,《中国法学》2014 年第 4 期。

理，不仅应当在程序上滞后于立法与行政，在实体上，司法也只能在立法设定的框架上对社会问题加以解决。在此意义上而言，司法作用需要滞后于立法与行政，不能过于能动地参与社会生活的治理。

课题组针对司法人员展开的一项调查显示，司法人员总体上认可司法能动应有一定的限度。在回收的调查问卷中，关于"对目前中国的司法能动的认识"这一问题，由于本题是不定项选择，由被调查者基于自己对目前中国能动司法的认识选出一个或多个选项，所有的选项共被选择了2658次，其中"很有必要，能够参与社会治理，化解社会矛盾"被选了561次，约占总次数的21.1%，"回归我国的司法传统"被选了259次，约占总次数的9.7%，"超越司法的界限，有违司法规律"被选了303次，约占总次数的11.4%，"当今世界司法之趋向"被选了297次，约占总次数的11.2%，"要保持一定的尺度"被选了579次，约占总次数的21.8%，"在法律规定的范围内进行"被选了532次，约占总次数的20%，"是一种盲动"被选了108次，约占总次数的4.1%，"其他"被选了19次，约占总次数的0.7%。

当然，司法出于人权保障的需要而能动地行使其职权则与宪法之要求不相悖。具体而言，我国宪法确立了人权保障的基本原则，司法能动以人权保障为其目的，则可确保司法权运行的过程符合人权保障之一价值的要求，从而具备规范维度的合法性。在此意义上而言，司法能动在规范维度的合法性要求司法通过遵循人权保障价值得以体现。人权保障价值对司法权扩张的限定，也是维系司法对人权予以能动保护的重要基础。[1]

四　人权能动保护的司法方法支持

如上所述，司法能动作为20世纪五六十年代开始在美国司法界践行的

---

[1]　吴英姿:《论诉权的人权属性——以历史演进为视角》,《中国社会科学》2015年第6期。

司法实践，其能够将形式逻辑与价值考量相统一，因此能够在坚持三段论方法以确保法律的准确适用的基础上，将三段论方法与其他司法方法对接，提升司法对社会问题的治理能力，形成丰富的司法功能体系。能动司法适用的司法方法有多种，其中，价值判断和后果考量方法最适合人权的能动司法保障。

（一）通过价值判断的人权保障

所谓价值判断，是指在司法过程中法官依法律所认同的价值而非具体的规范条文对案件性质所进行的界定。实际上，尽管司法一直强调法教义学思维及三段论方法的适用，但一方面，法律规范未必能够全面覆盖社会生活中可能产生的纠纷类型及纠纷的各种构成成分，这表明并非所有纠纷的解决及其解决的全部过程都有明确的法律依据，在无制定法作为依据时，三段论即失去了所赖以运行的"大前提"，这为价值判断方法的运用提供了空间；另一方面，纵使法律明确规定了案件中当事人之间的权利义务，但作为"观念"和"概念"的法律在适用作为"事实"的案件事实时，尚存在诸多需要理解和解释的地方，对法律规范进行理解和解释的过程同样可以融入法官对法之价值的理解。在此意义上而言，司法过程中的价值判断实际上是不可避免的，"价值判断进入法律解释、法律推理和法律论证已成为一个不争的事实，在司法裁判中恰当地运用价值判断可以保证获得一个符合正义的个案裁判"。[①] 更为重要的是，价值判断方法的应用并不会危及三段论方法所追求的法律适用的准确性。也就是说，在司法过程中，三段论与价值判断实际上可以并行不悖。在上述论述中即可发现，价值判断仅发生在法律规定不完备而产生疑难案件，或者法律虽有规定但法律与事实的对接尚需要进行解释和论证的情况下，在此种情况下，价值判断即辅

---

① 孙海波：《在"规范拘束"与"个案正义"之间——论法教义学视野下的价值判断》，《法学论坛》2014 年第 1 期。

助三段论这一推理公式的运行，即作为大前提的法律规定并不是十分明确，或者作为小前提的案件事实在被三段论涵摄的过程中存在欠缺的，可运用价值判断的方法对法律进行解释或对案件事实的性质和构造及其与法律规范的关系进行论证，据此确保三段论推理的有效展开。据此，价值判断能够融入三段论运行的过程，其与三段论所追求的司法确定性也并不冲突，价值判断的引入并不意味着司法裁判的确定性受到侵损。

当然，就人权司法保障之目的的实现而言，价值判断也不失为一种适当的法律方法。如上所述，人权司法保障的本质是对司法运行过程的价值指引，人权司法保障价值的提出，要求司法机关在开展司法工作过程中，要以人权保障为其终极目的，在准确适用法律的基础上，最大限度地实现司法对人权的保障。在此过程中，价值判断方法的适当性表现为其有利于人权保障这一价值全面体现于司法审判的过程。具体而言，人权司法保障作为对司法的价值指导，其实质是要求司法权运行的过程体现对这一价值的尊重。而司法对人权保障价值的尊重，在具体的司法方法层面，则可以通过价值判断的方式予以实现，即将人权保障的价值融入法官对法律的认识和对事实的认定过程中，进而使司法审判的开展满足人权保障的要求。通过价值判断的方法强化司法对人权的保障在我国司法实践中也有先例可循。在最高人民法院指导案例第 6 号中，针对被告行政机关所实施的行政行为是否违法，法官即采用了价值判断的方法以强化相对人权利保护。在该案中，被告所实施的没收财产的行政处罚是否应当采用这一程序，这在立法上并没有明确规定，因此即构成了司法审判中的"法律漏洞"，而法官则运用价值判断来填补这一漏洞。法官在裁判理由中指出，《中华人民共和国行政处罚法》第 42 条规定虽然未将没收财产处罚纳入应当举行听证的事项范围，但没收财产与较大数额罚款等处罚对相对人之利益的影响都较大，因此没收财产处罚也应当依行政处罚法第 42 条之规定启动听证程序。也就是说，法官在论述中指出，行政处罚法虽未直接规定该种处罚应当采用听证形式，但就针对财产权实施的数额较大的行政处罚而言，此种权利应当属于法律规定的"等合法权益"的范围，即将相对人被侵害的权利纳入了"等"的范围，进而判处行政处罚不符合法定程序并予以撤销。在这个案件中，法官即在法律漏洞产生时，通过价值判断方法的运用，将人权保障的价值贯彻到司法审判的过程中，从而有利于该价值的实现。

在司法过程中，人权保障的价值可通过价值判断方法融入法律适用的所有环节，法律解释、法律论证乃至事实认定都可融入人权保障的价值。具体就法律解释而言，法律解释工作是司法推理的前提，其所要解决的是"法律是什么样的"的问题，针对这一问题进行解释，法官可融入人权保障的价值。实际上，在法理学意义上，人权保障是法律的最高价值，这体现在立法当中，法律制定的最终目的也在于保障人权。从这个角度而言，人权保障应是能够被称为"良法"的所有法律的基本内涵；因此，借助这一价值展开对具体的法律条文的解释也基本上不会存在体系性的阻碍。换言之，法官通过体系解释的方法即可将人权保障的价值融入拟适用的法律规范当中。在上文所述的指导案例第6号当中，法官实际上也是在法律解释的过程中借助了人权保障这一价值对行政处罚法第42条的规定进行解释，进而将没收财产处罚纳入"等行政处罚"的范围，实现了司法对人权的保障。另外，法律论证所要解决的是法律能否适用当前的案件事实的问题，在此过程中，人权保障价值的植入也能够起到消除规范与事实之间之隔离的作用；至于事实认定的过程，实际上应当包括两方面内容，即"事实到底是什么样的"以及"该事实在法律上如何定性"，前一问题主要通过证据予以解决，至于后一问题，也可融入法官的价值判断，植入人权保障的价值，进而实现人权司法保障的目的。

（二）通过后果考量的人权保障

在人权司法保障过程中，除了价值判断方法之外，后果考量方法也可作为三段论方法的补充，从而在准确适用法律的基础上强化司法对人权的保障力度。所谓后果考量，即是在司法裁判过程中，判决结论的生成不是依赖于法律、事实与逻辑，而是法官依其审判经验对法律、事实进行大体上的判断而形成预设的结论之后，再考虑此种判决结论可能形成的效果，据此判断该结论是否正当以及对结论进行修正的方法。后果考量以"作出预设结论为出发点，以庭审阶段排除例外事实为重心环节，接着寻找法律规范验证预设结论的正确性、合理性，最后做出裁判"。[①] 从其本质上而言，后果考量方法是一种社会科学意义上的司法方法，该种方法并不是以法律规范的理解为出发点，而侧重于强调对裁判后果之于社会生活的意义进行预判，并将之作为论证裁判正当性或修正裁判结论的事由。"在这个论辩过程中，法官必须努力考量和平衡各种价值和竞争性的利益，依据司法可能产生的效果从中作出正义的、理智的选择，即后果权衡。"[②]

实际上，自 21 世纪以来，我国司法机关提出法律效果与社会效果相统一的要求，"社会效果在所有的国家，都是司法必须考虑的重要因素，对所有司法机关来说都是必须高度重视的一个要素。尤其是在我们这样一个转型国家，在法律制度还不完善、司法的公信力还不够高的情况下，更应该强调社会效果"。[③] 法律效果与社会效果的统一，不仅是一种司法理念，更需要获得司法方法的支持，"有什么样的法律思维，就有什么样的司法方法；正是法律思维中存在相互作用，才有了司法方法的辩证运用，最终推高法

[①] 郝廷婷：《民事审判思维方法实证研究——"三段论"逻辑在中国基层法院的续造与验算》，《法律适用》2012 年第 1 期。

[②] 任强：《司法方法在裁判中的运用——法条至上、原则裁判与后果权衡》，《中国社会科学》2017 年第 6 期。

[③] 江必新：《在法律之内寻求社会效果》，《中国法学》2009 年第 3 期。

律效果和社会效果的现实统一"。① 后果考量方法正是这样的司法方法,即其要求司法机关在行使审判权的过程中,在判决结论生成之前,应当尽可能地考虑该结论可能产生的社会效果,并在法律规范框架内实现社会效果的最大化。因此,后果考量方法也在"两个效果"相统一理念提出之后被高度重视。

后果考量方法不仅可以作为实现社会效果的有效方法,也是人权保障的有效方法。一方面,后果考量方法本质上是对拟作出的判决进行论证和修正的方法。也就是说,法官在进行后果考量之后,首先需要具备进行考量的立足点,这一立足点即预设的裁判结论。至于预设的裁判结论如何生成,即可经由三段论推理而得出。经三段论推理得出的结论作为预设的裁判结论,进而分析其可能取得的效果并对该结论进行修正。在此过程中,人权保障即可作为修正拟作出结论的依据之一。也就是说,在对预设的结论进行论证和修正的过程中,法官可以着重分析该结论对人权保障的影响,认为该结论能够达成人权保障效果的最大化的,则可证成结论的合理性;反之,如果预设的结论无助于人权保障价值的实现,甚至有损于当事人人权或破坏人权保障的社会氛围,则对该结论进行修正,使之满足人权保障的目的。简言之,后果考量方法为对三段论所形成的结论进行修正提供了空间,而人权保障的需要则可占据该空间并影响最终的判决结果。另一方面,人权保障实际上也可以视为一种效果。也就是说,后果考量方法要求法官考虑判决可能形成的影响,而人权保障则可作为法官在此过程中应当考虑的因素。以美国的能动司法实践为例,美国联邦最高法院之所以在 20 世纪五六十年代以积极能动的姿态保障人权,其缘由除了进一步完善和明确宪法上的基本权利体系之外,更多的在于美国当时兴起了平权运动的高

---

① 戴建志:《追问社会效果:司法方法的辩证运用》,《人民司法》2012 年第 13 期。

潮,妇女、少数族裔等通过各种运动要求实现权利上的平等。因此,在此历史阶段内美国联邦最高法院所形成的一系列人权保障判决,在一定程度上也考虑了判决之于平权运动的效果,并将之作为论证判决合理的理由。

当然,通过后果考量方法实现人权保障的目的也有其合理性,即后果考量方法需要建立在三段论推理的基础上,经三段论推理之后,在可能的判决区间内,法官方得运用其裁量权对人权保障的效果进行裁量,只有在此程度内的后果考量方具有正当性。后果考量"只能在一种极其有限的范围内发挥作用,并且在多数时候我们看到后果主义裁判如果想要获得合法性,最终所采取的是一种隐藏在法条背后的后果考量,从表面上看它所采纳的仍然是一种法条主义的推理形式"。① 换言之,此种方法运用是有条件限制的,法官需要在严格适用法条的基础上,在法律规定的裁量权范围内运用后果考量方法考量裁决之于人权保障的作用,最终才能够作出确保人权保障效果最大化的合法判决。

---

① 孙海波:《"后果考量"与"法条主义"的较量——穿行于法律方法的噩梦与美梦之间》,《法制与社会发展》2015 年第 2 期。

第四章

宪法视角下刑事司法的人权保障

应该说，刑事司法是司法中最为重要的组成部分，其在国家治理和社会秩序维护过程中发挥着不可替代的作用，相较于民事司法和行政审判具有更为重要的地位。具体而言，一般来说，刑法是作为其他法律的"保护法"而存在的，当违反其他法律规范达到具有严重社会危害性的程度，其他法律设定的惩罚手段不足以有效规制此类行为时，刑法即需要从幕后走向台前，将违反其他法律规范且具有严重社会危害性的行为定义为犯罪行为，并为其配备相对应的刑事处罚手段。与之相对应，刑事司法相较于民事司法与行政审判的重要性表现为，在民事领域与行政领域发生的行为具有严重社会危害性的，民事司法与行政审判即需要让位于刑事司法，在刑事司法解决涉案活动之罪与非罪等问题的基础上，再由民事司法或行政审判解决相应的赔偿等问题。从这个角度而言，司法之定分止争等功能的发挥，需要刑事司法作为最终保障。

当然，从理论的角度而言，刑事司法过程中的人权保障具有不可替代的重要作用。其缘由在于，一方面，相较于其他领域的违法行为而言，刑事犯罪行为具有更大的社会危害性，其对公民和其他主体之权利的侵害最为严重，只有通过刑事司法机制的运作，受到刑事犯罪侵害之权利才可能获得充足的救济。因此，相较于民事司法与行政审判，刑事司法在人权救济中的作用无疑更为突出。另一方面，相较于民事司法和行政审判，刑事司法过程中司法机关的职权也最为丰富和强大，如侦查机关享有刑事拘留、执行逮捕等权力，检察机关享有批准逮捕、提起公诉等权力，法院更是享有刑事处罚的决定权，刑事处罚决定权的行使最终甚至可能构成对公民财产权、人身自由乃至生命权的限制或剥夺。这些权力一旦行使不足，就有可能构成对当事人权利的巨大损害。① 因此，如何规范刑事司法中司法机关之职权行使当然也是人权保障需要解决的重要议题。鉴于刑事司法在司法体系中的重要地位以及人权保障在刑事司法中的重要性，刑事司法中的人权保障问题应当是人权保障研究的重要组成。关于刑事司法的目的，课题组针对审判人员展开的一组调查显示，人权保障目的在刑事司法中的重要性得到了充分认识。在回收的 1565 份问卷中，认为刑事司法的目的是"打击犯罪"的为 187 人，选择"保障人权"的为 297 人，选择"都重要，当两者发生冲突时，首先考虑惩罚犯罪"的为 428 人，选择"都重要，当两者发生冲突时，首先考虑人权保障"的为 667 人。由此可见，刑事司法过程的人权保障目的之优越地位得到了大多数司法人员的认可。

人权保障是宪法与刑事司法的联结点。众所周知，刑事诉讼法有"小宪法"之称。而刑事诉讼法之所以被称为小宪法，其缘由即在于其集中体现了宪法人权保障等精神及其制度安排。具体而言，没有制约的权力必然走向腐败，而走向腐败的权力之最大的侵害对象则为公民权利。也就是说，权力的滥用往往以公民权利受到损害为代价。因此，不管是就整个政治体系而言，还是就刑事司法的具体展开过程而言，权力制约都是实现人权保障的最好方式。② 因此，在刑事司法领域，我国宪法也是通过权力制约的方式实现人权保障。我国宪法对刑事司法中权力监督制约的规定体现在三个方面，其一是总体规定，宪法第 140 条规定了司法机关之间的分工制约关系。不仅如此，在 2018 年所进行修改的宪法条文当中，就新设立的监察委员会而言，

---

① William N. Eskrideg, Jr., "All About Words: Early Understanding of the 'Judicial Power' in Statutory Interpretation, 1776-1806," 101 *Colum. L. Rev.* 990 (2001).

② Jesse H. Choper, *Judicial Review and the National Political Process*, Ch. 5 (1980).

其职权行使涉及司法事务的，也同样遵循权力分工的原则，即宪法第 127 条设定了侦查机关、检察机关与审判机关在刑事诉讼过程中的监督制约关系。[①] 其二是对各司法机关职权的规定。就法院职权而言，其体现于宪法第 128 条的规定中；就检察院职权而言，宪法第 134 条规定，中华人民共和国人民检察院是国家的法律监督机关。就监察机关职权而言，新修改宪法的第 123 条规定，中华人民共和国各级监察委员会是国家的监察机关。通过对审判机关、检察机关和监察机关之职权及其职权行使之独立性的规定，刑事司法过程中的权力分工和制约关系即得以形成基本的制度框架。[②] 其三是对执行逮捕的规定。宪法第 37 条[③] 规定由检察院批准或者决定或者法院决定逮捕、公安机关执行逮捕，实际上实现了逮捕的批准权、决定权和执行权的分离，形成了一定程度上的权力制约，最终指向公民人身权保障这一目的。在宪法上述规定的基础上，刑事诉讼法的具体规定则将上述制度规定具体化。如刑事诉讼法规定侦查权、检察和公诉权、审判权等行使的具体规则，尤其是规定了非法证据排除和防范刑讯逼供等方面，更是通过三机关的监督和制约实现人权保障的目的。在此意义上而言，人权保障是宪法与刑事司法的最大公约数，二者通过人权保障联结，人权保障精神通过刑事司法过程实现，同样，刑事司法的运作更需要全面融合和体现宪法的人权保障精神。

当然，我国司法机关不具有直接适用司法解决具体个案的权力。在此意义上，司法机关即不可能将宪法中规定的基本人权作为其审判的依据。因此，刑事司法过程中的人权保障，或者说刑事司法对宪法之人权保障制度与

---

① 姚岳绒：《监察体制改革中检察院宪法地位之审视》，《中国政法大学学报》2018 年第 1 期。

② 邱曼丽：《国家监察权属性探析》，《兵团党校学报》2018 年第 4 期。

③ 宪法第 37 条：任何公民，非经人民检察院批准或者决定或者人民法院决定，并由公安机关执行，不受逮捕。

价值的体现，则需要立法加以转化，只有纳入法律保护范围内的权利方有可能得到司法机关的保护。换言之，出于司法机关并非宪法适用机关，刑事司法过程中的人权保障命题需要转化成权利保障命题，司法机关需要通过对诉讼过程当事人、其他诉讼参与人和特殊主体之具体权利的保障而最终实现人权保障的目的。在此意义上而言，对刑事司法过程中人权保障的研究，需要从当事人、其他诉讼参与人及特殊主体之权利保障的角度展开。

第一节　刑事司法中当事人的权利保障：以被害人为例

诉讼中的当事人即是因自身权利义务受到影响而以自己的名义进入诉讼法律关系当中的自然人或法人。在刑事诉讼当中，有资格以自己的名义参与诉讼的主体有被害人、自诉人、犯罪嫌疑人和被告人等。被害人和自诉人在刑事诉讼当中的地位比较特殊，即是因自身利益受到犯罪行为侵害而进入刑事诉讼当中的法律关系主体。而犯罪嫌疑人和被告人也是可能涉嫌犯罪的行为人在刑事诉讼过程中不同阶段的称呼。因此，刑事诉讼中的当事人一般包括两方，一是受侵害方，二是涉嫌实施犯罪行为方。被害人在刑事司法当事人权利保障中处于核心地位，刑事司法的运行需要维系社会秩序，使受到侵害的法益得到修复，更重要的是需要为被害人权利提供救济。此种救济体现在两个方面，一方面是物质救济，主要通过刑事赔偿实现；另一方面是精神抚慰，即通过对犯罪人实施刑罚使被害人之精神得到抚慰。在此意义上而言，被害人之权利保障在刑事司法当事人权利保障中处于重要地位。据此，本节主要围绕被害人展开刑事司法中当事人的权利保障研究。

一　法理基础

（一）国家责任理论

西方自然法学派认为国家的产生源自社会契约的达成，在原始的自然状态下，人们的权利面临随时受到侵害的危险，而个体的权利无法抵御外来入侵，人们为了维护自己的生命、财产、自由、安全和平等等权利不被他人侵犯，出让自己的一部分权利并将其集合在一起，权利的集合体便形成国家。人们出让的这部分权利有如下两种，一是人们出于实现保护自己或其他人的目的而为任何其认为适当的行为的权利，这一权利出让后交由社会制定统一的行为准则——法律——来保护人们自身及其他人；二是处罚的权利，人们天生追求一种对等性的正义，从人类早期的血亲复仇和血族复仇到同态复仇，体现了人们实现被害人的复仇的心理。[①] 人们放弃各自单独行使惩罚的权利，交由国家专门行使。相应地，国家负有保护公民的责任，在犯罪与国家的关系上：一方面是保卫公民不受侵害，使人们的生活安定有序，国家凭借比任一个体强大的力量对抗犯罪，维护社会秩序与公民利益；另一方面由国家行使惩罚权。最初惩罚权还是属于个人的，但是随着社会文明的发展特别是国家的产生后，惩罚权由个人向国家转移。犯罪不再只是单纯地侵犯公民个体的权利，而是对于公共秩序、公共安全等公共利益的损害。当犯罪发生时，被告被提交给国家，国家只关心如何实现正义，忽视犯罪对于被害人产生的伤害。国家应当对因犯罪行为受到伤害的被害人，承担国家因不能预防犯罪而产生的责任。[②]

正是人性的不完美导致权利的运行不会按照既有的轨道彼此不影响地

[①] John Choon Yoo, "Marshall's Plan: The Early Supreme Court and Statutory Interpretation," 101 *Yale L. J.* 1607（1992）.

[②] 刘辉:《被害人刑事诉权研究理论质评》,《中国刑事法杂志》2011 年第 3 期。

运行，冲突时有发生，冲突的发生一般都会带来权利被侵扰，因此权利需要救济。在此意义上而言，救济权本身是一项重要的权利，是公民或其他法律关系主体请求国家对其受到侵害的权利提供救济的权利；与此同时，救济权又可成为其他权利的保障手段，即其他权利在受到侵害的情况下，需要通过救济权的行使修复受侵害的关系。[1] 据此，救济又可视为其他权利的辅助权，是原权利主体合法取得的，每项权利都应当有相应的救济权，如果没有救济权，那么第一权利也就不存在了；另外，救济是第一权利得以实现的保障，为其解决冲突、化解纠纷。

　　一般意义上，救济的方式有两种。第一，私力救济。所谓私力救济，是指权利受到侵害的一方当事人通过自身能够支配的力量促使其受到侵害的权利得以修复。在原始社会，私力救济是权利救济的主要方式。当然，随着国家的出现和国家对暴力的垄断，私力救济方式的重要地位下降，逐步被国家所提供的公力救济替代，私力救济衍化为一种自助行为，只能在较少的范围内存在，并需要受制于立法和其他社会规范。第二，公力救济。随着国家的出现，诉讼的产生标志着私力救济转向公力救济。公力救济是在否弃私力救济的基础上产生的公共规则支配下的制度性救济。[2] 国家和法律的产生，犯罪概念的出现，使国家开始介入刑事案件，但由于介入初期认为犯罪侵犯的是个人的私益，因此采取的是不告不理的私人追诉制度。私人追诉的刑事案件中，被告人与被害人均为诉讼的主体，被害人具有独立的诉讼地位，能在诉讼过程中直接表达自己的诉求。随着公共利益内涵的扩大，任何一种犯罪都被认为是侵犯了超越个人权利的公共利益，国家实行起诉垄断主义的公诉制度。[3]

---

① 程燎原、王人博：《权利及其救济》，山东人民出版社，1998，第357页。

② 程滔：《刑事被害人的权利及其救济》，中国法制出版社，2011，第48页。

③ Larry Alexander & Frederick Schauer, "Defending Judicial Supremacy: A Reply," *Constitutional Commentary* 17（2000）: 455.

国家独揽追诉权，形成以法官为主导，集侦查、控诉、审判于一体，检察官代替被害人，被告人和被害人沦为追究犯罪的工具。在公诉制度下，国家行使追诉权导致本应由公民行使的权利没有得到完全的行使，刑事被害人的权利没有得到充分的救济，难以实现案件中的个人正义。因此，国家对被害人的追诉要考虑到这实质上是对被害人的救济，既然是对被害人的救济就应该维护被害人的权利，既要维护被犯罪行为破坏的公共秩序，也要维护犯罪所侵害的个人利益。

（二）人权理论

人权是一种权利，是人之为人所享有的最基本的权利。霍布斯认为权利是一种自由，是每个人按照自己的意愿运用自己的力量，做任何其想做的事情。米尔恩在其著作《人的权利与人的多样性》中表示权利的要义是资格。耶林将权利与其背后的利益相联系。还有的学者认为权利是意志的体现。权利的概念经历了早期与正义相互混淆的状况，随后逐渐摆脱了神学的束缚，最后逐渐与人的尊严、财产、人格相联系起来。① 社会文明的不断推进，权利的外延也不断扩展，权利不仅是个人的，也是群体的。人权概念的出现是对权利概念的升华，表明人们对权利的认识不再仅限于个人的利益，而是上升到作为人所固有的尊严和价值的层面。② 人权是人作为人存在于社会生活中所必需的最基本的权利，人权所涵盖的范围很广，人权的主体既可以是个人也可以是群体，人权是一种权利，但是并非所有的权利都属于人权，只有人所享有的最为重要、最为根本的，也是决定人之为人的权利才能够进入人权的范围。③ 尊重人权是人类共同遵守的最基本的准则。

诉讼是寻求正义、化解冲突、解决纠纷的最为公正的途径，是权利的救

---

① 杨万正：《论被害人诉讼地位的理论基础》，《中国法学》2002 年第 4 期。
② 程滔：《刑事被害人的权利及其救济》，中国法制出版社，2011，第 63 页。
③ 程滔：《刑事被害人的权利及其救济》，中国法制出版社，2011，第 67 页。

济方式，诉讼的深层次的目的就是对人权的保障。权利有三种状态，分别是应然权利、法定权利和现实权利。人权是人本应该拥有的权利，法律将其纳入成为法定权利；当然，决定一国人权保障水平的最终决定因素在于公民实际享有的权利，即现实权利的保障程度。诉讼的根本目的就是保障人权的实现，使之经历应然权利到法定权利再到现实权利的转变。

　　诉讼中的人权保障还应当包括两个方面的内容：其一，诉讼程序应当能够为受到损害的权利提供救济，这也是司法制度设立的前提；其二，诉讼程序本身也应当体现对人权的保障，即通过参与和公开制度的建构使人的尊严得到尊重。现代的刑事诉讼更加注重被追诉人的权利，其是诉讼中的主体。相对应地，刑事诉讼中的人权保障也包括被害人的人权，但是由于检察官代替了被害人进行起诉，检察官同时是国家利益的代表，不能完全代表被害人的利益，被害人的权利很容易被忽视。[①] 但随着被害人保护运动的兴起，各国纷纷立法保障被害人的权利。

二　法律根据

（一）宪法

　　宪法是国家之根本大法，同时也是人民权利的保障书，刑事被害人享有的权利在宪法上皆可找到其依据。其一，人权保障条款。我国宪法第 33 条规定，国家尊重和保障人权。其中的"人权"既具有主观公权利的属性，表现公民享有要求国家确保其基本人权免受侵犯的权利，又具有客观法义务的属性，表现国家负担有保障人权的义务，并在公民之基本权利受到侵犯时，有义务给予其充足的救济。刑事被害人权利保护制度的建构，应当具有宪法上的依据，其是国家履行其人权保障义务的需要。换言之，基于人权保障

---

① 张剑秋、徐文熠：《刑事被害人权利保障的法理分析》，《学术交流》2008 年第 6 期。

的需要，国家应当建构起人权司法保障机制，使受到非法侵害的公民能够获得来自国家的救济。其二，在诉讼过程中，刑事被害人获得的权利还可表现为监督权，为此宪法第 27 条也可成为刑事被害人权利保护制度建构的依据，此条宣示的是公民对政府及其工作人员的监督权，政府及其工作人员行使源于公民权利的国家权力，当然应当接受公民的监督。而司法审判的过程即是国家权力行使的过程，是宪法第 131 条规定的审判权行使和第 136 条规定的检察权行使的过程。此过程当然需要接受公民的监督。刑事被害人作为公民的一部分，当然需要参加司法权行使的过程并对其进行监督。特别是刑事被害人之权利义务有可能受到该过程的影响，其对司法过程的参与即应当有别于普通公民的参与，这即要求法律为其提供更为畅通的参与渠道，确保其对司法过程的充分参与。

（二）刑事法律

宪法只是规定被害人权利保护的基本原则，被害人及其亲属的权利还需要通过刑事法律来保障。刑事诉讼法有诸多条文涉及对被害人权利的保护。其中，该法第 108 条规定了当事人的范围，这个条文将被害人列为当事人，使被害人在刑事诉讼中获得当事人地位，这是被害人权利获得保护的基础。在此基础上，刑事诉讼法第 46 条规定被害人委托代理人的权利、第 64 条规定其请求公安机关予以保护的权利，刑事诉讼法第二编、第三编更是规定了被害人在立案、侦查、审判等环节中的权利，包括参加庭审、获得判决结果、提出申诉等权利。例如，刑事诉讼法第 148 条和第 191 条规定了被害人申请重新鉴定的权利和陈述的权利，刑事诉讼法对这些权利的规定，使被害人能够充分参与到刑事诉讼的进程中，在特定的情况下还可能通过参与和表达意见而改变刑事审判的走向，从而实现对其权利的保护。这些规定，即是被害人权利获得保护的刑事诉讼法依据。

（三）国际公约

就被害人权利保护方面，联合国制定有专门的国际公约即《为罪行和滥用权力行为受害者取得公理的基本原则宣言》。该宣言由联合国大会于1985年11月29日通过，共有21个条文。其主要内容包括四个方面，分别为公正审判、赔偿、补偿和援助。就公正审判而言，主要从实体和程序两个方面保障被害人权利。该宣言第4条规定，对待犯罪被害人时应当给予同情并尊重其尊严，被害人有权向司法机关申诉并获得救济。其同时规定，主权国家在必要时应设置和加强司法机构和行政机构，使被害人能够获得及时的、必要的保护。以上这些规定指向被害人的实体权利能否获得救济。同时，该宣言第6条规定了当事人的参与，即当事人应当有权知悉其案件的处理进度和情况，并确保其参与渠道和权利。这两项规定，实际上即是对被害人之知情权、参与权等程序性权利的规定。该宣言在"赔偿"一节则规定了罪犯的赔偿范围、赔偿的保障措施等。在此基础上，宣言还规定了会员国的补偿责任，宣言规定的补偿责任是一种补充责任，即罪犯无法提供赔偿时，国家才承担补偿责任。当然，国家补偿的范围是有限的，仅限于遭受严重犯罪致使重大身心伤害的被害人和因犯罪致死、致残的被害人家属。另外，该宣言还规定了政府对受害者提供物质、医疗、心理等援助的义务。

（四）其他法源

除以上法律规范之外，一些单行立法也涉及对特殊类型的被害人的权利保护。例如，妇女儿童权益保障法第39条规定中的"各级人民政府和公安、民政、劳动和社会保障、卫生等部门按照其职责及时采取措施解救被拐卖、绑架的妇女，做好善后工作"实际上对应于《为罪行和滥用权力行为受害者取得公理的基本原则宣言》中的援助义务，表明国家机关应当为被拐卖或绑架的妇女提供医疗、生活、心理等方面的援助。另外，该法第53条规定中的合法权益受到侵害，即包括了其合法权益受到犯罪行为的侵害，这种情况下，妇女组织应当维护被侵害妇女的合法权益，其中应包括为被侵害妇女寻求救济提供必要的协助。同时，残疾人保障法第59条和第60条也涉及对残疾被害人权利的保护。

三　权利构成

（一）被害人的诉讼参与性权利

1. 控告犯罪的权利

其一是被害人的控告权，这体现于我国刑事诉讼法第110条的规定中。被害人是案件的亲历者，有着对犯罪地点、犯罪时间、犯罪手法等清晰的认识，为案件的侦破提供第一手的证据材料，相比其他阶段而言，在这一阶段被害人的权利不容被司法机关忽视。

其二是被害人的起诉权。在刑事诉讼中，由于危害性较大的犯罪行为侵害的是超越个体利益的公共秩序，由国家代替被害人提起诉讼，成为公诉。自诉与之相对应，是指依法享有起诉权的个人直接向法院提起诉讼的活动。自诉案件是由被害人或诉讼代理人直接向法院起诉，法院直接受理的案件。根据我国刑事诉讼法的规定，有三种自诉案件，第一是告诉才处理的案件；第二是被害人有证据证明的轻微刑事案件；第三是被害人有证据证明对被告人侵犯自己人身、财产权利的行为应当依法追究刑事责任，而公安机关或者人民检察院不予追究被告人刑事责任的案件。其中，第三种案件是原本满足公诉条件的案件，由于实践中存在侦查、检察人员对该立案的不立案，该追究的不追究，该起诉的不起诉，通过将公诉案件转为自诉案件扩宽被害人控诉权的渠道，从而有效保障被害人的诉讼权利。

2. 参与诉讼的权利

其一是被害人陈述的权利，这体现于我国刑事诉讼法第191条的规定中，被害人陈述应当是被害人充分表达其观点、意见及诉讼请求的方式，但被害人陈述也是我国法定证据类型的一种，受工具主义价值观念的影响，被害人陈述具有更强的证据性特征。

其二是被害人的量刑建议权。检察院的量刑建议权体现于《人民检察院刑事诉讼规则（试行）》第 363 条关于起诉书的规定中。有学者认为检察官实质上拥有概括式的求刑权，[①] 但笔者认为，检察官享有求刑权，但并非垄断求刑权，检察官出于社会公共秩序的需要向法院提出刑事诉讼，以公诉人的身份要求法院判处一定的刑罚处罚，此种活动并不能全部吞没被害人的求刑权，被害人作为犯罪活动中权利受到侵害的当事人，其当然可以提出量刑建议。上述规定从侧面反映了被害人之意志对法官量刑存在为法律所认可的影响。

3. 获知诉讼信息的权利

知情权是公民权利的重要组成部分。在国家权力运行过程中，公民只有能够获知国家权力运行的依据、过程及其结果，其法律关系主体地位才得以体现，价值尊严也才能得到保障。同样，在刑事诉讼过程中，被害人也应当有权获知相关诉讼信息，这是被害人提出诉讼请求和合理安排其他诉讼活动的前提，更是自然正义原则的基本要求。我国刑事诉讼法在诉讼的不同阶段对于被害人的权利都有相应的机关进行告知。

4. 诉讼性程序申请权

其一是申请不公开审理的权利。依我国刑事诉讼法第 11 条和第 188 条的规定，在我国，诉讼中公开审理是原则，不公开审理是例外。而在我国法律规定的情形出现时，被害人享有申请不公开审理的权利，这也是被害人保护其商业秘密的有力手段。

其二是申请调查取证的权利。申请调查取证权是指被害人行使控诉权

---

① 阮丹生：《论辩诉交易与检察官的自由裁量权》，徐静村主编《刑事诉讼前沿研究》第 2 卷，中国检察出版社，2004。

利,是控诉犯罪的有效手段。在我国刑事诉讼法当中,被害人申请调查取证的权利体现在以下两个方面。第一是一般性的申请调查取证权,即被害人在审查阶段和庭审阶段都可以申请人民法院调查取证。第二是申请补充鉴定和重新鉴定的权利。刑事诉讼法第 121 条即规定,侦查机关应当将用作证据的鉴定结论告之犯罪嫌疑人、被害人,如果他们提出申请,可以补充鉴定或者重新鉴定;第 159 条则规定,法庭审理过程中,当事人和辩护人、诉讼代理人有权申请重新鉴定或者勘验。

5. 执行程序参与权

执行程序是刑事程序的最后一个环节,是正义得以实现的最后一步。被害人参与执行程序的重要意义在于,一方面,被害人通过参与能够真实感受到其权利获得了刑事诉讼程序的救济,有利于"感知正义"的实现;另一方面,被害人的参与也是对判决执行工作的监督,能够最大限度地保障执行的公正性和维护有效判决的权威性。我国在执行程序过程中并未规定被害人的权利,这无疑是有待解决的。

(二)被害人的救济性权利

1. 获得赔偿的权利

刑事犯罪的显著特征即是其可能对被害人权益造成巨大损害。因此,刑事诉讼的目的不仅在于维系受到破坏的社会秩序,更需要对被害人受到侵害之权利进行救济。为实现这一目的,被害人在刑事诉讼过程中应当享有获得赔偿的权利,这在我国刑法第 36 条中也得以体现;另外,刑事诉讼法中也作出了相应的规定。

2. 救济性程序请求权

其一是被害人的抗诉请求权。刑事诉讼法第 229 条规定:"被害人及其法定代理人不服地方各级人民法院第一审的判决的,自收到判决书后五日以内,有权请求人民检察院提出抗诉。"也就是说,在刑事诉讼过程中,控诉和抗诉任务主要由检察官承担；当然，由于检察机关对公诉权的垄断，被害人没有抗诉的决定权，但是抗诉请求权从法律上赋予了被害人表达自己意见的机会。

其二是被害人的申诉权，这体现于刑事诉讼法第 252 条的规定中。该条规定，当事人及其法定代理人、近亲属，对已经发生法律效力的判决、裁定，可以向人民法院或者人民检察院提出申诉。

四　中美比较

（一）中美被害人权利的立法比较

应该说，我国刑事诉讼法规定的被害人权利是较为丰富的，此种权利贯穿于整个刑事诉讼过程，也涉及刑事诉讼开展过程中的各项事务。在具体的权利构成上，则主要包括检举权、控告权、自诉权、抗诉权等。另外，诉讼参与人享有的其他权利如委托律师、申请回避等，被害人也同样享有。

相较而言，在被害人权利保障方面，美国刑事诉讼程序还专门设置了被害人影响陈述程序。被害人影响陈述程序设置于美国刑事诉讼量刑程序当中。也就是说，在美国，被告人被认为构成犯罪的，在考量被告人刑事责任之时，法官将要听取被害人影响陈述。被害人影响陈述的主要内容为，在量刑程序中，缓刑官将为法官提供一份不公开的书面材料，其中主要记载犯罪行为对被害人及其家庭可能造成的影响。[1]

美国的被害人在刑事诉讼中仅处于证人地位，但这并不影响其被害人的权利保护得到重视。[2] 美国在被害人保护方面进行了诸多立法。1982 年，美国出台了《被害人和证人保护法》，该法用以保护证人陈述不受干预。到

---

[1]　Department for Constitutional Affairs, Constitutional Reform; A Supreme Court for the U. K., CP 11/03, at 10—11.

[2]　吴啓铮：《美国被害人影响陈述制度的启示》，《国家检察官学院学报》2008 年第 3 期。

了 1984 年，美国又出台了《犯罪被害人法》，该法设立了犯罪被害人基金，基金设立的目的在于为受到侵害的被害人提供救济。除此之外，美国还出台了 1990 年《被害人权利与损害恢复法》、1996 年《强制性被害损害恢复法》、1997 年《被害人权利保障法》、2004 年《人人得享正义法案》等法案，这些法案对被害人知情权、参与法庭审理权、获得损害赔偿权等进行了全方位的保护，并提供了执行和救济措施。[①] 除此之外，美国有诸多州也对其宪法进行了修改，从宪法角度强化对被害人权利之保障。[②]

（二）中美比较结论

美国刑事诉讼法对于被害人的权利作出了具体的规定，但是被害人的利益并没有被提升到诉讼权利的高度去认识，被害人处于证人的地位，但又不仅仅限于普通的证人，其诉讼参与权要大于普通的证人。由于英美法系国家将刑事诉讼视为国家与被告人之间的对抗性活动，更多关注被告人的权利保护，而对于被害人的诉讼权利未能给予同等的关注。倘若仅仅因为美国的刑事诉讼中未能赋予被害人的当事人地位就一次否定其对于被害人权利保护的认识，这是不科学的。赋予被害人在刑事诉讼中是否处于当事人地位并非评判一国对被害人权利保护的标准，之所以会产生被害人在诉讼中的地位差异，主要还是与一国的司法体制有关。在英美法系中，司法主张平等对抗的观念，如果积极发挥被害人在刑事诉讼中的作用，会增强控方的力量，打破控辩双方的平衡。[③] 而我国刑事司法以控方为中心，被害人作为控方力量的一部分，其诉讼地位必然上升到当事人，与国家一道对抗被告人。

---

① J. Beatson, "The Role of Statute in the Development of Common Law Doctrine," *Law Quarterly Review* 117（2001）：251.

② 参见 S. Rep. 108～191, S. Rep. No. 191, 108TH Cong., 1ST Sess. 2003。

③ Philip Webster, "Ministers in Deal with Tories After Lords Sabotage," *Times*（London）, Mar. 10, 2004, Home News, at 13.

五　完善路径

（一）我国刑事被害人权利保障的既存问题

1. 刑事被害人程序性权利保护存在的问题

（1）知情权保护受限

我国的刑事诉讼法及相关的司法解释中对被害人的知情权作出规定，但在实践中存在大多数被害人不知道案件进展的情况，对被害人的知情权保护仍存在一系列的问题。第一，对被害人的知情权的规定仅限于规定不立案、不起诉、鉴定意见的知情权，对于不予逮捕决定的作出、撤销案件的决定等并未规定；第二，起诉文书送达并未规定送达给被害人；第三，对案件进展情况未规定及时告知被害人。

（2）缺乏量刑建议权

在公诉案件中，虽然被害人具有参加诉讼的权利，但是很难发挥其对法院裁判结果的影响，其意见得不到表达或者即使得到表达也很少被考虑。即使作为附带民事诉讼的原告，被害人对于法院的量刑裁判也毫无影响，这样的情况导致被害人很少出庭。

2. 刑事被害人实体性权利保护存在的问题

（1）缺乏精神损害赔偿权

在我国民事诉讼当中，精神损害赔偿已得到广泛应用。然而，在刑事诉讼当中，当事人不享有请求精神损害赔偿的权利。实际上，就犯罪行为而言，其不仅可能造成巨大的人身、财产损害，也有可能造成精神损害；甚至就某些犯罪活动如强奸犯罪而言，其造成的物质损害难以计算，而造成的精神损害则是巨大的。这种情况下，我国刑事诉讼法仅规定刑事附带民事诉讼中被害人的损害赔偿权限于物质损害而不包括精神损害，显然不利于被害人权利保障目的的实现。

（2）缺乏社会帮助权

社会帮助权是指被害人受到犯罪行为侵害后，请求社会提供帮助的权利。在特定情况下，犯罪人可能不具有给予赔偿的权利，此时，出于修复受到损害之社会关系的目的，当事人即应当从国家或社会获得帮助。我国刑事办案机关对于被害人人身安全以及健康权的重视与保护往往不及犯罪事实的调查。这样可能会导致被害人受到二次伤害。

（3）缺乏国家补偿权

国家补偿权的理论基础来源于国家责任说，国家责任说主张国家有义务保护公民的人身财产安全，其缘由在于国家垄断了使用暴力惩罚犯罪的权力，这就要求国家使用其权力为公民提供保护。故当公民的权利受到犯罪的侵害，向犯罪行为索赔仍不能弥补犯罪损害时，国家应当承担因国家责任而产生的国家补偿。在我国，刑事被害人申请索赔的对象仅限于犯罪行为人，国家对于刑事被害人没有承担国家补偿的责任，而往往很多犯罪行为人不具有赔偿能力，这一缺憾导致被害人要求索赔的希望落空。

（二）我国刑事被害人权利保障的完善

1.扩大知情权保护的范围

其一是诉讼地位知情权。刑事被害人享有被告知诉讼地位的权利，相关的司法机关负有告知义务。被害人被告知其具有当事人地位，相应地，在送达诉讼文书时也应当对被害人送达诉讼文书。

其二是司法程序知情权。所谓司法程序的知情权，是指当事人应当有权知晓司法程序的行进情况，司法程序的启动、中止、终止以及司法程序运行过程中的逮捕、传讯、鉴定等环节都应当告知当事人。

其三是诉讼权利知情权。诉讼权利的知情权，是指被害人有权利知晓其在诉讼过程中的各项权利。与被害人知情权相对应的则为司法机关的告知义务，即司法机关有义务在司法程序的各个环节告知被害人获得的各项权利。

除了在刑事诉讼法总则中规定被害人享有相应的诉讼权利外，诉讼中的阶段相关的司法机关也应当负有告知被害人诉讼权利的义务。

其四是案件进展知情权。被害人有获知案件进展情况的权利，这有利于被害人及时行使其诉讼权利。

2. 构建刑事被害人的量刑建议权

刑事被害人享有量刑建议权取决于被害人的当事人地位，被害人的量刑建议权同时也是对审判机关量刑的监督。被害人的复仇心理通过量刑建议这一环节的设置能得到正确的引导，不致因被害人不服判决而引发其他的社会问题。具体而言，刑事被害人量刑建议的制度设计主要从以下几个方面着手：第一，建立被害人最后陈述制度，被害人量刑建议可在被害人陈述中完成；第二，为了确保被害人的量刑建议权的可采纳性，建议被害人在作为诉讼代理人的律师的帮助下完成，这样的量刑建议具有较强的理性；第三，法院作出的有罪判决中应对是否采纳被害人的量刑建议作出说明。

3. 扩大刑事赔偿范围

被害人要求的刑事赔偿范围不应仅限于被害人的物质损失，刑事案件的发生除了物质上的损失外，被害人的精神上的损失通常要大于物质损失。将精神损害赔偿纳入刑事赔偿范围内，一方面能弥补被害人遭受犯罪之后的身心创伤，另一方面也能产生一定的安抚作用。

4. 建立社会帮助体系

通过建立社会帮助体系，给予被害人帮助以将犯罪造成的伤害降至最低。社会帮助体系起码应当包括以下几部分内容。首先，医疗救治。诸多犯罪带有相当的暴力因素，如故意伤害、绑架等，这些犯罪活动即有可能造成被害人人身健康受到损害。为强化对被害人权利的保障，我国应当建立被害人医疗救治体系，在被害人没有经济能力承担正常医疗费用时，则可由专业的医疗救治机构提供救助，进而减轻被害人的受害程度。其次，为解决被害人因为经济困难或特殊案件而提供免费或者减轻费用的法律援助。法律专业人士的帮助有利于被害人维护其合法权益。最后，对被害人提供心理疏导，帮助被害人身心健康地投入正常的社会生活之中。

5. 构建国家补偿制度

我国目前尚未建立刑事补偿制度，但随着近年来我国综合国力的不断增强，我国在经济条件上已经具备了建立条件。但是，这不同于任何其他的政府支出，其本身具有的社会价值和社会效益是不能简单加减的。具体而言，国家补偿范围首先应当包括被害人的直接损害，即被害人人身、财产等方面的损害；在财政经费允许的情况下，还可以给予被害人一定的精神损害赔偿；另外，对因遭受犯罪行为而陷入生活困境的，国家也应当给予一定的补助。

第二节　刑事司法中其他诉讼参与人的权利保护：以证人为例

刑事司法当中其他诉讼参与人是与当事人相对应的概念，是指当事人之外的其他参与到诉讼过程当中的人的总称。刑事司法当中的其他诉讼参与人主要有证人、鉴定人、翻译人员等，这些人员的参与能够有效保证刑事诉讼的顺利开展，在刑事诉讼程序中发挥异常重要的作用。当然，相较而言，证人的地位与作用要强于鉴定人和翻译人员。其缘由即在于，其一，证人不具有可替代性。不管是鉴定人还是翻译人员，都是在案件发生之后、在诉讼过程中为当事人或司法机关提供帮助的主体，这些人员仅需要具备一定的专业技能。换言之，只要具备相应的专业技能的人员即可以承担刑事司法中的鉴定人和翻译人员，因此鉴定人和翻译人员具有可替代性。而证人是对案发情况有所知悉的人，证人对案件事实的发生应当具有亲历性，即其应当是亲身感知到案件事实的发生。由于案件事实在发生的时间上具有不可重复性，亲历案件事实发生的证人即具有不可替代性。其二，由于证人是直接感知案件事实发生的人，其向法庭提供证词的行为也更有可能遭到当事人的事后打击报复，因此对其权利加以保障就更有必要。据此，本节即主要以证人为例展开其他诉讼当事人权利保障之研究。

一　理论基础

（一）人权保障理论

人权是人之为人所享有的权利，但是这一权利又不是绝对的。任何人都应在不侵害他人合法权利的前提下行使自己的权利。为了保障社会活动的有序进行，以及公民能最大限度地行使权利，人们必须交出一部分权利给国家，以国家的名义来约束大家。刑事程序法规定国家机关在侦查、起诉、审判的诉讼环节中，可以依法限制个人的人身自由，搜查住所或扣押财产等。根据刑事实体法的规定，法院对案件进行审判，可以剥夺生命权、人身自由权等重要的人权。只有在符合刑事程序法与实体法条件的情况下，国家才能剥夺个人的权利。刑事诉讼法最主要的目的在于规范诉讼行为，尤其是规范有滥用权力和扩张权力倾向的国家机关的诉讼行为，以保障公民合法权利不受侵害，即保证国家机关通过正当程序来实现刑事诉讼活动的目标。[1] 证人作为诉讼的重要参与人，在履行作证义务后常常面临本人和近亲属的人身财产遭受打击报复的危险。而"法院不得把非出于自愿而是迫于外部强制压力所作出的陈述作为定案根据"，[2] 因此，基于人权保障的需要，同时也基于

---

[1]　樊崇义等：《刑事诉讼法再修改理性思考》，中国人民公安大学出版社，2007，第21页。

[2]　Chritopher Osakwe，"The Bill of Rights for the Criminal Defendant in American Law," in *Human Rights in Criminal Procedure*，Martinus Nihoff Publishers，1982，pp. 274-275.

司法公正的需要，法律应当给予证人更完善的制度保障以确保其对案件事实的陈述最符合客观真实。对于刑事诉讼中证人人权的保护，不仅是刑事诉讼法不可或缺的一个部分，更是一个国家司法制度科学和文明进步的明显标志。①

（二）国家责任论

国家权力是每一个公民自愿让渡一部分权力而形成的结果，而公民之所以这样做是为了保护个人的权利不受侵害。国家凭借比任一个体强大的力量对抗犯罪，维护社会秩序与公民利益。一方面，公民享有要求国家确保其基本人权免受侵犯的权利；另一方面，国家也负担保障人权的义务。证人权利是公民权利类型化的一种，国家应当构建证人保障制度对证人权利提供全方位的保护。也就是说，证人权利同时也是证人义务的产物，刑事诉讼法等法律规范规定了证人有作证的义务，法律规定此种义务的目的在于确保刑事诉讼程序的顺利开展，同时确保法官所认定的案件事实更加接近于客观真实。从这个角度而言，国家实际上是证人作证的受益者，而证人在作证过程中同样可能受到来自诉讼当事人的侵害，作为受益者的国家即应当为证人提供全方位保护，这也是确保证人合法履行其作证义务的必要手段。

二 法律依据

（一）宪法

宪法是我国的根本大法，是公民权利的保障书，在我国现行宪法中体现对证人权利保护的主要有以下几点。

第一，我国宪法第33条规定，国家尊重和保障人权。在此基础上，刑事诉讼法第2条也规定了刑事诉讼的任务，其中即包含人权保障。也就是说，

---

① 张显伟：《证人保护制度初探》，《福建公安高等专科学校学报》2003年第1期。

刑事诉讼法第 2 条对"尊重和保障人权"的规定，实际上直接源于宪法第 33 条之规定，此项规定中对人权的保障当然也包括对证人权利的保障。

第二，从我国宪法第 41 条延伸开来，证人作证的过程实际上是证明案例事实的过程，具有一定的"检举"属性；对于证人的作证行为，国家机关当然只能查清事实，负责处理，而不得对证人进行压制。

（二）刑事法律

第一，我国刑事诉讼法第 44 条规定了辩护人或者其他任何人在刑事诉讼过程中的不作为义务，即上述主体不得帮助犯罪嫌疑人、被告人隐匿、毁灭、伪造证据或者串供，不得威胁、引诱证人作伪证，这实际上可以确保证人作证免受干扰。

第二，全面保护证人的人身安全，禁止对证人进行打击报复，这体现于刑事诉讼法第 63 条 ① 的规定中。

第三，针对特定案件，为证人提供特殊保护。刑事诉讼法第 64 条规定了对证人的特别保护措施："对于危害国家安全犯罪、恐怖活动犯罪、黑社会性质的组织犯罪、毒品犯罪等案件，证人、鉴定人、被害人因在诉讼中作证，本人或者其近亲属的人身安全面临危险的，人民法院、人民检察院和公安机关应当采取以下一项或者多项保护措施：（一）不公开真实姓名、住址和工作单位等个人信息；（二）采取不暴露外貌、真实声音等出庭作证措施；（三）禁止特定的人员接触证人、鉴定人、被害人及其近亲属；（四）对人身和住宅采取专门性保护措施；（五）其他必要的保护措施。证人、鉴定人、被害人认为因在诉讼中作证，本人或者其近亲属的人身安全面临危险的，可以向人民法院、人民检察院、公安机关请求予以保护。人民法院、人民检察

---

① 刑事诉讼法第 63 条：人民法院、人民检察院和公安机关应当保障证人及其近亲属的安全。对证人及其近亲属进行威胁、侮辱、殴打或者打击报复，构成犯罪的，依法追究刑事责任；尚不够刑事处罚的，依法给予治安管理处罚。

院、公安机关依法采取保护措施，有关单位和个人应当配合。"

第四，刑事诉讼法第 65 条 [①] 规定了对证人的补助。依第 65 条的规定，证人可以获得多方面的补贴，一方面是费用支出的补贴，即证人为作证而支出的交通费等合理费用司法机关应当给予补助；另一方面是工资保障，即该条明确规定证人作证期间其单位不得克扣工资。

（三）国际公约

《世界人权宣言》中指出："鉴于为使人类不致迫不得已铤而走险对暴政和压迫进行反叛，有必要使人权受法治的保护。"以及第 1 条规定："人人生而自由，在尊严和权利上一律平等。"第 3 条规定："人人有权享有生命、自由和人身安全。"上述规定实际上体现了人权保障的一般性原则，这同样可以适用于刑事诉讼过程中证人权利的保障。其次，《公民权利和政治权利国际公约》第 2 条规定："任何人当宪法或法律所赋予他的基本权利遭受侵害时，有权由合格的国家法庭对这种侵害行为作出有效的补救。"以及第 16 条规定："人人在任何地方有权被承认在法律前的人格。"除此以外，第 14 条第 3 款庚目规定禁止强迫自证其罪："任何人不被强迫作不利于他自己的证言或强迫承认犯罪。"

（四）其他法源

我国治安管理处罚法第 20 条规定："违反治安管理有下列情形之一的，从重处罚：……（三）对报案人、控告人、举报人、证人打击报复的；……"第 42 条规定："有下列行为之一的，处五日以下拘留或者五百元以下罚款；……（四）对证人及其近亲属进行威胁、侮辱、殴打或者打击报复的；……"

---

① 刑事诉讼法第 65 条：证人因履行作证义务而支出的交通、住宿、就餐等费用，应当给予补助。证人作证的补助列入司法机关业务经费，由同级政府财政予以保障。有工作单位的证人作证，所在单位不得克扣或者变相克扣其工资、奖金及其他福利待遇。

三　权利构成

第一，作证不受干扰权。我国现行的刑事诉讼法第 44 条规定："辩护人或者其他任何人，不得帮助犯罪嫌疑人、被害人隐匿、毁灭、伪造证据或者串供，不得威胁、引诱证人作伪证以及进行其他干扰司法机关诉讼活动的行为。违反前款规定的，应当依法追究法律责任，辩护人涉嫌犯罪的，应当由办理辩护人所承办案件的侦查机关以外的侦查机关办理。辩护人是律师的，应当及时通知其所在的律师事务所或者所属的律师协会。"这一规定有效防止了辩护人或其他人对证人进行作证的干扰，有利于证人如实提供证据，还原案件事实。

第二，人身安全保护权。在刑事司法过程中，证人作证可能面临来自两方面的侵害：一方面，在其证言有利于原被害人时，则被告人有可能因证人作证增加其承担刑事责任的可能而对证人及其家属进行暴力打击；另一方面，在证人证言有利于被告人时，则被告人有可能因此不被追究刑事责任，或者其证言能够减轻被告人的刑事责任，此种情形下，纵使证人证言完全符合客观事实，被害人也有可能对证人加以侵害。另外，在故意杀人、恐怖犯罪、黑社会性质组织犯罪、毒品犯罪等严重犯罪当中，证人作证更是容易遭受犯罪集团的打击报复。基于此，证人的人身安全应当获得司法机关的保障，否则证人作证制度将形同虚设。据此，刑事诉讼法第 63 条规定，人民法院、人民检察院和公安机关应当保障证人及其近亲属的安全。这即是证人人身安全保护权的体现。

第三，经济补助权。履行作证义务可能在经济上给证人造成负担，而对于有工作单位的证人来说工作安排也会受到影响。基于这种现状，为了消除证人的顾虑，刑事诉讼法规定对于因履行作证义务而支出的交通、住宿、就餐等费用，应当对证人给予补助。证人作证的补助列入司法机关业务经费，由同级政府财政予以保障。并且，有工作单位的证人作证，所在单位不得克扣或者变相克扣其工资、奖金及其他福利待遇。

第四，拒绝作证权。依刑事诉讼法的规定，证人有作证的义务。当然，证人作证义务也有所例外，即于被告人的配偶、父母、子女例外，其可以拒绝作证，体现了国家追诉权与家庭亲属权的平衡，注重了追究犯罪与维系亲情的协调。[1]

四　中美比较

（一）美国的证人保护制度

美国制定了较为完备的证人保护法律体系，且很多法律是以单行法的形式出现，表明美国对保护证人重视程度较高。近代以来，美国最早的证人保护立法为1970年的《有犯罪组织的控制法》，该法案确立了证人保护计划，包括证人保护的原则、程序、条件和保护范围等。在此基础上，美国于1971年又出台了《证人安全方案》，该方案专门设立了证人保护局专司证人保护工作。到1982年，美国又出台了《被害人和证人保护法》，该法案明确了证人的求偿权，即证人因作证受到损害的，有权请求国家给予补偿。两年之后，美国又出台了《犯罪被害人法》，该法同样涉及对证人的保护。在20世纪90年代，美国还出台了《被害人权利和补偿法》《被害人与证人援助守则》《被害人和证人援助计划》等法律规范以强化证人保护。尤其是在1997年，美国修改了《美利坚合众国法典》，该法典对证人保护制度进行了全方位的规定。[2] 总体上而言，美国证人保护制度包括以下构成部分。

---

[1]　杨新生：《关于证人权利及其保障机制之比较研究——从刑事诉讼法角度分析》，《南华大学学报》（社会科学版）2003年第4期。

[2]　James C. Howell, *Preventing and Reducing Juvenile Delinquency*: *A Comprehensive Framework*（2nd edition）, Thousand Oaks, C. A.：Sage Publications, 2009, p. 285.

1. 证人保护制度的对象

依美国相关法律的规定，并非所有案件中的证人都能够获得国家的保护，只有在特定的案件中，证人出庭作证确实可能面临较大的人身危险的，其才有可能获得司法机关的保护。[①] 因此，《被害人和证人保护法》对证人保护的对象进行了限定，依该法之规定，只有在有组织的犯罪案件中出庭作证的证人才能够获得司法机关的保护。当然，美国相关法案也明确证人保护制度的对象范围不限于证人，也包括证人的家属，即在上述案件中，证人出庭作证的，其家属同样可以获得司法机关的保护。[②]

2. 证人保护机构

在证人保护机构方面，如上所述，美国于1971年出台了《证人安全方案》，该方案专门设立了证人保护局专司证人保护工作。在此基础上，美国还建立了多样化的证人保护机构体系，具体包括联邦马歇尔办公室、司法部执行局、联邦监狱局、联邦总检察长办公室等，上述机构针对不同情况为不同证人提供保护。另外，美国社会相当推崇社会自治，此种理念延伸至证人保护领域，美国也成立了多个民间证人保护机构，主要有证人保护组织。这个组织的目的在于保护证人以使其能够直面出庭作证的恐惧，并最终如实将其感知到的案件情况向法律陈述。

3. 经济补偿

美国的相关法案当中也规定了证人的经济补偿权。例如，《美国联邦刑事诉讼规则和证据规则》规定："无论是以政府名义传唤证人，还是根据无经济能力的被告人申请传唤证人，证人都可以获得有政府支付的费用，即获得经济补偿的权利。"《美利坚合众国法典》第3497条（c）也规定："在刑事案件中，代表合众国利益被传唤的证人所支付的费用及花费，依据本法条由合

---

① 范文彦：《污点证人刑事豁免制度研究》，硕士学位论文，河北大学，2011。
② 唐亮、朱利江：《美国证人保护制度及其启示》，《人民检察》2001年第12期。

众政府支付。"据此，在美国证人的经济补偿权一般限于对其作证所支出费用的补偿。至于证人补偿过程中所产生的间接损失，法律相关法案尚没有相关规定。

4. 拒证权

《1999 年统一证据规则》与《联邦证据规则》对美国的拒证权进行了详细的规定，主要存在以下几种拒证权：第一种是夫妻间的拒证权，在婚姻关系存续期间，夫妻双方都是拒证权的享有者；第二种是委托人与律师间的拒证权；第三种是病人与心理医师间的拒证权；第四种是忏悔者与神职人员间的拒证权；第五种是不得强迫自证其罪的拒证权。

（二）中美两国的区别

比较上述中美刑事诉讼有关证人权利保护的制度，笔者认为，中美两国在证人权利保护制度上存在以下区别。

其一是立法体系化程度不同。如上所述，美国证人保护立法有以下特色：依托单行立法保护证人权利。美国在证人权利保护立法方面，并不是将相关规范置于刑事诉讼法条文中。相反，美国主要依靠单行立法完成证人权利保护的任务，证人权利保护的主要法律渊源在于单行的立法而非刑事诉讼法；美国证人保护单行立法体系完备。[①] 如上所述，美国自 20 世纪 70 年代起即制定了数部证人保护的专门法律，也设立了证人保护的专门机构，形成了完备的证人保护法律规范体系。尤其是在美国联邦制体制下，其在证人权利保护方面还形成了联邦立法与州立法并存的局面。美国几乎每个州都有证人保护法，近 30 个州宪法中还有证人保护的专门规定。这使得美国的证人保护立法形成了以单行立法为主、联邦立法与州立法并存的局面，权利保护立法的体系化程度较高，形成了严密的证人权利保护规则体系。反观我国，

---

① Montesquieu, *The Spirit of the Laws*, Cambridge University Press, 1989, p.157.

在我国现行法律体系中证人权利规范则没有其独立地位。也就是说，在我国证人权利保护制度主要体现于刑事诉讼法当中，我国并没有以专门立法的方式设置证人保护制度。除此之外，宪法、治安管理处罚法等法律规范的相关条文也可引申出证人权利保护的内涵。[①] 然而，与美国的立法相比，我国证人保护法律规范既没有形成刑事诉讼法与单行立法并存的局面，也没有形成中央立法与地方立法。从这个角度而言，我国关于证人权利保护的法律规范是较为粗陋的。

其二是证人保护机关不同。根据美国相关法律规范的规定，美国于 1971 年出台了《证人安全方案》，该方案专门设立了证人保护局专司证人保护工作。在此基础上，美国还建立了多样化的证人保护机构体系，具体包括联邦马歇尔办公室、司法部执行局、联邦监狱局、联邦总检察长办公室等，上述机构针对不同情况为不同证人提供保护。除此之外，美国还形成了司法机关与民间组织并存的证人保护机构体系，即其存在诸多由民间设立的证人保护机构，这些保护机构同样在证人保护方面起到不可替代的重要作用。反观我国，依我国刑事诉讼法第 63 条的规定，在我国，有义务保护证人的机构分别为公安机关、检察院和法院。当然，三者之间如何分工和配合，程序上如何衔接，这在刑事诉讼法中并没有明确规定。尤其是法院和检察院作为负责审判、法律监督的国家机关，其本身除了法警队伍外，其他人员几乎为法律适用方面的专业人员，并没有强有力的力量实现对证人的保护。此种情形下，法院和检察院能否很好地履行证人保护的义务，在实践中也是值得我们关注的问题。

五　存在的问题及完善路径

应该说，我国刑事诉讼法自 2012 年进行修改之后，已对证人保护制度

[①]　赵喜臣：《论宪法在依法治国中的地位》，《政法论丛》2004 年第 1 期。

进行了较大幅度的修改，并建构了相对完备的证人保护法律制度体系。当然，当前我国证人保护制度还存在诸多问题，需要从多方面加以完善。

（一）存在的问题

（1）立法形式较为涣散

如上所述，我国证人保护制度体现于刑事诉讼法第63条的规定中，该条设定了证人保护的责任主体及其保护义务。据此，我国将证人保护义务分配给公安机关、检察机关和审判机关。在此基础上，刑法中也有关于打击报复证人方面的罪名，如第307条、第308条规定的妨害作证罪、打击报复证人罪等，同样也体现了对证人加以保护的司法精神。当然，当前我国证人保护立法存在的问题在于，相关立法仅分散于刑事诉讼法和刑法规范当中，而没有形成专门性的立法。实际上，证人保护是一项较为复杂的司法工程，其涉及证人信息保护、物理空间的隔离，甚至还有可能影响证人的工作和就学等。针对如此复杂的事项，刑事诉讼法和刑法中寥寥无几的条文显然无法胜任证人及其家属全方位保护的任务。

（2）保护主体职责不明

依刑事诉讼法第63条的规定，人民法院、人民检察院和公安机关应当保障证人及其近亲属的安全。该条将公安机关、人民法院和人民检察院都设定为证人保护机关，但三者之间如何分工，这在刑事诉讼法中却没有得到体现。而从刑事诉讼的展开过程来看，刑事诉讼可以划分为侦查、审查起诉和审判三个阶段，三个阶段中与证人接触的司法机关各不相同。在不同的环节，证人保护的义务具体由哪个机关行使，这在刑事诉讼法中并没有得到明确。另外，从实践中看，公安机关作为国家暴力机关的典型代表，拥有强大的警察队伍，同时有看守所、拘留所等设置，其当然具备强大的证人保护能力。相对而言，人民检察院和人民法院的法警队伍力量则相对薄弱。实践中，人民检察院和人民法院的法警队伍在应付出庭和开庭护卫、安全检查、执行护卫等工作方面尚且力量不足，由人民法院和人民检察院承担证人保护工作可能会加大人民法院和人民检察院法警队伍的负担，造成保护不足问题的出现，最终可能使证人合法权利得不到应有保护。

（3）保护措施不完善

修改后的刑事诉讼法设置了五大保护措施，体现于该法第 64 条中。该条的内涵有三方面。其一，就证人制度保护的适用情况而言，证人保护措施实施的范围较狭小，仅限于严重的暴力或团伙犯罪，如危害国家安全犯罪、毒品犯罪等。其二，就证人保护的对象范围而言，该法不仅将证人纳入保护范围，也将证人的近亲属纳入保护范围。当然，对于近亲属的理解，则应当限于刑事诉讼法规定的近亲属范围。其三，在保护措施上，主要有保护信息、出庭不暴露个人特征等。应该说，相较于修改前的刑事诉讼法而言，上述保护措施还存在保护不足的问题。具体而言，在我国，刑事侦查过程中受"实名举证"规定的影响，证人的信息在侦查阶段即是公开的，这就可能使证人受到不法人员的侵害。

（4）经济补偿权范围过小

新修改的刑事诉讼法也规定了对证人的经济补偿，体现于刑事诉讼法第 65 条的规定中。此条规定实际上超出了经济补偿的范围，即证人不仅就作证支出的费用可以请求司法机关给予补偿，该条还同时规定了用人单位不得克扣其工资。然而，该条规定还存在以下问题。其一，证人除因履行作证义务而支出必要费用之外，其作证又有可能存在其他损失，如证人很可能因出庭作证而遭到不法分子侵害，进而造成人身、财产等方面的损失。对于此部分的损失，刑事诉讼法并没有规定证人的求偿权。其二，依该条的规定，证人所在单位不得克扣其工资，这实际上是将国家责任转移于证人所在单位。也就是说，刑事诉讼法规定了证人有出庭作证的义务，在此基础上，证人出庭作证所需要的物质条件即应当由司法机关提供保障。换言之，司法机关方为证人出庭作证的保障主体。如规定用人单位不得克扣工资，实际上是要求用人单位承担保障证人出庭的义务，这是司法机关将证人出庭保护义务转移给用人单位，最终不利于用人单位支持证人出庭作证。另外，对于无工作单位的证人，其出庭作证所造成的误工损失，该法也并未规定相应的补偿手段。

（二）完善措施

（1）制定专门立法

从美国的相关经验来看，其形成了较为完备的证人保护法律体系，主要有《有犯罪组织的控制法》《证人安全方案》《被害人和证人保护法》《犯罪被害人法》《被害人权利和补偿法》《被害人与证人援助守则》《被害人和证人援助计划》《美利坚合众国法典》等。不仅如此，我国台湾地区也有专门的证人保护立法。具体而言，我国台湾地区于 2000 年制定了"证人保护法"，该法共有 21 条，分别规定了刑事案件之范围、保护证人之范围、证人保护之执行机关、保护措施、司法人员泄密罪之处罚等。与此同时，我国台湾地区还制定了"证人保护法施行细则"，对证人保护法的原则性规定进行了细化。而就我国大陆地区而言，如上所述，我国大陆地区刑法和刑事诉讼法对证人保护都有所涉及，所相对应的条文数量又比较少，更为重要的是这些条文所建立的证人保护制度缺乏体系性，不利于证人权利保护目的的实现。据此，我国大陆地区即有必要借鉴美国和我国台湾地区的相关经验，制定证人保护的专门立法，专门立法可采取台湾地区证人保护立法的体系，以单行立法的方式设置证人保护制度，并规定刑事案件范围、保护证人范围、证人保护执行机关、保护措施、司法人员责任等内容。

（2）明确保护主体

依刑事诉讼法的规定，在我国，证人保护的任务由公安机关、检察院和法院承担。但三者职责行使过程中如何分工和衔接，在该法中并没有得到体现。据此，我国相关立法即应当明确保护主体的职责。笔者认为，我国大陆地区应借鉴美国和我国台湾地区的相关经验，结合我国国情，将公安机关规定为证人保护的执行机关。之所以将公安机关规定为证人保护的执行机关，一方面，就我国而言，公安机关作为国家暴力机关的典型代表，拥有强大的警察队伍，同时有看守所、拘留所等设置，其当然具备强大的证人保护能力。相对而言，人民检察院和人民法院的法警队伍力量则相对薄弱。实践中，人民检察院和人民法院的法警队伍在应付出庭和开庭护卫、安全检查、执行护卫等工作方面尚且力量不足，由人民法院和人民检察院承担证人保护工作可能会加大人民法院和人民检察院法警队伍的负担，造成保护不足问题的出现。因此，将公安机关设置为证人保护机关是较为合适的。另一方面，我国刑事诉讼法遵循公安机关、检察机关和审判机关相互制约、相互配合的原则，将公安机关设定为证人保护的执行机关也有利于该项原则的体现。也就是说，在刑事诉讼过程中，检察机关和审判机关认为需要对证人加以保护的，即可以作出证人保护决定，该决定由公安机关执行，这样既可充分利用公安机关作为暴力机关所拥有的强有力保护力量，又能够强化检察机关和审判机关对证人保护过程中的监督，最终有利于证人权利保护目的的实现。

（3）完善保护措施

我国台湾地区的"证人保护法"对侦查阶段的证人信息保护也有明确规定，该法第11条规定了多项保护措施，其一是个人信息保护，即在文书制定过程中，相关的文书资料不得直接记载证人的相关信息，只能由代号代替；其二是出庭过程中的隔离，即对于有保密需要的证人，其在出庭过程中，声音、面相等都应当采取相应措施将之与当事人进行隔离。我国大陆地区证人保护制度的完善，也应当借鉴上述条款，规定侦查过程中证人的信息应当予以屏障，从而将证人信息保护的理念落实到细节处。

（4）完善经济补偿手段

针对经济补偿中存在的问题，我国相关立法应进一步扩大经济补偿的范围。就证人的损失而言，当前立法仅补偿证人为作证而支出的费用，包括交通费等费用。实际上证人因作证产生的损失远不止于此，立法应当根据证人的实际损失进行补偿。其一是人身、财产损失的补偿。也就是说，证人因作证而招致不法分子报复打击而存在人身、财产等方面的损失的，司法机关也应当承担补偿责任，由司法机关予以补偿之后，再由司法机关向不法分子追偿。其缘由即在于，证人因作证遭受不法分子报复打击，这在一定程度上即表明司法机关在保护证人方面存在不足，未能够给证人提供全方位的保护。此时，从证人权利保护的角度出发，司法机关应当先予以补偿，在抓获不法分子的情况下，再向不法分子追偿。其二是间接损失。证人出庭作证可能产生的间接损失即包括误工费，虽然刑事诉讼法规定单位不得克扣证人工资，但这实际上是将司法机关责任转移至单位。因此，立法应当规定，证人出庭作证期间产生的误工损失也应当由司法机关予以补偿。此种规定不仅避免了将保障证人作证责任转移至单位的问题，还扩大了获得补偿的证人的范围，即使是没有固定工作单位的证人也可据此条的规定申请司法机关补偿误工损失，这样既可强化对证人权利的保障，也有利于案件事实的查明。

第三节 刑事司法中特殊群体的权利保护：以精神病人为例

特殊群体是指因身体等原因而与一般人所不同的群体。特殊群体权利保护是宪法人权保护的重要组成部分，如我国宪法第 45 条即体现了对老年人、丧失劳动能力的人、残废军人和残疾人等特殊群体的权利保护。除此之外，我国还规定了妇女儿童权益保障法、未成年人保护法等法律规范，也体现了对特殊群体的权利保护。刑事司法中的特殊群体则主要包括精神病人、残疾人和未成年人等。本节主要以精神病人为例展开刑事司法中特殊群体之权利保护的研究。

一　法理基础

（一）人格尊严

精神病是常见的疾病之一。从法律的意义上而言，精神病影响行为人的认识智力和行为能力，从而使其不具有法律上的权利义务能力。当然，精神病人不具备权利义务能力，绝不代表其法律主体资格的减损。相反，精神病人的人格尊严同样应当受到尊重。精神病患者由于受到生物、心理、社会等因素的影响，自身的脑功能失调或者紊乱，理智受损，精神活动出现异常，长久以来遭受到"非人化"的对待。在人类文明程度较低的时代或地区，精神病人可能受到各种歧视。我国古代，精神病患者也常被冠以"痴人""傻子"等称号，受到各种歧视，无法被主流社会所接受。时至今日，在一些偏远、贫穷的地区，人们仍然认为精神病患者是罪恶和邪气所致，其仍然为人们所唾弃和鄙视，他们被社会所边缘化，尊严和人权遭到践踏。患了精神病或许意味着理性的部分或完全丧失，但绝不能代表精神病患者丧失了为人的权利与其应当享受的人格尊严。

具体而言，人格尊严是为宪法所保护的基本人权。对人格尊严之尊重大抵兴起于文艺复兴之后。文艺复兴对法律的影响即表现为法律不再以神的意志为内核，法律的精神从天国回归人间，关注个体权利的实现程度。据此，人的主体性被重新重视，人格尊严即是在此种背景下被确立为基本权利。人格尊严作为一项基本权利，其指向对象为国家，要求人之为人而应该得到国家、社会与他人起码的尊重，尊重人及人的权利是公民以至一切人类享有权利的基础。也就是说，人权首先应当以人的主体资格为前提，如果公民在法律面前没有主体资格，即表明其只是受法律支配的客体，作为客体当然不享有权利，也不承担义务，此时，主体资格不存在，人权保障则无从谈起。[①] 而人的本质属性即是其社会性，即人都是社会生活当中的一分子，是社会关系的一个节点。人们需要在社会与集体中寻求归属感以及发展。同时，人也是社会的主体，社会是由具体的个人组成，社会制度也是由人来制定实施的，理所当然，社会也应该尊重人这一社会主体的人格尊严。精神病患者虽然由于病理性原因，理性受到损害，部分或者全部丧失，行为能力与普通人相比存在差距。但是精神病患者的社会主体性并未丧失，我们是不可能将精神病患者隔离于社会之外的。精神病患者仍然或多或少地参与到社会活动之中，我们应该对精神病患者施以特别的关怀，而不是对其进行"非人化""被客体化"的对待。精神病患者作为社会中的不可忽视、无法回避的一部分不应该遭受到社会的歧视和抛弃，而是应当与普通人一样作为社会的主体享受自己应有的权利，人格尊严得到充分的尊重。

（二）尊重和保障人权

对于人权意义的理解，从不同的角度出发会得出不同的答案。应该说，人权是人之为人即享有的权利，其具有不可剥夺性，是人的固有权利。《世界人权宣言》之中就指出，人权产生于"人自身的固有尊严"。这同样也就意味着，只要是人就应当享有人权，人权在适用上是具有普遍性的。一个人是否享有人权和他的性别、民族、社会地位、经济状况、健康情况等外在约束条件没有关系。

在《世界人权宣言》发布之前，古典的人权理论在人权主体上还具有

---

① Avener Greif, *Institutions and the Path to the Modern Economy*: *Lessons from Medieval Trade*, 2006, pp. 214-215.

有限性。受政治契约思想的影响，以往在订立契约时带有的"人人"或"每人"等泛指性的字眼所指的仅仅是参与订立契约的人，而不指代参与订立契约之外的所有人。当然，《世界人权宣言》则宣告了人权的普遍性，该宣言明确宣告："人人有资格享有本宣言所载的一切权利和自由，不分种族、肤色、性别、语言、宗教、政治或其他见解、国籍或社会出身、财产、出生或其他身分等任何区别。"在此意义上而言，人权的基础性即与其固有性相联系，即作为决定人之为人的基础性的权利，此种权利必须是人所固有的，也是所有人同等享有的权利。在此意义上而言，精神病患者自然不应因自身所患的疾病而被排除在人权保障范围之外。

虽然人权是人之为人所固有的权利，但是精神病人的"人"的属性却常常遭受到质疑。黑格尔曾说"人与动物的区别就在于有思想和理性"。经过古往今来众多哲学家的论证，人的理性已经被公认为人的本质属性之一。在此基础上，精神病患者由于自身患有精神疾病，大脑功能受到损害，从而使理性部分或完全丧失。假设说是否具有理性成为判断人是否为人的标准，那么精神病患者就很可能因为其理性受损而被排除出"人"的范围之外。[1] 因此我们有必要对精神病患者的人的属性进行确认。首先我们需要厘清"人权"一词中"人"所代表的意义。人权中的"人"是抽象地泛指整个"人类"，而不是指某个具体的个体或集体。它指代的是全体人类，而不仅仅是"具有理性的人"。一些边缘的社会主体，诸如婴儿、残疾人、植物人以及精神病患者也都被包括在内。精神病患者"身为人"的事实是他们的人权得到尊重和保障的基础，也是他们权利合法性的来源。

从逻辑上来说，如果将精神疾病患者与普通人视为完全一样的权利主

---

① *Black's Law Dictionary*，Fifth Edition，West Publishing Co.，pp. 761–762.

体，认为他们享有的是完全无差别的权利和义务，那么刑事司法中精神病人权利保障研究似乎就没有独立意义。实际上，精神病人权利一方面具有普遍性，其应当享有其他主体共同享有的所有权利，也应当履行相对应的义务；另一方面，精神病人权利又具有一定的特殊性，此种特殊性源于精神病人无相应的行为能力，因此，其人权应当得到特殊的保护。但这种特殊的保护绝不意味着他们因此享有特权。因为在普遍性的人权的实现过程中，若不给予这些弱势主体以特别的保护，那么他们的权利将很难真正实现。在此意义上而言，对弱者权利的特殊保护从外观上看似乎与平等保护的宪法原则相悖，但特殊主体权利的特殊保护恰恰是平等保护的必然要求。即由于精神病人没有行使权利的能力，其只有获得国家与社会的更多帮助，才能跟其他主体一样实际行使其权利，从而实现权利的平等保护。因此，精神病人权利的特殊保护正是人权完全受到尊重、全面得到保障的体现，标志着对所有人人格尊严的尊重。

二　法律依据

（一）宪法中的依据

我国宪法第 33 条[①] 规定了公民在法律面前的平等，此种平等包括普遍人与精神病人的平等，也指向现实权利的平等行使；同时规定了国家对人权的保障和尊重，此种保障与尊重需要与平等权相联系，即国家有义务平等保障公民的基本人权，包括保障精神病人人权。

国家尊重和保障人权，其中自然包括精神病人的权利。这种权利并不因其是否犯罪而受到影响。特别是针对精神病人这一特殊的弱势群体来说，他

---

① 宪法第 33 条：凡具有中华人民共和国国籍的人都是中华人民共和国公民。中华人民共和国公民在法律面前一律平等。国家尊重和保障人权。任何公民享有宪法和法律规定的权利，同时必须履行宪法和法律规定的义务。

们的权利更有必要从法律上进行确认。实践中，精神病人的自理能力较差，其一般需要借助亲属帮助方能够生存。具体而言，有调查显示，精神病人能够自主获得经济收入的比例仅为三分之一，依靠国家、集体供养、救济或补助者，只占非常小的比重；近七成的精神病人是由父母、兄弟姐妹等亲属抚养，大多数生活相当困难，生存质量极低。这表明精神病人权利保障面临更多的困境。当然，由于宪法明确了对平等权的保护，宪法规定的法律面前的人人平等既意味着在适用主体上的平等，同时也代表着在适用时间上一以贯之的持续的平等。人们在法律上所受到的平等对待持续体现在日常生活中以及法庭裁判前、裁判中和裁判后。这意味着精神病人在触犯刑事法律之后亦将持续地得到法律的平等保护。

（二）刑事法律中的依据

其一是刑法依据。我国刑法对精神病人的刑事责任能力有所规定，这本质上是对精神病人的一种依据，即刑法第 18 条第 1 款规定："精神病人在不能辨认或者不能控制自己行为的时候造成危害结果，经法定程序鉴定确认的，不负刑事责任，但是应当责令他的家属或者监护人严加看管和医疗；在必要的时候，由政府强制医疗。"当然，需要注意的是，在 1979 年刑法当中，精神病人并不需要"经法定程序鉴定确认"，其只要经公安机关在群众中进行调查认定即可；而 1997 年刑法加入了经法定程序鉴定确认这一程序，无疑使精神病人认定更加科学准确，也能够体现刑事司法的严谨性。

其二是刑事诉讼法的规定。刑事诉讼法对精神病人在刑事诉讼中的权利保障进行了全面系统的规定，实现了对精神病人权利的无漏洞保护，具体包括以下方面。一是法律援助保护。刑事诉讼法第 35 条第 2 款规定，犯罪嫌疑人、被告人是盲、聋、哑人，或者是尚未完全丧失辨认或者控制自己行为能力的精神病人，没有委托辩护人的，人民法院、人民检察院和公安机关应当通知法律援助机构指派律师为其提供辩护。二是证据收集方面的保护。

刑事诉讼法规定，辩护人收集的有关犯罪嫌疑人不在犯罪现场、未达到刑事责任年龄、属于依法不负刑事责任的精神病人的证据，应当及时告知公安机关、人民检察院。依该条的规定，辩护人在收集的证据中发现有能够证明被告人为精神病人且依法不负刑事责任的，也应当告知司法机关。据此，精神病人即可以被免予刑责。三是诉讼程序保护。刑事诉讼法规定，人民检察院在提起公诉的时候，可以建议人民法院适用简易程序；被告人是盲、聋、哑人，或者是尚未完全丧失辨认或者控制自己行为能力的精神病人的，不适用简易程序。刑事案件不适用简易程序的，将可以使案件事实得到更为充分的查证，也能够使法庭辩论能够充分表现各方意见，最终有利于对精神病人权利的保护。换言之，该条规定被告人是精神病人时不适用简易程序，这有利于对精神病人权利的保护。四是精神病人的强制医疗。刑事诉讼法对精神病人的强制医疗进行了全面规定。精神病人强制医疗既是对精神病人人身自由的一种限制，同时也是对其的保护和救助。从这个角度而言，精神病人强制救治也体现了刑事司法的人权保障原则。而刑事诉讼法单列一章规定精神病人强制医疗，且规定了明确的程序限制，这也同时有利于对精神病人权利的保护。具体而言，首先，刑事诉讼法第303条规定："根据本章规定对精神病人强制医疗的，由人民法院决定。公安机关发现精神病人符合强制医疗条件的，应当写出强制医疗意见书，移送人民检察院。对于公安机关移送的或者在审查起诉过程中发现的精神病人符合强制医疗条件的，人民检察院应当向人民法院提出强制医疗的申请。人民法院在审理案件过程中发现被告人符合强制医疗条件的，可以作出强制医疗的决定。对实施暴力行为的精神病人，在人民法院决定强制医疗前，公安机关可以采取临时的保护性约束措施。"精神病人强制医疗的实施经由公安机关、检察院和法院方能够最终作出决定，这实际上体现了宪法规定的公安机关、检察机关和审判机关分工合作、互相制约的原则，最终有利于防止权力的滥用，并保障精神病人的权利。

其次，刑事诉讼法第 304 条规定："人民法院受理强制医疗的申请后，应当组成合议庭进行审理。人民法院审理强制医疗案件，应当通知被申请人或者被告人的法定代理人到场。被申请人或者被告人没有委托诉讼代理人的，人民法院应当通知法律援助机构指派律师为其提供法律帮助。"人民法院在决定是否强制医疗的过程中纳入诉讼代理人参与，也体现了对精神病人参与权的保障。再次，刑事诉讼法第 305 条第 2 款规定："被决定强制医疗的人、被害人及其法定代理人、近亲属对强制医疗决定不服的，可以向上一级人民法院申请复议。"这实际上赋予了精神病人对强制医疗决定不服的救济权。最后，刑事诉讼法第 306 条规定："强制医疗机构应当定期对被强制医疗的人进行诊断评估。对于已不具有人身危险性，不需要继续强制医疗的，应当及时提出解除意见，报决定强制医疗的人民法院批准。被强制医疗的人及其近亲属有权申请解除强制医疗。"这也同时体现了对精神病人权利的保障。

（三）国际公约中的依据

在国际层面，广泛存在对精神病人权利的保护性文件。联合国大会于 1948 年通过的《世界人权宣言》、1950 年在欧洲理事会主持下通过的《保护人权和基本自由公约》与 1966 年由联合国大会通过的《公民权利和政治权利国际公约》与《经济、社会及文化权利国际公约》等一系列国际性人权保护文件都对精神障碍者有权享有并且保护自己的基本人权这一基本权利作出了规定。其中《公民权利和政治权利国际公约》与《经济、社会及文化权利国际公约》就精神病人之权利进行了全面规定。

三　权利构成

（一）平等权

精神病人存在的最大问题在于精神病人与其他公民一样享有相同的权利；另外，精神病人由于行为能力的缺失，其可能不能很好地行使其权利，这就造成了精神病人权利之普遍性与特殊性并存的局面，即精神病人权利一方面具有普遍性，其应当享有其他主体共同享有的所有权利，也应当履行相对应的义务；另一方面精神病人权利又具有一定的特殊性，此种特殊性源于精神病人无相应的行为能力，因此，其人权应当得到特殊的保护。但这种特殊的保护绝不意味着他们因此享有特权。因为在普遍性的人权的实现过程中，若不给予这些弱势主体以特别的保护，那么他们的权利将很难真正实现。在此意义上而言，对弱者权利的特殊保护从外观上看似乎与平等保护的宪法原则相悖，但特殊主体权利的特殊保护恰恰是平等保护的必然要求。即由于精神病人没有行使权利的能力，其只有获得国家与社会的更多帮助，才能跟其他主体一样实际行使其权利，从而实现权利的平等保护。在此意义上而言，精神病人权利保障首先需要实现对精神病人平等权的保障。

精神病人平等权意涵有二，其一是平等对待。所谓平等对待，是指精神病人应当如其他公民一般享有相同的权利。精神病人受到平等对待实际上也是我国宪法所确立的平等保护原则的体现，即宪法第 33 条规定公民在法律面前一律平等，这即包括精神病人的平等，其要求国家机关及法律平等对待精神病人，给予其与其他人相同的待遇。实际上，相关国际人权公约也体现了对精神病人平等对待的原则。例如，《世界人权宣言》第 1 条就明确指出，"人人生而自由，在尊严和权利上一律平等。他们赋有理性和良心，并应以兄弟关系的精神相对待"。《残疾人权利宣言》第 3 条则规定，"残疾人享有他们的人格尊严受到尊重的基本权利"。联合国《保护精神疾病患者及改善精神卫生保健的原则》第 1 条第 2 款中也规定，"所有精神疾病患者或被当成精神障碍患者的人均应受到人道的对待，其天赋的个人尊严应受到尊重"。其二是不得歧视。不得歧视是平等对待的延伸，平等对待要求国家机关在通过立法或其他政策配置权利义务的过程中，应给予精神病人以平等对待。不得歧视则指向立法或政策的实施，其要求立法与政策的实施不得因公民患有精神病而给予其不同待遇。精神病人不受歧视在相关国际公约中也得到充分体现。例如,《公民权利和政治权利国际公约》第 26 条明确了平等原则,其中的平等,即包含精神病人与普遍人之间的平等。《保护精神疾病患者及改善精神卫生保健的原则》则明确规定,不得有任何针对精神病的歧视。"歧视"是指有损精神病患者平等权利的任何区分、排除或选择。只适用于保护精神病患者权利或保护其身心发展的特别措施不应视为"歧视"。"歧视"也不包括与本套原则相一致、用于保护精神病患者或他人人权所作出的必要的区分、排除或选择。

（二）人身自由权

生命权、自由权和财产权被视为三大基础性权利,其缘由即在于,生命、财产和自由是其他权利得以实现的基础,三大权利中的任一项权利被剥夺,人之为人的圆满状态即受到减损,其他权利的行使也将受到限制。在此意义上而言,人身自由作为人之为人的最基础的权利,其主体也应当具有普遍性,即所有人都应当享有人身自由权。实际上,联合国《公民权利和政治权利国际公约》第 9 条体现了对人身自由的保障,该条规定,对人身自由的限制应当符合法律保留原则和正当程序原则。

当然,相对于普遍人,精神病人的特殊性在于,部分精神病人由于不具有控制其行为的意识和行为能力,其在社会生活当中可能具有一定的人身危险性。在此意义上而言,出于精神病人健康需要及公众安全需要,对精神病人的人身自由进行一定的限制也有其必要性。当然,对精神病人人身自由进行限制必须基于精神病人健康和公众安全需要,超出此范围限制其自由,则构成对精神病人人身自由权的不当限制。据此,对精神病人人身自由权的保护应当包含两方面:一方面,基于精神病人健康和公众安全需要,可以对精神病人人身自由进行一定的限制;另一方面,对精神病人人身自由的限制应以必要性为前提,一定要符合法治原则,限制的条件和程序应明确体现于法律规范当中。在此基础上，精神病人人身权保护即通过以下制度得以体现。其一是精神病人人身自由限制的实体要件。关于精神病人强制医疗的实体条件，联合国《保护精神疾病患者及改善精神卫生保健的原则》规定了强制医疗的条件：一是有现实危险，即精神病人因不能控制自己的行为而对本人或他人造成危害；二是不接受入院治疗可能导致病情恶化。这实际上也体现了最小侵害原则，其要求在有其他办法加以治疗的情况下，就不能采取可能限制人身自由的治疗方法。我国精神卫生法的相关规定也体现了上述原则。因此，只有符合上述情形时，才能对精神病人实施强制医疗。其二是程序要件。根据刑事诉讼法第303条的规定，精神病人强制医疗需要经由公安机关、检察院和法院方能够作出最终决定，这实际上体现了宪法规定的公安机关、检察机关和审判机关分工合作、互相制约的原则，体现了对精神病人人身自由权的保障。

（三）公平合理对待权

公平合理对待也是精神病人在刑事司法过程中应享有的权利之一。刑事司法中的合理对待之内涵有二，其一是国家承担给予平等对待的义务。《公民权利和政治权利国际公约》第7条规定，不得将任何人作为医药或科学试验对象，除非经其同意。就精神病人而言，其虽患精神病，国家也不得以治疗为由在其身上展开医疗试验，这是平等对待的基本要求。我国刑事诉讼法第6条也规定："人民法院、人民检察院和公安机关进行刑事诉讼，必须依靠群众，必须以事实为根据，以法律为准绳。对于一切公民，在适用法律上一律平等，在法律面前，不允许有任何特权。"这表明精神病人在刑事司法过程中应获得平等对待。其二是特殊保护。对精神病人的特殊保护与宪法的平等保护原则并不冲突。宪法上的平等不仅包括机会上的平等，也包括结果上的平等，其要求不同主体在社会生活中获得同等的参与机会，更要求其能够同等行使一样的权利。在此意义上而言，给予精神病人特殊保护，是结果平等的要求，即由于精神病人在社会生活中处于弱势地位，其行为能力的缺失造成其不能更好地行使权利，这就要求国家为其行使权利提供充足保护以满足结果平等的要求。《保护精神疾病患者及改善精神卫生保健的原则》对国家对精神病人的特殊保护也有一定的体现，其规定，精神卫生保健应作为保健和社会护理体系的一部分，任何人都有权享有最佳精神卫生保健服务。除此之外，该文件还规定了患者选择律师的权利；在患者无法自行选择律师或无力承担相关费用时，该文件还明确了国家提供法律援助的义务。同时，该文件还规定，必要时患者有权得到翻译人员的协助。在此种服务属于必要而患者无法取得时，应在其无力支付费用的情况下免费提供。《保护精神疾病患者及改善精神卫生保健的原则》的上述规定即体现了对精神病人的特殊保护。

四 中美比较

刑事司法中精神病人的人权保障问题始于刑法的规定，体现于我国刑法第18条第1款[①]中，此条规定即解决了刑事司法中精神病人权利保障的两个问题。一是精神病人的刑事责任问题。依此条的规定，精神病人在不能辨认或控制其行为时所实施的危害社会的行为不作为犯罪行为，不需要承担刑事责任。二是精神病人的强制医疗。精神病人不承担刑事责任，但可能继续危害社会的，需要对其进行强制医疗。这也体现了对精神病人权利的保障。在此基础上，刑事诉讼法进一步完善了刑事司法中精神病人权利保障问题，即刑事诉讼法专列一章规定精神病人的强制医疗问题，这既对接了刑法的规定，又使精神病人强制医疗环节体现了法治需要。

[①] 刑法第18条第1款：精神病人在不能辨认或者不能控制自己行为的时候造成危害结果，经法定程序鉴定确认的，不负刑事责任，但是应当责令他的家属或者监护人严加看管和医疗；在必要的时候，由政府强制医疗。

美国建立有完备的精神病人非自愿监管体制。当然,在美国,精神病人监管立法和执行权属于州,即州议会有权制定精神病人监管方面的法律。而在精神病人监管方面,州则享有两项权力。其一为国家监护权。所谓国家监护权,是指当精神病人不能充分照顾本人时,国家有权代为行使监护的权力。当然,监护应以精神病人利益最大化为原则。其二是警察权。警察权的主要作用对象为不能控制自己的行为且造成一定的社会危害的精神病人,亦即当精神病人既不能辨认或控制其行为,其行为的实施又对社会秩序造成一定的威胁,具有相当的社会危害性时,警察可对其实施监管。在具体的监管实施方面,美国建构了三种监管方式:其一是特定机构治疗监管,此部分工作主要由私营医院承担;其二是由政府部门指定的社区进行看管;其三是刑事监管。刑事监管的实施较为严格,只有精神病人实施了危害社会的行为且被法庭认定为有罪,方可将其移送监狱进行监管。

20世纪50年代,美国联邦最高法院加强了对特定人权的宪法权利保障,[①]其中具有里程碑意义的为1975年的欧康纳诉唐纳德森案。在该案的审判中,美国联邦最高法院引入了美国宪法中的正当法律程序原则,其要求各州对精神病人的强制医疗应当受正当法律程序的限制。从这个角度而言,美国宪法中的正当法律程序原则在社会生活的各个方面都起到强有力的权利保障作用。与此同时,在该案中美国联邦最高法院还明确了实施强制性医疗的条件,其指出,精神病人如果可以依靠自己或家庭成员、朋友的帮助而自由安全地生活,且对社会秩序不存在危险性,那么该精神病人的自由就不应当受到限制。这实际上明确了精神病人强制医疗的两个要件,一是没有独立或依靠家庭成员生活的能力,二是其人身或行为对社会构成危险,不符合这两

---

① T.F.T.Plucknett, *Studies in English Legal History*, 1983, p.45; James R.Stoner, *Common Law and Liberal Theory: Coke, Hobbes, and the Origins of American Constitutionalism*, 1992, pp. 167–168.

个条件而将精神病人进行关押和强制医疗的，即构成违反正当法律程序的行为。欧康纳诉唐纳德森案体现了精神病人权利保障的原则，其同时对各州立法具有约束力。在该判例作出之后，美国有七个州修改了相关立法，如亚利桑那州明确规定，只有精神病人的不正常表现症状持续且剧烈，形成对社会的危害，才能对其进行强制监管；夏威夷州也规定，对精神病人进行监管的前提在于其精神病症状"明显"。

另外，对于非短暂性的治疗，美国也规定了严格的程序限制。其中最为重要的即是听证程序，且听证应由法院举行。据此，在美国的大多数州，进行精神病鉴定可以由警察和精神健康专家决定；在此基础上，如果需要将精神病人收至医院进行长时间治疗，则需要法院在举行听证的基础上进行决定，参加听证的主体有精神病人及其家属等，而医生和心理学专家则负责向法官提供精神病人的情况报告；必要时，医生和心理学专家也需要亲自参与听证，并在听证程序上公开进行作证。除此之外，美国的大多数州还规定，如果要对精神病人进行强制医疗，则在听证的过程中精神病人有权获得法律援助。除此之外，美国还严格控制精神病人监管时间，据此防止过度监管对精神病人造成不必要的损害。如佛罗里达州贝克法即规定，对精神病人进行监管的前提在于其对他人造成了危险；当然，该法也规定了精神病人非自愿检查，可以实施检查的主体包括警官和医生。另外，就监管的期限而言，该法明确了医生具有请求法官延长监管时限的权利。

五　完善路径

当前我国刑事司法中精神病人权利保护问题主要有三方面，分别为精神病鉴定的启动、刑事强制医疗问题以及配置保障制度问题。针对上述三个问题，为强化精神病人权利保障，我国立法应作如下完善。

（一）精神病鉴定启动程序完善

在精神病鉴定的启动方面，我国采用统一鉴定模式。所谓统一鉴定模式，是指精神病的鉴定由司法机关予以启动，启动的方式为指派。刑事诉讼法第146条规定，为了查明案情，需要解决案件中某些专门性问题的时候，应当指派、聘请有专门知识的人进行鉴定。据此，司法机关的指派是精神病鉴定程序得以启动的前提。与此同时，《精神疾病司法鉴定暂行规定》也仅规定了司法机关的委托鉴定，而没有规定当事人的委托。也就是说，在刑事诉讼过程中，公安机关、检察机关和审判机关认为需要进行精神病鉴定时，都可以启动鉴定程序；而当事人包括原告和被告认为需要进行鉴定时，则仅能够向司法机关进行申请，最后再由司法机关委托鉴定机构进行鉴定。当然，刑事诉讼法第148条规定："侦查机关应当将用作证据的鉴定意见告知犯罪嫌疑人、被害人。如果犯罪嫌疑人、被害人提出申请，可以补充鉴定或者重新鉴定。"也就是说，在当事人对鉴定意见不服时，其可以申请补充或重新鉴定，但最终启动鉴定程序的机关依然是司法机关，这即表明鉴定的启动主体具有唯一性。从中可见，在精神病鉴定程序的启动上，我国依然坚持了职权主义的司法模式，强化司法机关在鉴定程序启动方面的职权。

应该说，在精神病鉴定程序的启动方式方面，我国坚持职权主义的司法模式，强调司法机关在启动精神病鉴定程序方面的职权需要有一定的合理性。一方面，我国刑事诉讼的基本原则是以事实为依据，以法律为准绳，这一原则要求司法机关尽最大可能查明与案件相关的事实。而刑事诉讼法将司法机关规定为精神病鉴定的启动主体，在侦查、审查起诉和审判环节，不同司法机关都可以启动鉴定程序，这无疑有利于案件事实的查明。另一方面，将司法机关规定为唯一的程序启动主体，当事人要求鉴定只能向司法机关提出申请，其不能自行委托鉴定机关进行鉴定，这就在一定程度上实现了当事人与鉴定机关的隔离，防止二者之间产生利益纠葛而影响鉴定的公正性。

当然，上述规定存在的问题在于，其一方面忽略了当事人在诉讼过程中应享有的权利。也就是说，要求查明案件事实不仅是司法机关的义务，也是当事人的权利，当事人在诉讼过程中当然有权利通过合法形式最大可能地查明案件事实。在此意义上而言，将当事人排除于精神病鉴定启动主体之外，实际上忽略了对当事人权利的保护。另一方面，其更忽略了精神病人的隐私权。也就是说，精神病人是否患有精神病及其精神病的严重程度应当属于隐私信息，当事人在实施犯罪行为时不具有行为控制能力，但在审判过程中又具有认知能力和控制能力，并能够清楚地表明不愿意进行精神病鉴定的意志且愿意承担相应的刑事责任，司法机关即应当尊重当事人的意愿，不启动鉴定程序。基于上述分析，在精神病鉴定程序的启动上，我国应当在一定程度上从职权主义转向当事人主义，即立法应当将精神病鉴定的权利赋予当事人，由当事人自行决定是否启动鉴定程序，进而委托鉴定机关进行鉴定。当然，为了避免当事人与鉴定机关接触过多而产生利益纠葛并影响鉴定公正，司法机关可在当事人启动鉴定程序之后，在听取双方当事人意见的基础上，由司法机关选择鉴定机构再进行委托。

（二）精神病刑事强制医疗制度完善

刑事诉讼法对精神病人的强制医疗进行了全面规定。精神病人强制医疗既是对精神病人人身自由的一种限制，同时也是对其的保护和救助。从这个角度而言，精神病人强制救治也体现了刑事司法的人权保障原则。而刑事诉讼法单列一章规定精神病人强制医疗，且规定了明确的程序限制，这也同时有利于对精神病人权利的保护。当然，当前刑事诉讼法规定的精神病人强制医疗制度还存在以下问题。一是精神病人强制医疗的启动程序不完善。依刑事诉讼法第 303 条的规定，精神病人的强制医疗由公安机关写出强制医疗意见书，人民检察院审查之后向人民法院提出申请，最终由人民法院作出决定。这一程序设置总体上体现了控审分离的原则，有利于三机关相互配合、相互制约关系的实现，最终体现了对精神病人权利的保障。然而，刑事诉讼法对精神病人强制医疗程序的规定尚有不完善之处，表现为上述规定的预设前提在于公安机关在侦查阶段即发现精神病人符合强制医疗条件。然而，实际上，犯罪嫌疑人是否符合强制医疗条件有可能在刑事诉讼的任何阶段中发现，即人民检察院和人民法院都有可能在审查起诉和案件审理的一审、二审等阶段发现。在审查起诉阶段发现犯罪嫌疑人符合强制医疗情形的，人民检察院如何启动强制医疗程序，这在该法中并没有得到明确。更为重要的是，依该法的规定，人民法院在审理案件过程中发现被告人符合强制医疗条件的，可以作出强制医疗的决定。由人民法院直接决定启动强制医疗程序，这就违反了控审分离的原则，可能侵蚀审判的公正性。二是强制医疗的审理程序不具体。刑事诉讼法第304条规定："人民法院受理强制医疗的申请后，应当组成合议庭进行审理。人民法院审理强制医疗案件，应当通知被申请人或者被告人的法定代理人到场。被申请人或者被告人没有委托诉讼代理人的，人民法院应当通知法律援助机构指派律师为其提供法律帮助。"此条规定尚存在以下两个问题，一是合议庭组成不明确。该条仅规定"应当组成合议庭进行审理"，此处的组成合议庭是不是原来的合议庭，抑或是重新组建的合议庭，这在该法中并没有得到明确。二是精神病人强制医疗程序的启动最终可能对精神病人的隐私权造成一定的影响。而从精神病人融入社会的角度而言，其病情不为周围群众所知晓，就更容易使其融入社会。从这个角度而言，精神病人强制医疗程序的决定应当不公开审理以保障精神病人的隐私权，但这在刑事诉讼法中也没有相关规定。

　　基于上述分析，从精神病人权利保障的角度出发，精神病人强制医疗程序应作如下完善。一是在精神病人强制医疗的启动上，明确审查起诉和审判阶段发现精神病人符合强制医疗条件时的启动主体。实际上，犯罪嫌疑人符合强制医疗条件，属于案件事实情况的新发现。从刑事诉讼法的一般原则来看，刑事诉讼过程中有新案件事实出现时，不管该案件事实出现在刑事诉讼的哪个环节，查明案件事实的主体都应当是公安机关。因此，在审查起诉过程中发现新案件事实的，人民检察院应当将案件退回公安机关补充侦查；同样，在审判过程中发现有可能影响最终判决的新案件事实的，也应当由人民检察院撤回起诉，再将案件退回公安机关补充侦查。因此，就精神病人强制医疗而言，如在侦查阶段由公安机关发现犯罪嫌疑人符合强制医疗条件的，则依现行刑事诉讼法第 303 条启动强制医疗程序；在审查起诉阶段发现犯罪嫌疑人符合强制医疗条件的，则应当由人民检察院退回公安机关补充侦查，退回公安机关之后，公安机关再依刑事诉讼法第 303 条之规定启动强制医疗程序；在审判阶段发现犯罪嫌疑人符合强制医疗条件的，则由人民检察院撤回起诉，退回公安机关补充侦查，公安机关依刑事诉讼法第 303 条规定办理。二是在精神病人强制医疗的审理上，刑事诉讼法应作如下完善。一方面是明确合议庭的组成。为了避免普遍诉讼程序中合议庭对犯罪嫌疑人形成先入为主的判断，在强制医疗程序的审理中，合议庭应重新组建，即由人民法院另行选择审判人员组成新的合议庭，原普遍程序中的合议庭成员不应再成为新组成合议庭的组成人员。另一方面是明确对精神病人的隐私保护。在精神病人强制医疗的审理中，刑事诉讼法应明确规定，精神病人强制医疗程序实行不公开审理。不公开审理的目的在于保障精神病人的隐私权，避免其病情泄露而使其受到歧视，从而最大限度地确保精神病人能够在治疗之后融入社会。另外，在作出强制医疗决定之后，司法机关也可以以司法建议的形式明确精神病人家属的照顾义务。如果连最亲密的家人都不能关怀、照顾精神病人，而是嫌弃甚至遗弃精神病人，以精神病人为耻，那我们就更没有理由去要求家庭成员外的陌生人给予精神病人关怀和帮助了。婚姻法第 20 条规定，夫妻有相互扶养的义务，第21条规定，父母对子女有抚养教育的义务，子女对父母有赡养扶助的义务。即使法律在精神病人的家庭保护上未明确具体的义务，也并不意味着家庭成员可以袖手旁观，不闻不问。对家庭成员予以照顾和关怀，也是对社会责任的承担。据此，司法机关可创新司法建议制度，通过司法建议明确精神病人家属依婚姻法等法律规范承担的照顾义务。

第五章

宪法视角下人权司法保障的制度完善

党的十八届四中全会通过的《中共中央关于全面推进依法治国若干重大问题的决定》，明确提出了"加强人权司法保障"的要求。而习近平总书记在十九大报告中指出，"加强人权法治保障，保证人民依法享有广泛权利和自由"。人权司法保障向人权法治保障的演进，表明对人权的保障不应限于司法领域，而应当围绕法治建设的全过程展开法治保障体系建设。这也同时表明，立法、行政、司法与守法等环节都应当纳入人权保障理念，使人权保障贯穿于法治保障的全过程。

当然，司法保障是人权保障的核心环节。司法人权保障目的的实现，不仅要求司法审判的开展严格依据民事、行政和刑事实体法的规定作出判决，更为重要的是，如上所述，在立宪主义背景下，司法权自身的组织和运行也需要符合宪法和法律的规定。当然，人权司法保障这一目的的实现亦是如此，要求司法权力和司法机关在组织、运行及其人员任用管理上有明确的法律予以规范。应该说，当前我国已形成了由宪法、司法机关组织法、诉讼法和司法官法形成的司法权规约体系，当然，在人权司法保障之一目的之下，相关的司法规范还有进一步完善的必要。

第一节　宪法视角下人权诉讼保护的路径优化

人权司法保障是人权保障的重要方式。晚近以来，人权司法保障在我国得到极高的关注和极大的推崇。中共十八届四中全会作出的《中共中央关于全面推进依法治国若干重大问题的决定》提出，必须坚持法治建设为了人民、依靠人民、造福人民、保护人民，以保障人民根本权益为出发点和落脚点，保证人民依法享有广泛的权利和自由、承担应尽的义务，维护社会公平正义，促进共同富裕。该决定在"保证公正司法，提高司法公信力"部分更是明确提出了要加强人权司法保障，其主要措施包括强化诉讼过程中当事人和其他诉讼参与人的知情权、陈述权、辩护辩论权、申请权、申诉权的制度保障。健全落实罪刑法定、疑罪从无、非法证据排除等法律原则的法律制度。完善对限制人身自由司法措施和侦查手段的司法监督，加强对刑讯逼供和非法取证的源头预防，健全冤假错案有效防范、及时纠正机制。该决定将人权与司法予以连接，既提升了人权保障的可实现程度，又指明了司法权配置和运行的价值追求，为司法改革的展开奠定了价值基础。十九大报告提出要"维护国家法制统一、尊严、权威，加强人权法治保障，保证人民依法享有广泛权利和自由"。

应该说，自上述决定颁布以来，我国人权司法保障的水平得到了大幅提升。例如，在刑事司法实践中，人权保障的价值得到最大程度的彰显，如刑讯逼供问题得到了较好治理，非法证据排除的相应规则也逐步完善并得到有序展开。当然，党的十八届四中全会提出的人权保障措施主要针对刑事司法过程，要求通过健全落实罪刑法定、疑罪从无、非法证据排除等法律原则的法律制度落实司法的人权保障功能。而在宪法政治语境下讨论人权司法保障问题，"人权司法保障"则意味着司法同时需要为公民对抗国家权力的侵害提供保障。从域外法的角度来看，此种保障的制度机制的最高形式即为违宪审查机制。而就我国而言，基于人民代表大会制度的政治体制，违宪审查的权力由全国人民代表大会及其常务委员会行使，法院不享有对法律之合宪性的审查权，仅享有通过行政诉讼对行政权进行审查的权力。而"人权侵害大多发生在行政领域", ① 因此，最大限度地发挥行政诉讼制度之人权保障功能，成为提升我国人权司法保障力度的关键措施。

一　人权司法保障的艰难探索

从宪法司法化尤其是宪法基本权利之司法化的角度理解人权司法保障问题，近年来最早获得民众广泛关注的案件为齐玉苓案，该案通过民事诉讼的方式试图解决"宪法权利"受到侵害的问题；随着司法实践的发展，人权司法保障逐步进入轨道并转向行政诉讼这一渠道。

（一）齐玉苓案：理解错误的"宪法司法化"

齐玉苓案② 是发生在山东省的一起民事诉讼案件，被誉为中国"宪法司法化第一案"。应该说，齐玉苓案有其积极意义，表现在两个方面。其一是尝试推动宪法的司法化。在我国，长期以来宪法被当作"根本法"来看待，其仅作用于国家机关的组织和国家权力的运行等过程，而未在具体的权利救济案件中得以适用，这使其未走出"政治法"的范畴而成为"人权救济法"。而齐玉苓案件的处理则尝试在此方面进行突破，亦即山东省高级人民法院在

---

① 韩大元：《完善人权司法保障制度》，《法商研究》2014 年第 3 期。

② 在该案中，原告齐玉苓与被告之一陈晓琪同为山东省滕州市第八中学的初中学生。两人都参加了该省的中等专科学校的预选考试。经考试，陈晓琪成绩不合格，齐玉苓则通过预选考试和统一招生考试而被山东省济宁商业学校录取，录取通知书由该校发出并由滕州八中转交。后该通知书被陈晓琪领出，并冒名顶替齐玉苓到济宁商校就读，毕业后仍然使用齐玉苓的姓名，被分配到中国银行滕州支行工作。齐玉苓发现这一情况之后，以姓名权、受教育权受到侵害为由，以陈晓琪、陈克政（陈晓琪的父亲）、济宁商校、滕州八中和山东省滕州市教育委员会为被告向山东省枣庄市中级人民法院提起民事诉讼，请求法院判令被告停止侵害、赔礼道歉，并赔偿原告经济损失 16 万元，精神损失 40 万元。一审法院部分支持齐玉苓的诉讼请求，齐玉苓不满判决诉至山东省高级人民法院。山东省高级人民法院认为受教育权保护无直接的法律依据，遂向最高人民法院进行请示。最高人民法院作出批复，该批复指出："根据本案事实，陈晓琪等以侵犯姓名权的手段，侵犯了齐玉苓依据宪法规定所享有的受教育的基本权利，并造成了具体的损害后果，应承担相应的民事责任。"

审理过程中，发现没有可以直接适用的民事法规范，据此向最高人民法院请示。最高人民法院上述批复的内核在于言明了司法审判的过程可以适用宪法规范，这也是我国宪法司法化的第一次尝试。其二是人权保障的司法化。同宪法的作用限于规范国家权力的组织和立法的开展相对应，我国宪法规定的基本权利也只能通过法律而落实到社会生活中。当然，立法对基本权利的具体化是不充分的，这就造成了基本权利立法保障存在漏洞。齐玉苓案中法院直接适用宪法规范审理案件，这无疑为基本权利的保障提供了新路径，同时使得未被立法所具体化的基本权利也能够获得国家权力的保障，这即是该案的积极意义。

当然，齐玉苓案虽开宪法司法化和人权司法保障之先河，但基于该案中存在的对人权内涵的错误理解，齐玉苓案在人权司法保障方面走上了歧途。具体而言，从人权抑或基本权利的属性来看，"基本权利"本身是立足于国家与公民之关系而存在的一种权利形态，其以公民为权利主体，指向的对象则为国家。换言之，传统基本权利的射程仅及于国家，用以解决公民与国家之间的纠纷。而山东省高级人民法院在民事诉讼中将受教育权作为一种宪法上的基本权利予以保护，权利的指向对象则为其他公民。此时，基本权利的保护体系即错误地应用于平等主体间权利义务关系的调适。从这个角度而言，齐玉苓案虽开人权司法保护之先河，但其存在"宪法司法化"的错误理解，因此该案判决的正当性即备受质疑。"'齐玉苓案批复'既不应成为宪法司法化的突破口，也不应成为合宪性解释的样本。"[①] 这也是该案批复最终为最高人民法院废止的缘由。在此意义上而言，齐玉苓案可视为人权司法保障的不成功探索。

---

① 王伟国：《齐玉苓案批复之死——从该批复被忽视的解读文本谈起》，《法制与社会发展》2009 年第 3 期。

（二）平等权保护第一案：行政诉讼路径的规避

在齐玉苓案之后，蒋韬诉中国人民银行成都分行案^①也是人权司法保障的著名案例。

蒋韬诉中国人民银行成都分行案同样涉及人权的司法保障问题，亦即平等权是人权的基本内核，人只有在获得法律平等对待的基础上，其人性尊严才能得以体现。在本案中，中国人民银行成都分行规定了招录行员的身高要求，但身高并非胜任行员的必要条件。因此此种分类与招录事务的本质无关，不能认定为合理分类，而应定性为歧视，是侵害宪法上平等权的行为。据此，蒋韬将此行为诉至法院，其实质即是寻找人权的司法保障。当然，相较于齐玉苓案，该案的积极意义在于，该案选择了行政诉讼的方式寻求平等权的保护。如上所述，传统基本权利的射程仅及于国家，用以解决公民与国家之间的纠纷。而山东省高级人民法院在民事诉讼中将受教育权作为一种宪法上的基本权利予以保护。此时，基本权利的保护体系即错误地应用于平等主体间权利义务关系的调适。本案则不存在这个问题，即原告选择中国人民银行成都分行这一享有金融管理职权的主体为被告，该主体在该案件中即可视为国家之代表以实施管理行为。此时，"国家与公民之关系"可具体化为原告与被告之间的关系，人权保障理论可应用于这一关系的处理当中。当然，在本案中，法院运用诉讼技术手段规避了对中国人民银行成都分行之招

① 在该案中，原告蒋韬于2001年12月23日看到中国人民银行成都分行发布的招聘公告，其中规定招录对象条件之一为"男性身高168公分，女性身高155公分以上"。原告由于身高不符而丧失报名资格。原告认为，被告招考国家公务员这一具体行政行为违反了宪法第33条关于中华人民共和国公民在法律面前人人平等的规定，限制了他的报名资格，侵犯了其享有的依法担任国家机关公职的平等权和政治权利，应当承担相应的法律责任，于是其向成都市武侯区人民法院提起行政诉讼。法院在立案审查中认为，被告成都分行2001年12月23日对外发布的《中国人民银行成都分行招录行员启示》中对招录对象规定身高条件这一行为，不是其作为金融行政管理机关行使金融职权、实施金融行政管理的行为，因此，不属于行政行为的范畴，亦不属于法院行政诉讼的主管范围，据此法院裁定驳回原告起诉。

录行为是否侵害平等权的审查，亦即法院提出，被告成都分行 2001 年 12 月 23 日对外发布的《中国人民银行成都分行招录行员启示》中对招录对象规定身高条件这一行为，不是其作为金融行政管理机关行使金融职权、实施金融行政管理的行为，因此裁定驳回原告的起诉。

（三）乙肝歧视第一案：宪法适用的规避

与身高歧视第一案相类似的还有被称为"乙肝歧视第一案"的张先著诉芜湖市人事局案 [①]。

本案也涉及人权的行政诉讼保护问题。在该案中，芜湖市依报考人员的健康情况对其进行分类。由于我国公务员法规定，公务员应具备身体健康这一条件，因此依此条件进行分类总体上是合理的。但其在分类过程中，将"携带有乙肝病毒"作为不合格的标准，这即可能造成分类标准的滥用。也就是说，从医学科学的角度而言，乙肝病毒携带并不等同于发病，携带有乙肝病毒仅表明未来有发病的可能，也有不发病的可能，发病状态下尚有治愈可能，且不影响公务员工作的开展。在此意义上而言，因考生携带有乙肝病毒而取消其录用资格，这即形成对该考生的不平等对待。当然，尽管学理上对芜湖市人事局之行为构成对张先著歧视的认识已十分充分，但法院依然没有适用宪法上的平等权保护原则进行审理，法院撤销该行为的依据为该行为"主要证据不足"而非违反平等保护原则，因此规避了宪法能否在该案中

---

① 2003 年 6 月，原告张先著报名参加了芜湖市组织的公务员录用考试，其在报考某职位的 30 名考生中排名第一，顺利进入体检环节。在体检环节中，张先著被查出携带有乙肝病毒。芜湖市人事局据此取消了其被录用的资格。当年 11 月，张先著以芜湖市人事局取消其被录用资格的行为侵犯其担任国家机关工作人员的权利为由，将该局诉至芜湖市新芜区法院，请求法院撤销该行为，并判令芜湖市人事局录用其为公务员。法院经审理后认为，芜湖市人事局取消原告被录用为公务员的行政行为证据不足，应予以撤销。该判决书同时提出，由于芜湖市人事局该年度的公务员招录活动已结束，且张先著报考的职位已录用其他考生，因此在撤销原行政行为的同时，驳回张先著要求人事局对其予以录用的诉讼请求。

予以适用的问题。需要说明的是，芜湖市人事局取消该考生被录取资格的行为实际上是有规范依据的，当时的《公务员体检标准》即将携带乙肝病毒规定为体检不合格的情形。而在当时的条件下，尽管行政诉讼法并未明确规定法院享有对规范性文件的审查权，但当时的行政诉讼法司法解释第62条还是规定了人民法院在审理行政案件过程中，对于不合法的行政规范可以不予以适用。然而，该法院依然未适用该条的规定，未依宪法的平等保护条款对《公务员体检标准》是否合法作出判断，而是通过对行政行为之事实依据的审查而撤销该行为，从而实现对宪法适用的技术性规避。

二　宪法适用抑或权利救济：行政诉讼之人权保障的路径选择

以上案件大体反映了我国司法机关在个案当中的人权保障进程。从这些案件中也可以看到，人权司法保障确实是法治建设过程中人们对司法的普遍要求。当然，在《中共中央关于全面推进依法治国若干重大问题的决定》明确提出要强化司法对人权之保障之后，行政诉讼应通过何种方式和途径保障人权，成为当前法治建设亟须解决的问题。

通过上述案件的处理过程可以发现，当时的舆论与学界对宪法司法适用似乎情有独钟，主张通过宪法司法适用的方式而提升司法对人权的保障力度。如在齐玉苓案件的处理中，学界对最高人民法院关于可以适用宪法审理案件的批复大加赞赏，甚至为该案贴上"中国的马伯里诉麦迪逊案"标签，认为该批复为宪法司法适用提供可能，进而可能实现对宪法权利的无漏洞保护。[①] 当然，由于该案选择了错误的诉讼途径，即民事诉讼仅应限于处理平等主体间的权利纠纷问题，平等主体不存在"人权侵害"这一宪法问题，这使该案的判决及最高人民法院的批复在后期也饱受诟病。而在蒋韬诉中国人

---

① 袁文峰：《受教育权的宪法条款援引、内涵及救济路径——基于齐玉苓案与罗彩霞案的分析》，《政治与法律》2015年第4期。

民银行成都分行案和张先著诉芜湖市人事局案中，舆论与学界对宪法司法适用抱有更大的期待，这也是上述两个案件分别被称为"平等权保护第一案"和"乙肝歧视第一案"的缘由。与之相对应，有学者甚至提出了促使行政诉讼向宪法诉讼演变的观点，[①] 主张通过行政诉讼中的宪法适用强化其对人权的保障力度。

然而，与舆论和学界倡导"宪法司法适用"不同，实务界总体上对该问题采取谨小慎微的回避态度。也就是说，除了齐玉苓案中有最高人民法院的批复作为依据之外，在蒋韬诉中国人民银行成都分行案和张先著诉芜湖市人事局案这两个案件的处理中，对能否适用宪法进行审理的问题，实务界基本上通过技术手段予以回避，如在蒋韬诉中国人民银行成都分行案中，法院认为成都分行的行为不构成行政行为而予以驳回；在张先著诉芜湖市人事局案中，法院则以主要证据不足为由撤销违法行政行为，而非运用宪法上的平等权保护条款认定其构成违法。纵使是就齐玉苓案所形成的批复而言，最高人民法院也于 2007 年废止了上述批复，纠正了其在该批复中形成的鼓励宪法司法适用的错误。当然，需要说明的是，张先著诉芜湖市人事局尽管回避了宪法适用问题，但其仍立足于已有的诉讼规则为原告提供了较为充足的权利救济，在事实上形成了对原告之平等权的保护，彰显了司法之人权保障的功能。

那么，在人权司法保障成为共识、行政诉讼之人权保障功能有待强化的背景下，行政诉讼采用何种路径为人权提供充足保障即成为当前应当予以解决的问题。在上述案件处理过程中，舆论和学界倾向于宪法司法化的路径，主张法院适用宪法以保障人权；而实务界则立足行政诉讼已有的权利救济功能，通过现有规则的适用为个案中当事人的权利提供救济以实现人权的司法

---

① 上官丕亮:《行政诉讼：宪法实施的重要推动力》,《学习与探索》2013 年第 1 期。

保护。二者各有优劣，当然，笔者更赞同法院在行政审判中通过权利救济的方式拓展其人权保障功能，理由如下。

（一）人民法院不宜行使适用宪法的权力

应该说，司法适用模式确实能够为司法的人权保障提供充足保障。以美国为例，美国联邦最高法院享有广泛的违宪审查权，通过宪法在司法过程中的适用实现了对人权的无漏洞保护。例如，美国联邦最高法院不仅通过格里斯沃尔德诉康涅狄格州案将隐私权等权利纳入宪法权利的范围，还通过对正当法律程序条款的解读发展了广泛的基本权利体系，这些案件的办理凸显了司法的人权保障功能，也使美国联邦最高法院成为人权保障的堡垒。当然，尽管司法机关适用宪法解决具体个案在人权司法保障当中具有无可比拟的优势，然而，这种审查体制并不适用于我国法院，其缘由如下。

其一，适用宪法的权力总是与违宪审查权力相联系的。也就是说，适用宪法进行审查的前提在于法院对宪法条文享有解释权，能够在审判过程中理解和解释宪法条文；在此基础上，再依其对宪法的理解和对个案事实的认知而判断被诉活动的合宪性。因此，宪法解释权构成司法适用宪法的前提，而对违宪行为作出处理决定的权力则构成宪法适用的后续处理方式。"世界上从来没有过不享有违宪审查权、宪法解释权而能够根据宪法规定裁判案件的法院，也没有这类判例或事例。"[①] 然而，就我国而言，依我国宪法第 67 条的规定，解释宪法、监督宪法实施的权力由全国人民代表大会常务委员会行使，司法机关并不享有此项权力；与此同时，宪法也仅规定了全国人民代表大会及其常务委员会对违宪或违法的法律文件的处理，而未规定人民法院在此方面的处理权力。在此基础上而言，基于宪法解释和违宪处理的权力的缺失，人民法院并不适合作为"适用宪法"的主体。

---

① 童之伟：《法院"依照法律"规定行使审判权释论——以我国法院与宪法之关系为重点的考察》，《中国法学》2009 年第 6 期。

其二，在我国，人民代表大会制度是我国的根本政治制度。我国宪法第3条第2款 ① 规定了人民代表大会制度。人民代表大会在我国国家机构体系当中的基础性地位，决定了作为现有宪法政治框架内的最高话语权即宪法解释与适用的权力应当由全国人民代表大会独享，否则将造成宪法政治秩序内最高话语权的分立，与人民代表大会制度的根本性相悖。在此意义上而言，尽管人民法院具有保障人权的价值追求，尤其是在行政诉讼当中更应当通过对国家权力的审查而为受到侵害的基本权利提供救济，但这种救济应限于"合法性"审查的限度之内，而不宜适用司法进行合宪性审查。

（二）人权司法保障的内核在于权利救济而非宪法适用

实现上，宪法司法适用只是人权司法保障的形式而非其实质，而司法为权利提供充足的救济，方为人权司法保障的实质内涵。从司法的角度出发，权利救济是司法的核心功能。司法首先是一种判断性质的权力，即需要对法律的内涵、事实的构成以及法律与事实之间的关系作出判断；而判断的目的则在于矫正，即矫正法律实施过程中产生的不符合法律之规定的社会关系。通过矫正，受到侵害的权利即得以恢复。换言之，司法对社会关系的修复主要通过对被害人一方的救济得以实现。例如，在民事司法中，法官通过审查可以判决被告赔偿损失、赔礼道歉、恢复原状等。民事判决的作出，使得为民事侵权行为或违约行为所侵害的民事关系得以矫正，进而实现矫正的正义；在刑事诉讼过程中，法官在事实清楚的情况下所作出的裁判既可使犯罪人受到应有的惩罚，又可使被害人在物质上和精神上得到抚慰，更通过惩治犯罪

---

① 宪法第3条第2款：全国人民代表大会和地方各级人民代表大会都由民主选举产生，对人民负责，受人民监督。国家行政机关、审判机关、检察机关都由人民代表大会产生，对它负责，受它监督。

使社会秩序恢复正常，这即是司法的矫正性的体现。[①] 在此意义上而言，司法的本质为判断权，判断的目的在于救济权利以实现正义。因此，权利救济即构成了司法的核心功能，而司法适用何种法律规范以救济权利，这仅为制度和技术上的问题，并不影响司法的这一功能定位。具体到行政诉讼制度而言，行政诉讼过程中的人权司法保障也应当以权利救济为切入，而非以宪法适用为切入。如在上述所谓的"乙肝歧视第一案"中，尽管舆论将该案的价值无限拔高，鼓励法院适用宪法上的平等权保护条款判处被告之行政行为违法，但法院还是恪守了合法性审查的底线，未进行所谓的"宪法司法化"作业。当然，从最终结果来看，该案在人权保障方面毫不逊色，其通过对现有制度规则的运用，还是达到了救济权利以保障人权的效果。在此意义上而言，人权司法保障的实质在于通过权利救济保障人权，而法院对权利的救济和人权的保障，并非一定需要通过宪法适用的方式实现。

（三）行政诉讼的人权保障功能需要借助权利救济实现

行政诉讼制度对人权的保障需要通过权利救济而非宪法司法化来实现，其缘由不仅在于人权司法保障的内核在于权利救济，更在于行政诉讼制度的宪法政治功能需要通过权利救济予以实现。

实际上，在"平等权保护第一案""乙肝歧视第一案"等案件的处理过程中，舆论与学界之所以积极倡导宪法的司法化，主张法院需要通过宪法平等权保护条款的适用保障人权，其潜在的目的也在于激发法院的宪法政治功能，使之起到权力制衡和人权保障的作用。

不可否认的是，行政诉讼制度确实存在权力制约和人权保障这一宪法政治功能。纵使是在我国宪法政治秩序体系之下，法院也需要通过对行政权力的合法性审查限制行政权力的滥用，据此维系国家权力的平衡和确保人权

---

① 蒋银华：《功能视角下司法规律性与社会性的调和》，《江西社会科学》2017 年第 4 期。

得到保障。当然，在我国，司法的权力制约和人权保障则需要通过权利救济加以实现，① 此原则在行政诉讼中更是如此。具体而言，其一，在我国，行政诉讼缘起于相对人权利义务可能受到损害的事实。"公民权利对抗行政权力不仅直接导致了行政争议的产生，而且在行政诉讼过程当中推动着行政争议的解决。"② 这体现在行政诉讼法中，依我国行政诉讼法第 2 条、第 25 条之规定，行政机关和行政机关工作人员的行政行为只有侵害了相对人的合法权益，相对人方具有行政诉讼上的原告资格，进而有权向人民法院提起行政诉讼。也就是说，行政行为的侵益性是诉讼得以提起的前提。实际上，司法实践中对于行政行为之可诉性的认定也主要适用成熟行政行为标准，所谓的成熟行政行为，意指行政行为的实施对公民合法权益造成了具体的损害，此种损害是现实、具体和可量化的，而非抽象意义上的损害，这在最高人民法院指导案例第 69 号中得以明确。换言之，司法机关对行政活动之审查以该种行为对公民权利形成现实侵害为前提，这也决定了行政诉讼的权力制约和人权保障功能应当以权利救济为出发点。当然，需要说明的是，全国人民代表大会于 2017 年通过了关于修改行政诉讼法的修正案，这个修正案正式确立了行政公益诉讼制度。行政公益诉讼制度并不以公民权利的损害为前提，而是由检察机关对侵害公共利益的违法行政行为提起公益诉讼。在诉讼中，行政诉讼之权力制约功能的展开并不以权利救济为前提。然而，行政公益诉讼仅是行政诉讼法规定的例外诉讼形式，行政诉讼法大体上按权利救济的价值取向安排其内容体系。

　　其二，在我国现行行政诉讼体制下，不仅行政诉讼缘起于相对人权利义务可能受到损害的事实，司法审查权的展开也止于权利救济。司法具有谦抑性的面向，这是由司法权在国家权力体系中的地位所决定的。在现代国家

---

① 陶凯元:《法治中国背景下国家责任论纲》,《中国法学》2016 年第 6 期。

② 董茂云、唐建强:《论行政诉讼中的人权保障》,《复旦学报》2005 年第 1 期。

权力体系当中，立法权专注于对社会利益进行分配，行政权则着力于实施法律以实现正义；在此过程中，司法扮演着"殿后"的角色，只有在法律的实施出现偏差而产生不公正现象时，司法方从幕后走向台前，矫正法律实施过程中产生的不公正现象。具体到行政诉讼而言，行政诉讼的谦抑性则不仅表现在司法审查须以相对人权利受到侵害为前提、以合法性审查为限度，更体现在司法权的行使及其对违法行政行为的矫正应以补救受到侵害的公民权利为限。具体到我国行政诉讼法而言，行政诉讼法第 70 条至第 78 条规定了各种判决类型，包括撤销判决、变更判决、确认违法判决等，这些判决虽指向行政行为，但也仅指向与公民权利存在关联的成熟行政行为，至于与行政行为相关的行政主体的组织形式、执法人员选任及其品行等，则不在司法判决的指向范围内。尤其是行政诉讼法于 2014 年修改之后确立了人民法院对规范性文件的附带审查，而依行政诉讼法第 64 条 ① 的规定，规范性文件不合法的，人民法院并没有权力在判决中作出不合法的宣告，而仅仅是不能将其作为认定行政行为合法的依据。行政行为的合法与否与相对人受到的现实损害存在关联，而规范性文件则不存在此种直接关联性。人民法院不能宣告规范性文件不合法，仅能够向制定机关提出处理建议，表明司法审查权范围以权利救济为限。

三　通过权利救济强化人权保障的行政诉讼法修正案基础

如上所述，在"平等权保护第一案""乙肝歧视案"等案件中反映的追求通过宪法司法化的方式强化行政诉讼的人权保障功能并不现实，与我国现行的宪法政治体制存在冲突，这也是这些案件未适用宪法的缘由。纵使是在齐玉苓案件中，宪法得到了司法机关的适用，也未表明宪法中的基本权利条

---

① 行政诉讼法第 64 条：人民法院在审理行政案件中，经审查认为本法第五十三条规定的规范性文件不合法的，不作为认定行政行为合法的依据，并向制定机关提出处理建议。

款得以全面激活；相反，该案件中凸显的问题更不容忽视，这也是关于该案的批复被废止的缘由。因此，应当明确的是，在我国现行宪法政治体制和行政诉讼体制之下，行政诉讼之人权保障功能的强化只能以权利救济为切入，通过权利救济范围和程度的拓展以发挥行政审判在人权司法保障中的积极作用。当然，晚近以来行政诉讼法的修改则切实强化了行政诉讼制度对权利救济的力度，契合于人权司法保障的现实要求。

（一）突出权利救济目的

为受到损害的公民权利提供充足救济是行政诉讼法的立法目的，这在1989年制定的行政诉讼法中已得到充分展现。当然，在2014年所进行的修法活动中，权利救济这一目的得到更为突出的体现。具体而言，其一，在行政诉讼法修改说明上，强化权利救济成为本次修改的理由之一，也是修正案设计遵循的主要原则。具体而言，信春鹰在第十二届全国人民代表大会常务委员会第六次会议作关于《中华人民共和国行政诉讼法修正案（草案）》的说明时指出，人民群众对行政诉讼中存在的"立案难、审理难、执行难"等突出问题反映强烈，并将之作为修法的理由之一，这表明该法的修改首先注重对人民群众之诉求的回应。另外，该说明还专列一节即"关于保障当事人的诉讼权利"，对行政诉讼法中关于保障公民权利的具体修改内容进行了说明，表明权利救济在行政诉讼法修改过程中获得了高度重视。其二，在行政诉讼的目的条款中，修正后的行政诉讼法删除了关于维护行政机关行使职权的规定。也就是说，在1989年制定的行政诉讼法中，行政诉讼的目的包括"维护和监督行政机关依法行使行政职权"，而本次修改则删除了"维护"，突出了对行政机关依法行使职权的监督。此项修改的指向对象为行政机关，从字面上看似乎与公民权利救济无关。然而，此项修改之所以删除了"维护"而突出了对行政机关依法行使职权的监督，其目的即在于充分发挥司法机关在行政权力监督制约方面的积极作用，最终通过对行政权力的合法性审查达成权利保护的目的。除此之外，行政诉讼法第 3 条还增加规定："人民法院应当保障公民、法人和其他组织的起诉权利，对应当受理的行政案件依法受理。行政机关及其工作人员不得干预、阻碍人民法院受理行政案件。被诉行政机关负责人应当出庭应诉。不能出庭的，应当委托行政机关相应的工作人员出庭。"此条规定可视为对行政诉讼法之立法目的的解释，即一方面强化了对行政机关的监督，另一方面突出对相对人权利的救济，最终具有强化行政诉讼之人权保障功能的作用。

（二）拓展案件受理范围

行政诉讼的受案范围即是得以进入司法审查程序的行政活动范围。行政诉讼受案范围的设定主要受到宪法政治体制的影响，在实行三权分立制衡、法院享有强度审查权的体制下，法院即可在广泛的范围内展开对司法活动的审查。另外，行政诉讼受案范围的设定也与公民权利存在紧密联系，受案范围的设定实质上决定了可以获得司法救济的公民权利的范围。"行政诉讼受案范围是对公民权利范围的一种界定，是公民合法权益受司法保护和行政权得到司法豁免的临界点。"[1] 修改前的行政诉讼法在人权保障方面的最大阻碍在于其受案范围过窄，[2] 行政诉讼法修正案则通过受案范围的拓展以强化其权利救济和人权保障的功能。

其一是在受案范围的概括上，新行政诉讼法以"行政行为"概念替代"具体行政行为"概念。我国行政诉讼法历来采取概括加列举的方式界定受案范围，在概括方式上，1989 年行政诉讼法则采用"具体行政行为"的概念加以概括，这在 1989 年行政诉讼法的第 2 条、第 11 条中皆有所体现。由于 1989 年行政诉讼法以"具体行政行为"为标准辅以列举可诉行为和情

---

[1]　自正法：《"民告官"受案范围扩大趋势探析》，《理论探索》2016 年第 1 期。
[2]　姜明安：《改革和完善行政诉讼体制机制，加强人权司法保障》，《国家行政学院学报》2015 年第 1 期。

形，在行政机关之公共管理活动不符合第 11 条列举的行为或情形时，法官即可以结合行政诉讼法司法解释通过对"具体行政行为"进行扩大解释而将被诉行政活动纳入审查范围内。而新行政诉讼法则将"具体行政行为"修改为"行政行为"。行政行为具有比"具体行政行为"更为广泛的外延，即行政行为包含了部分抽象行政行为，进而在事实上扩大了行政诉讼的受案范围。

其二是在受案范围的列举上，增加了可诉行政活动的类型。受案范围的修改是本次行政诉讼法修改的主要内容，尤其是在受案范围的列举上，新行政诉讼法增加了以下几种可诉行政活动类型：一是行政机关作出的关于确认土地、矿藏、水流、森林、山岭、草原、荒地、滩涂、海域等自然资源的所有权或者使用权的决定；二是征收、征用决定及其补偿决定；三是申请行政机关履行保护人身权、财产权等合法权益的法定职责，行政机关拒绝履行或者不予答复；四是行政机关侵犯其经营自主权或者农村土地承包经营权、农村土地经营权；五是行政机关滥用行政权力排除或者限制竞争；六是行政机关不依法履行、未按照约定履行或者违法变更、解除政府特许经营协议、土地房屋征收补偿协议等协议。行政诉讼法在受案范围列举上增加可诉行政活动类型，实际上意在扩大公民权利获得救济的范围以强化人权司法保障功能。

其三是在受案兜底条款的设置上，增加了受行政诉讼法保护的权利。具体而言，在 1989 年行政诉讼法受案范围设定当中，兜底条款的表述为"认为行政机关侵犯其他人身权、财产权的"，而新行政诉讼法则将之修改为"认为行政机关侵犯其他人身权、财产权等合法权益的"。当然，在 1989 年行政诉讼法的语境下，也有法官尝试对"其他人身权、财产权"作扩大解释，将人身权、财产权之外的其他权利受到侵犯的情形也纳入行政诉讼受案范围内。从人权保障的角度而言，此种解释方法是可取的，也符合行政诉讼法的立法目的；当然，从法教义学的角度出发，此种解释则过于牵强，即人身权、财产权并不能派生出其他权利，对该条进行解释与将人身权、财产权之外的其他权利受到侵犯的情形也纳入行政诉讼受案范围内与该条款的字面意义不符。而新行政诉讼法则解决了字义解释方法与价值解释方法在此问题上的冲突，即新行政诉讼法加上了"等合法权益"，从而将人身权、财产权之外的其他受到侵害的权利也纳入"等合法权益"的范围内，扩大行政诉讼所保护的权利范围，符合人权司法保障的价值追求。

（三）增设优化判决形式

新行政诉讼法还增加了多种判决形式，具体包括如下方面。其一是给付判决，即行政诉讼法第73条规定，对于行政机关负有给付义务没有履行的，经法院审查属实应该给付的，法院对行政机关作出履行给付义务的判决。其二是确认判决，即行政诉讼法第74条增加了确认违法判决，存在行政行为违法，但不具有可撤销内容、被告不履行或者拖延履行法定职责，判决履行没有意义等情形的，法院可以判决确认其违法；行政诉讼法第75条则规定了确认无效判决，即行政行为有实施主体不具有行政主体资格或者没有依据等重大且明显违法情形，原告申请确认行政行为无效的，人民法院判决确认无效。其三是增加有关行政协议的判决形式。新行政诉讼法第78条对于行政机关不履行、不按照约定履行、违法变更或违法解除行政协议的，有三种判决形式可供选择：一是判决继续履行；二是判决责令采取补救措施；三是判决予以赔偿、补偿。不仅如此，新行政诉讼法还增加了判决的执行保障，如该法第96条规定了行政机关拒绝履行判决、裁定、调解书的，第一审人民法院可以采取一系列措施。

判决形式和判决执行保障的指向对象为行政机关，是强化司法机关对行政机关之监督权的重要手段。当然，从"民告官"的角度理解这些判决形式及判决执行保障，其也有利于权利救济目的的实现。例如，就给付判决而言，给付判决的内容为在判决中明确行政机关的给付义务，而给付的对象则为作为行政相对人的原告，给付判决的作出将可以使行政相对人在行政过程中未得到满足的请求权得以实现。尤其是就抚恤金、最低生活保障待遇或者社会保险待遇等社会救济内容而言，给付判决的作出将有利于这些基本人权的具体化形式得到充分保障。这种情况在确认判决中也存在，亦即新行政诉讼法增加了确认判决，从而使得无法予以撤销的违法行政行为也得以通过判决明确宣告其违法性，进而为相对人通过其他渠道寻找权利救济提供便利。除此之外，行政诉讼法第 96 条设置的执行保障措施主要针对行政机关，即只有行政机关拒绝履行判决、裁定、调解书时，人民法院方得启动这些强制性措施。判决执行保障措施的设定既有利于维护司法权威，同时也强化了对行政机关的监督力度；在此基础上，司法判决所确定的公民权利即得到充分保障。换言之，判决形式和判决执行保障措施的增加从根本上有利于强化行政诉讼的人权保障功能。

四 通过权利救济之人权保障功能的最优化

由于现有的宪法政治体制并不支持行政诉讼过程中适用宪法进行审判，行政诉讼向宪法诉讼的演进即失去制度基础。在此背景下，行政诉讼中的人权司法保障即只能通过强化行政诉讼的权利救济功能得以实现。实际上，权利救济既是人权司法保障的实质性内涵，也是人权在司法过程中得到保障的必经途径，而行政诉讼法的修改也进一步强化了行政诉讼的权利救济功能，实现了人权行政诉讼的具体化，[①] 这为行政诉讼中人权司法保障功能的发挥提供了制度基石。在此基础上，行政诉讼法还应在现有的宪法政治制度框架内进一步拓展其权利救济的途径，充分发挥人权司法保障的功能。

———————

① 刘志强：《人权司法保障对新行政诉讼法完善的规制》，《学术月刊》2016 年第 12 期。

（一）进一步扩大受案范围

应该说，行政诉讼法的修改有效地扩大了行政诉讼的受案范围，也能够促使司法机关实现对行政活动的有效监督。从这个角度而言，2014年行政诉讼法在受案范围上的拓展是值得赞赏的。当然，在强调人权司法保障的背景下，行政诉讼的受案范围还有进一步扩大的需要。其缘由即在于，其一，从理论的角度而言，获得救济的权利是人权的必不可少的组成部分，《世界人权宣言》也把这一权利视为基本人权的组成部分。而受案范围则是与获得救济的权利相对应的概念，获得救济的权利的范围之拓展，必然以受案范围的拓展为前提，只有行政过程中受到侵害的公民权利皆有获得行政诉讼救济的可能，作为人权之基本组成部分的获得救济的权利才能得到充分体现。更为重要的是，获得救济的权利也是其他权利得到保障的前提。"无救济即无权利"，这也意味着只有权利受到侵犯时，人们可以寻求司法上的救济，该项权利才具有现实性，成为人们可以切实享有和行使的权利；受到侵害的权利无法寻求救济，表明设诸该权利上的法律保护措施形同虚设，该权利的设置即毫无意义。简言之，人权司法保障的价值追求内在要求司法机关扩大其案件受理的范围。其二，从规范的角度而言，我国行政诉讼法历来采用概括加列举的方式界定行政诉讼的受案范围，新修改的行政诉讼法则将概括的概念从"具体行政行为"修改为"行政行为"，扩大了该概念的外延；同时增加了列举的可诉行政行为类型，以此达到扩展受案范围的目的。此种方式确实达到了扩大受案范围的目的，但其仍遗留有未解决的问题。具体而言，尽管与"具体行政行为"概念相比，"行政行为"概念在外延上得以拓展，但该概念仍然有其未覆盖的行政活动类型。例如，在新公共行政背景下，诸多行政活动并不具备典型行政行为的外在表现形式，这使得这些行为难以进入行政行为的范畴而具备可诉性。新行政诉讼法"虽用行政行为替代具体行政行为，以扩展行政诉讼范围，却又在受案范围问题上留下诸多问题与争议，没有能够完全对应已经超前于立法的司法实践，也没有明确回应行政法治发展的新变化，使得一些行政行为，特别是地方各级政府作为行为主体的行政活动，如政府制定规范性文件和重大行政决策的行为是否可诉变得不清晰、不明确，未能如行政协议一样避免认识上的分歧"。①

关于行政诉讼受案范围扩大，在行政诉讼法修改之前即有诸多讨论。其中，除了对概括加列举的受案范围界定方式进行讨论之外，更有学者从诉讼类型化的角度建构行政诉讼的受案范围以满足"无漏洞保护"的行政诉讼要求。"修法时应当充分考虑诉讼类型的开放性，为'无漏洞'救济预留足够的发展空间，域外相关立法可资借鉴。无论是日本对'无名抗告诉讼'的承认，还是德国对'特殊的诉'的创造，其结果都使得行政诉讼的类型呈现出开放的姿态，从而在保持成文法稳定性的同时及时地缩小其与社会现实需求之间的差距，进而与时俱进地推进公民权利的法律保护。"② 然而，在行政诉讼法修改过程中，出于循序渐进的秩序价值追求，立法机关终究没有采用诉讼类型化的方法设置行政诉讼的受案范围。"按照法治原则，行政行为侵犯了公民的合法权益都应当受到监督，公民都应当得到司法救济，因此，行政诉讼的受案范围应当是非常宽的，不应当限定哪些受理，哪些不受理。但实际上，行政诉讼受案范围的确定受行政争议的特点、法治发展的阶段性等诸多因素的影响。目前我国仍处于并将长期处于社会主义初级阶段，我国还在法治国家建设的过程中，扩大受案范围不能做到一步到位，而是要循序渐进，逐步扩大。"③

笔者认为，从其本质上而言，概括加列举的受案范围界定方式是着眼于

---

① 王万华：《新行政诉讼法中"行政行为"辨析——兼论我国应加快制定行政程序法》，《国家检察官学院学报》2015 年第 4 期。

② 陈伏发：《无漏洞救济视角下的行政诉讼受案范围》，《法律适用》2012 年第 2 期。

③ 信春鹰：《中华人民共和国行政诉讼法释义》，法律出版社，2014，第 36 页。

行政权力运行的受案范围界定方式。也就是说，在概括加列举的受案范围界定方式中，概括抑或列举的对象皆为行政行为或者行政管理活动。行政诉讼法主要从行政权力行使方式的角度界定受案范围，这反映了司法机关对行政权力加以监督和制约的功能诉求。然而，如上所述，权利救济作为行政诉讼的根本价值取向，司法机关对行政管理活动的审查目的在于通过对行政活动合法性的评判维护公民合法权益。因此，权利的保障方为行政诉讼的根本价值取向。实际上，从行政诉讼的发展历程来看，行政诉讼也基本上秉持司法一贯的价值追求，即权利救济的价值追求，行政诉讼制度即是在权利救济的基础上得以发展完善的，行政诉讼从主观之诉向客观之诉的发展了体现了这一规律。[①] 而从行政诉讼法于 2014 年进行修改的情况来看，强化行政诉讼的权利救济功能也是本次修改的主要目的。在此意义上而言，在受案范围的界定上，行政诉讼法同样需要从权力监督功能视角转变到权利救济视角，这种视角的转变，则要求行政诉讼受案范围的着眼点从行政权力的行使方式转变到受到侵害的公民权利形态上，诉讼类型化技术则能够为此种转变提供技术支持。具体而言，诉讼类型化方法本质上是立足于相对人权利而建构的受案范围之界定方法，亦即基本权利具有请求权面向和防御权面向，行政诉讼法的科以义务之诉对应于基本权利之请求权的面向，而立基于基本权利之防御权面向建构起撤销之诉和确认之诉，通过此三种诉讼类型的建立接纳公民权利可能受到侵害的各种情形。在此基础上，公民基于实体法所享有的权利如教育权、就业权及基于程序法享有的知情权、参与权等受到行政权侵害或行政机关不履行权利保护义务或给付义务时，公民即可选择适当的诉讼类型向法院提起行政诉讼，这样方可达成无漏洞保护的理想状态。[②]

---

① 邓刚宏：《论我国行政诉讼功能模式及其理论价值》，《中国法学》2009 年第 5 期。

② 江国华、周海源：《司法民主与人权保障：司法改革中人民司法的双重价值意涵》，《法律适用》2015 年第 6 期。

（二）探索基于人权保障需要的合理性审查方法

我国行政诉讼法第6条规定，人民法院审理行政案件，对行政行为是否合法进行审查。这即是我国行政诉讼当中的合法性审查原则。在我国，行政诉讼之合法性审查原则饱受诟病，被认为严重限制我国行政诉讼的审查力度，不利于司法审查活动的展开。实际上，合法性审查原则同样需要放置于权力制约平衡的角度进行考量。如上所述，行政诉讼是行政权与司法权交叉制衡的场所，司法审查的展开既要实现司法对行政的严密审查，又要体现司法对行政之尊重的原则。其缘由即在于，一方面，从司法的角度而言，司法具有谦抑性的要求，在社会纠纷处理过程中司法同样需要保持克制态度，司法机关不宜过多地介入行政权力行使的过程；另一方面，从行政的角度而言，行政事务具有专业的特点，基于这一事实，立法尚且需要为行政权的行使设定一定的裁量空间，由此推论而知，司法更需要对行政权之运行尤其是行政裁量的过程保持必要的尊重。这种尊重，体现在审查力度上，即要求司法机关以合法性审查为原则。

当然，合法性审查也有例外。如行政诉讼法第70条① 即在合法性原则的基础上增设了例外规定，即在一般情况下，人民法院对行政行为的审查限于合法性审查，合法性审查的角度则包括实施行政行为的主体之资格、职权、程序等要素；而行政行为明显不当的，则不需要从法律规定的行政行为实施要求出发，而仅需要对其明显不当进行说明并判决撤销。除此之外，该条同时规定，滥用职权的行政行为同时属于可撤销的范畴。"滥用职权"本身即带有一定的合理性审查的色彩，即与超越职权相比，滥用职权首先要求行政机关在职权范围内实施行政行为，只不过该行为的实施不符合法律设定

---

① 行政诉讼法第70条：行政行为有下列情形之一的，人民法院判决撤销或者部分撤销，并可以判决被告重新作出行政行为：（一）主要证据不足的；（二）适用法律、法规错误的；（三）违反法定程序的；（四）超越职权的；（五）滥用职权的；（六）明显不当的。

的精神和目的。在此意义上而言，滥用职权也不仅需要借助法律条文进行认定，还要求法官对职权运用的界限及其造成的影响程度进行合理性判决。

此种合法性审查的例外则为人权司法救济的展开提供了现实基础。换言之，人权司法保障功能的最优化，需要建立在司法机关强化司法审查力度的基础上。具体而言，人权司法保障的目的在于为受到侵害的公民权利提供充分的保护。而在行政行为实施过程中，对相对人权利造成侵害的行为既有可能是违法的，也有可能并不违反法律条文关于职权、程序等要件的规定，但确实存在不合理的问题。例如，在行政处罚的过程中，行政机关对显著轻微的违法行为实施拘留等处罚，其在治安管理处罚法上可能有法律依据，但违背了处罚与教育相结合的原则，也在事实上形成了对公民人身自由权的过度限制。在此种情形下，司法机关即需要激活其合理性审查的权力，对处罚的公正程度展开审查，据此方能够为受到侵害的公民权利提供充足保障。在此意义上而言，合理性审查是人权司法保障的必然要求，也为司法机关充分发挥保障人权的功能提供了现实基础。当然，更为重要的是，人权保障的价值追求更证成了合理性审查的正当性。如上所述，合法性审查原则同样需要放置于权力制约平衡的角度进行考量。司法需要对行政权之运行尤其是行政裁量的过程保持必要的尊重。这种尊重，体现在审查力度上，即要求司法机关以合法性审查为原则。然而，当行政诉讼一旦涉及权利救济尤其是人权保障时，法院在权利救济方面具有比行政机关更为优越的地位，这是司法的矫正性属性所决定的，也是由司法机关在国家权力体系中的地位所决定的。因此，法院基于人权保障的需要展开对行政活动的合理性审查，即不存在"不正当"的问题。

既然行政诉讼中已存在合理性审查这一例外原则，并通过行政诉讼法第70条规定的滥用职权和明显不当得以体现，行政诉讼之人权保障功能的展开即需要实现滥用职权和明显不当与权利救济原则之对接问题，这即需要价值判断方法的引入。所谓价值判断，即是运用法的价值对法律规范以及法律与事实之间的关系所进行的解释与演绎的法律方法。价值判断方法的核心在于法的不同价值的衡量，"认为法律不但不是完满的，也是需要解释的，法律的解释不仅仅是字面解释，还要平衡相互冲突的各方利益"。① 当然，人权价值在法的价值体系当中占据核心地位，这是法理学上的通识问题。在此基础上，价值判断方法的植入，则要求司法机关以人权价值为展开司法审查活动的价值追求，而针对法律不能覆盖的行政裁量合理性问题时，从该行为对公民权利之影响程度的角度出发判断其合理性。当然，在此过程中，比例原则可以作为价值判断方法展开的辅助性原则，即行政活动所追求的行政目的与损害的公民权利不成比例的，则可认定公民权利之价值优于行政目的，进而否定行政活动的合理性。

除此之外，合理性审查原则的开展还需要完成审查基准的体系化建构任务。在美国的司法审查制度当中，美国司法机关在实践中依人权的分类形成了不同的审查基准，如针对涉及平等权等重要的基本权利的案件则适用强度审查基准，对被诉行为进行强度审查；针对其他基本权利则适用相对合理性审查基准。此种审查基准具体到行政诉讼过程中，则衍化为专横、任性、滥用自由裁量权基准和实质性证据基准等。② 体系化的审查基准的作用在于，一方面强弱不同的审查基准的设置便于法院针对涉及不同重要程度的权利的案件展开审查，也有利于权利保障功能的实现；另一方面，体系化的审查基准表明法院在不同案件中有不同的审查权力，这实质上也是限制法院过度干预行政过程的重要方式，从而有利于达成司法克制与司法能动的统一。由于

---

① 姜纪超、杨留强：《论法律方法的价值判断》，《河南科技大学学报》（社会科学版）2009年第1期。

② 江国华、周海源：《论行政法规之审查基准》，《南都学坛》（人文社会科学学报）2010年第5期。

我国行政诉讼法既规定了合法性审查的原则，又规定了合理性审查的例外，人民法院在审查过程中即有必要实现二者的平衡。实现二者平衡的方法可以借鉴美国经验，依据不同的基本权利类型设置不同的合理性审查基准，据此在拓展行政诉讼之人权保障功能的同时，又确保人权司法保障的适宜度，避免对行政机关开展行政活动的过度干预。

第二节　未法定权利一体化救济制度建构：以发展权为例

在现代社会，随着社会运行速率的不断加快、生活水平的不断提升，人们一方面正在经受空前的社会压力（市场竞争、食物紧缺、优胜劣汰等），另一方面对美好生活的追求则正在从基本的物质生存扩展至更高层次（精神满足），并逐步寻求一个能够实现自我发展、群体提升与社会进步之间相互平衡的发展结构。在这种对立状态下，人们基于个体自我发展的偏好，通过网络虚拟空间和物理空间等多种形式，形成个体、群体、社会的聚合，甚至受移动互联网技术与政治全球化的影响，主张实现"人类命运共同体"的共同发展。发展权等权利形态即得以出现。当然，由于立法总是滞后于社会生活，在必有权利出现的情况下，宪法和其他法律规范未必能够及时反映这些权利。而在我国，由于法院并不具有直接适用宪法为人权提供救济的权力，法院所保障的人权范畴大体上限于法律规范所明确规定的法定权利及其他利益。此种情况下，未法定权利如何获得救济即成为司法人权保障应当解决的重要问题。此问题的解决，还需要以发展权之保障为例，针对未法定权利之特殊形态建构一体化救济机制。

具体而言，发展权作为一种基本人权，是现代社会对全体人民和所有个人的尊重和保护。我国发展权在保障机制上，既承袭《发展权利宣言》的内在精神，又立足于中国发展权保护的具体实践。在 2016 年 12 月，国务院新闻办公室在《发展权：中国的理念、实践与贡献》白皮书中，将生存权和发展权视为首要的基本人权。2017 年，联合国人权理事会第 35 次会议通过了中国提出的"发展对享有所有人权的贡献"决议，将"发展促进人权""人类命运共同体"引入国际人权体系中，并明确认可了发展对于享有所有人权的贡献。而党的十九大报告更是将"平等发展权利得到充分保障"作为建设社会主义现代化国家新征程第一阶段的重要目标。显然，在新时代，作为基本权利的发展权已然得到普遍认可，而如何做到充分保障发展权开始成为这一阶段的核心问题。

在"人民日益增长的美好生活需要和不平衡不充分的发展之间的矛盾"这一社会主要矛盾下，我国新时代发展权的保障，正面临一种不同于以往的障碍——新时代的发展权既要重视权利的本质，又要重视发展的平衡与充分。换句话说，发展权不再作为一种政治"宣言"和人权"口号"，而是要迈过人道主义的倡议，回归到一种法治的实体性保障中来。然而，由于发展权自身的权利属性问题，它同现行法律保障机制之间尚未建立起专门性的救济机制。这对于我国全面贯彻落实党的十九大精神，充分保障平等发展权利而言，无疑是一种阻碍。有鉴于此，本节从现代人权发展谱系的视角出发，观测发展权与法律救济的内在逻辑关系与法治结构。在此基础上，将探讨我国发展权法律救济的理论可能性，总结、归纳现代司法体系对发展权保障的倾向、态度与路径，从而凝练出我国发展权法律救济的基本模式。但对于一个法治国家而言，发展权法律救济模式的挖掘、凝练不会主动满足国家治理的需要，发展权法律救济模式必须从一种无所不包又缺乏实施机制的总体纲领转化为具有实质内容且可被救济的具体诉讼类型，这样才能切实实现我国发展权的法律保障。

一　发展权法律救济的理论溯源

自 17 世纪以来，人权体系经历了四个多世纪的发展，已经形成了一个包括三代人权观念的现代权利谱系。[①] 联合国通过一系列文件 [②] 的形式将三代人权概括为以下类型：（1）公民政治、经济、社会和文化权利；（2）民族自决权；（3）发展权。这种独特的人权构建方式受到了现代法治国家"立法赋权""人权保障"等政治逻辑的支配，并逐渐扩大了国家（和国际）的救济范围，甚至改变了传统的法律保障与救济机制，同时也面临更多的诘问与质疑。

（一）"权利二分法"与法律救济

第一代人权已经成长为支撑现代国家治理体系的基础。无论是信仰自由权、言论和出版自由权，还是生命安全权和财产权，其核心都是"无须国家通过积极的作为提供帮助，只要（国家）消极地不去侵犯，就可以使之达成"。[③] 这也意味着，在第一代人权的法律保障上，国家天然具有自我防范的义务与责任。尤其是在一个社群力量羸弱、公共责任意识缺乏的社会中，第一代人权对国家自我防范之要求，实际上反映出公民对自身政治、经济、社会和文化权利的自我保护与法治期待。申言之，当面对一种"弱肉强食"的不平等状态时，国家救济机制缺位下的自我保护不仅预示着一种自私化的生存本能，更体现为公民自我尊重、自我发展的期望。而在国家救济机制充分发挥作用的法治社会，法治期待转变为人权受到侵犯后的规范式纠正和普适性惩罚机制。在此，自我保护是救济机制的起点，法治期待才是权利救济的

---

① 沈宗灵、黄枬森：《西方人权学说》（下册），四川人民出版社，1994，第 282 页。
② 这些文件包括《公民权利和政治权利国际公约》《经济、社会及文化权利国际公约》《世界人权宣言》《给予殖民地国家和人民独立宣言》《自然资源永久主权》《社会进步和发展宣言》《建立新的国际经济秩序宣言》《各国经济权利和义务宪章》等。
③ 王广辉主编《比较宪法学》，武汉大学出版社，2010，第 87 页。

最终归宿，这是现代人权谱系下公民政治、经济、社会和文化权利与法律救济之间相结合的内在基础。

正是因此，尽管第二代人权在现代立法实践中业已取得重大突破，成为各国法律体系的重要组成部分，其中的可诉性问题仍然缺乏定论——第二代人权主张的经济与社会权利致力于保证社会成员能够过上有尊严的生活，并要求国家以积极的方式来完成这一目标，这就与既往的国家消极义务理论产生了张力，并导致经济、社会和文化权利概念甫一提出，关于是否适用司法救济的争论就连绵不绝。然而也正是在连续性的争持过程中，有关于经济、社会和文化权利司法救济的认知不断深化。一方面，作为拒斥第二代人权进入救济程序的基础性理论，"权利二分法"① 受到了越来越多的质疑，权利成本论、义务层次论等观点拆解了不可诉论断的学理前提②；"最低限度的可诉性"和"权利规范类型化"等理论则尝试找寻第二代人权进入司法救济体系的可行路径，前者旨在以经济、社会和文化权利对应的消极义务为切入点进行突破，后者强调根据权利的性质与重要程度进行分类，以减少此类权利的模糊性。③ 另一方面在广大发展中国家，则形成了诸多行之有效的实践经验，如南非、印度等国，通过设立专门委员会、扩大公益诉讼制度适用范围等方式，逐步确立了对经济、社会和文化权利的司法保障，并实现了"法院

---

① 不少学者将人权分为公民和政治权利与经济、社会和文化权利，二者处于截然对立的两面。相关对比可参见 Craig Scott, "The Interdependence and Permeability of Human Rights Norm: Towards a Partial Fusion of International Covenant on Human Rights," *Osgoods Hall Law Journal* 27（1989）: 833。

② 权利成本论强调所有的权利本质上都是积极权利，无论哪种权利，都需要支付昂贵的成本。（详见〔美〕史蒂芬·霍尔姆斯、凯斯·桑斯坦《权利的成本——为什么自由依赖于税》，毕竞悦译，北京大学出版社，2011，第3页。）义务层次论认为所有权利都包含着不同的义务层次。（参见 Henry Shue, *Basic Rights: Subsistence, Affluence and U. S. Foreign Policy*, Princeton University Press, 1996, pp. 37-63。）

③ 参见黄金荣《司法保障人权的限度：经济和社会权利的可诉性问题研究》，社会科学文献出版社，2009，第364～371页。

有能力对本来可能由于制度上的能力缺陷而不可诉的事项作出裁判"。[①] 总之，虽然第二代人权在具体实现方式上依然缺乏可诉性，但上述理论与实践却折射出了权利概念的相对性，即权利的属性通常"取决于特定的历史环境（时间、空间等）"，[②] 第二代人权的宪法化以及法律化，也实质性地加深了国家对公民的救济义务程度。[③]

（二）发展权与法律救济

在第三代人权的形成过程中，国家对公民个人发展的回应更为热烈——"中国有13亿多人口，是世界上最大的发展中国家，必须把发展作为解决所有问题的关键，通过保障发展权促进其他各项人权的实现"。[④] 一般说来，发展权作为基本人权的存在形式之一，同经济、社会和文化权利之间表现出更多的"家族相似性"（如积极性、不确定性、复杂性等共同特征），分散于公民的经济、社会、文化权利中，二者是权利本质与权利存在的对应关系，这种观点在司法实践中获得了大量印证，却引发了学术界的较大争议。其中最主要的争议就是发展权的救济取向问题：作为一种基本权利，基本人权的特性决定了赋予发展权以法律救济是充满阻碍和争论的，但我们无法据此否认法律救济之于权利保障的重要意义。尤其是在法治的理想图景中，"没有救济就没有权利"已然成为价值共识，法律赋能、法律援助、法律诊所等新兴事物不仅表明了发展权救济的独有进路，也昭示出一种寻求发展权具体化法律救济路径的努力，甚至要求政府——国家的实体性表现形式——主动地完成法律救济路径建构。

---

① Paul Hunt, *Reclaiming Social Rights: International and Comparative Perspectives*, Dartmouth Publishing Company Limited, 1996, p.167.

② 〔美〕杰克·唐纳利：《普遍人权的理论与实践》，王浦劬等译，中国社会科学出版社，2001，第32～33页。

③ 参见夏泽祥主编《宪法学》，山东人民出版社，2011，第160页。

④ 常健：《以发展权为核心重构人权话语体系》，《求是》2017年第14期。

　　而纵观现代人权谱系与法律救济之间的关系变迁，基本权利之间的相互影响亦决定了发展权与法律救济的不可分割性。正所谓人们总是倾向于从"有效实现权利保障的权利理想类型出发来看待权利的性质和权利的发展"，[1] 作为联合国始终宣扬的一项原则，救济与人权的结合强调不同种类的基本权利对于保障和促进人的尊严具有同等重要的作用。正是在这一理论共识之下，发展权与法律救济的关系才得以深植于三代人权体系内部。第一，在不同代际的人权体系中，权利重叠的现象始终存在。不论是第二代人权还是第三代人权，都或多或少包含着第一代人权的"自由主义"色彩。依凭权利重叠，发展权中的一些内容即可链接到前两代人权的范畴之中。第二，前两代人权之中实际包含了一些贴近于发展权的"发展"要素。权利本身也是一个主观解释不断更迭和客观秩序逐步演进的过程，故而随着价值理念和社会情势的变更，传统的权利法案可以解读出"发展"的新意，并通过法律解释赋予其更为广阔的救济空间。第三，发展权是对公民和政治权利以及经济、社会和文化权利的补充与扩张。发展权的一个显著特征在于交互性，即在受到其他权利因素影响的同时，也作用于其他权利。例如我国目前大力推行"精准扶贫"行动，就是在谋求人民的生存权、经济、社会和文化权的基础上，进一步谋求"个人发展"的一项事业。特别是在"人类命运共同体"这一全球价值观的指引下，"为了使得全球穷人能够真正过上一种有保障的生活，我们在全球正义的人权分析路径中除了坚持强调生存权以外，还应该不断申述发展权的重要地位"。[2] 这说明发展权的实现正在深刻地影响着其他权利的社会功能。据此，在发展权无法直接诉诸法律救济时，其价值内核就有可能影响其他基本权利的实质保障，从而限制或影响其他基本人权的实现、救济。

---

[1]　何志鹏：《发展权与欧盟的法律体制》，吉林大学出版社，2007，第 85 页。

[2]　高景柱：《论全球正义理论的人权分析路径》，《哲学研究》2017 年第 1 期。

（三）中国发展权救济的理论困境

在我国学界，相比于日渐兴盛的发展权理念和发展权话语研究，以及我国成效卓著的落实发展权行动，发展权法律救济的研究始终属于薄弱环节，发展权的司法问题鲜被学者们提及，甚至被认为是一个"可望不可及的虚幻梦想"[①]：目前对发展权法律救济的研究基本还停留在必要性论证的阶段，着重于研商法律救济的正当性基础。具体而言，一是从人权的整体性理论推导发展权司法救济的必要性，毕竟对人权的拆分与细化更多地具有工具理性色彩，人权的统一性与完整性才是"人之所以为人"的真谛，于是对发展权等新形式人权可司法性的否定，明显违背人权整体性这一基本属性；二是从发展权的固有价值出发，呼吁发展权纳入司法框架的紧迫性。以上两方面的必要性阐论构成了发展权法律救济研究的起点，但近十年间，相关研究却未见更进一步，延展到实质性的救济机制。而在这一裹足不前的研究现象背后，则隐含着我国发展权救济的理论困境。

第一，人权理论体系的自洽性难题。站在历史发展的高度，具体人权内容实际是一个不断扩充的过程——"在欲望的驱使下，人成为了永不知足的权利收藏家"。[②] 然而，这种"激进"的权利扩张向司法领域的传导通常是极为迟滞的，司法维度的权利并不完全取决于立法指令，司法的秉性始终影响着人权理论体系，由是司法机制与新型权利的不匹配就促生了自洽性难题：现有的司法理念和运行原理奠基于自由主义大行其道的时代，正是为了与第一代人权相呼应，权利救济的基本理论与制度架构逐渐形成并日臻完善，其根基乃是权利的消极性，适用场景和作用机制都是以消极性权利为预设的，并由此将司法界定为一项被动性、谦抑性的法律适用活动。与此同时，相对于权利内容的变动不居，司法机制更加稳定，所以后续"生成"的各类人权

---

① 汪习根：《论发展权的法律救济机制》，《现代法学》2007 年第 6 期。

② 〔英〕科斯塔斯·杜纳兹：《"人权的终结"六论》，《法学家》2009 年第 2 期。

无论形态如何，在付诸法律实践时，皆要接受既有救济理论和制度的制约、识别与甄选，当新兴权利无法展现出足够的消极属性时，就会被排除在司法救济体系之外。

第二，中国的实践语境差异。从历史发展脉络来看，"发展权"这一概念首先来自发展中国家，[①] 正是因此，发展权往往被误解为发展中国家向发达国家挑战的产物，是为"在经济、政治上向发达国家讨价还价的一个借口"。[②] 基于这一偏见，法律救济机制相对成熟的欧美诸国对发展权的关注相对有限，法律救济的理论和实践同样不足，这就使得我国在面对发展权救济问题时，于正反两方面缺少可直接借鉴与参照的研究成果和域外经验。而在我国建设中国特色社会主义的进程中，"发展"具有特殊的地位，因此对发展权的保障和落实主要体现在各类经济性政策上，法律救济问题就被有意无意地置于次要位置。

总之，中国发展权救济理论的困境缘于理论和实践的双重特殊性，唯有在整个人权体系中准确把握发展权的特有属性，根植于基本国情和现有司法体制，方有可能在必要性论证的基础上，建构起严整的法律救济机制。

二　发展权法律救济的可能性论析

无论是在西方还是在中国，对三代人权都持一种厚此薄彼的态度，三代人权在获得法律救济的方式上展现出明显的差异：公民和政治权利的法律保障理论与实践最为完备，经济和社会权利是否具有可诉性依然处于争议之中，而作为"第三代人权"的核心组成部分，发展权在法律救济层面获得的

---

① 关于发展权的发展历程，学界已作了详尽的阐释，具体可参见连保君、孟鸣歧《论人权中的发展权问题》，《北京师范大学学报》（社会科学版）1992 年第 3 期；汪习根《发展权法理探析》，《法学研究》1999 年第 4 期；朱炎生《发展权概念探析》，《政治学研究》2001 年第 3 期。

② 汪习根、涂少彬：《发展权的后现代法学解读》，《法制与社会发展》2005 年第 6 期。

支持几乎处于空白状态。也就是说，赋予发展权以法律救济机制，已经成为保障发展权利有效实现的基础性问题。而在必要性之上，首要障碍就在于发展权特性同既有司法体制的矛盾，故而在探讨具体制度之前，还宜通过可能性论析，消除横亘于二者之间的理论鸿沟。

（一）发展权的依附性

依附性作为发展权的显著特性，凸显了个人获致发展权利的模糊性。"发展权"本质上是"广大发展中国家在争取建立国际经济新秩序斗争中提出的一个新的人权概念"，[①]具有浓厚的集体人权色彩。基于这一历史成因，在涉及发展权的主体、内容以及实现途径时，我国司法机关面对实质关涉个人发展权的案件，往往倾向于沿袭既有的权利理论进路加以推演，更加强调权利的集体性及对平等社会秩序的维护。由此，我国司法实践实际上淡化了发展权的可救济性，转而以其他法定权利的名义来息讼止争。这就意味着，现行法律体系的权利保障制度实则是对"第一代人权""第二代人权"的制度性回应，是以公民和政治权利以及经济、社会和文化权利为权利基础和救济对象而建立起来的。所以当发展权受到侵害，需要获得司法救济时，制度设计上的缺陷以及救济机制的匮乏，使得司法救济倒向迥异的救济路径。

但是，发展权的依附性只是相对于现实而言的，其本身并不构成拒绝适用救济程序的绝对标准，况且发展权的依附色彩集中体现在个体对美好未来的追求上，依然是"集体中个体的权利"。[②]更为重要的是，"发展权可以而且首先是作为个人的权利予以认可和实现的"，[③]抛开集体主义援助层面的论争，我国将发展权纳入个人权利救济范畴，完全具有可行性。习近平总书记2013年在中央政治局第四次集体学习时提出明确要求，"努力让人民群众在

---

① 董国辉：《发展权概念的经济理论渊源》，《南开学报》（哲学社会科学版）2014年第5期。

② 〔美〕爱因·兰德：《新个体主义伦理观》，秦裕译，上海三联书店，1993，第100页。

③ 参见何鹏《发展权与欧盟的法律体制》，吉林大学出版社，2007，第69页。

每一个司法案件中都感受到公平正义",就是要求司法机关以个人权利的实质性救济为中心,重点解决影响司法公正和制约司法能力的个案公平正义问题。从发展的角度来看,公平与正义的衡量标准建基于法官主观层面的判断,而维护权利之间的平衡又不等于放弃权利成长背后所掩藏的"发展性利益衡量"。或许在发展权纳入国内法律体系之前,承认发展权的法治价值并将其纳入特定权利状态的考量之下,不失为发展权获得法律救济的折中策略。

(二)发展权的综合性

毋庸置疑,发展权具有综合属性,而确定"发展"则是公民法定权利的自然延伸。从司法实践来看,发展权的综合属性集中表现在权利范围和权利实现方式两个方面。按照学界的一般观点,发展权的范围是指"人的个体和人的集合体参与、促进并享受其相互之间在不同时空限度内得以协调、均衡、持续地发展",① 它不仅涵盖了国家、集体和个人三类权利主体,还因为"发展"这一概念的整合性而囊括了诸多法定或非法定权利,抑或某些因时代变迁所衍生的权利类型。例如在诸多民事争议中,② 发展权作为劳动权、抚养权等法定权利的自然延伸,成为上述案件的一项重要主张。在发展权的实现方式上,《发展权利宣言》与《发展权:中国的理念、实践与贡献》白皮书均提出,发展权的实现既表现在经济、文化、社会、环境权利的实现之中,又表现在公民权利与政治权利的获得之中,本质上是一个具有综合性的

---

① 汪习根:《法治社会的基本人权——发展权法律制度研究》,中国人民公安大学出版社,2002,第 60 页。

② 相关案例如:"陈世跃与重庆市北碚区人民政府朝阳街道办事处、重庆市北碚区朝阳建筑工程队建设工程合同纠纷案"[(2016)渝 01 民终 7562 号]、"林某甲与被告周某甲离婚纠纷案"[(2015)周民初字第 817 号]、"陈某某与陈某某抚养费纠纷案"[(2014)乌中少民终字第 4 号]。

人权概念，是"所有或至少基本权利的组合"，[①] 所以许多可归类为发展权的权利已经被纳入既有的法律体系当中予以保障，故对发展权进行的专门性的法律救济并不多。

然而，发展权的综合性同样要求实现其专门救济。目前来看，发展权所关涉的部分权利事项确实可以纳入已有的各类权利保障机制当中，但发展权的实现不单单是相关权利在形式上的简单叠加，更重要的是在实质发展精神上的契合。我国司法机关不应当将涉及"发展"的相关权利"随机性"或不加审查地纳入既有法律救济体系之下。因为这些相关权利不是以发展权理念作为价值指引的，它们各自有其内在的权利脉络。这样，在对各类权利进行救济时，发展权极有可能被置于一种边缘地位。例如，基于受教育权之上的教育发展权以及基于特定群体的儿童发展权、妇女发展权、残疾人发展权、少数民族发展权等诸多发展权，尚未纳入法律救济的渠道，而是分解到既有的权利体系中加以保护，由此导致针对发展权的法律救济缺乏实质意义，还掩盖了发展权的内在意涵。因此，发展权的综合性呼唤一种微观性的发展权救济理念或模式，发展权理论体系的日臻完善也为此提供了基础性理论条件。

（三）发展权的不确定性

与综合属性相对应，发展权在内容上呈现出较强的不确定性，主要包括以下三方面。一是效力上的不确定。在国际法体系中，《发展权利宣言》也是不具有法律约束力的条约，这就导致有关发展权的倡议和要求难以成为具有较强适用性的法律渊源，从而消减了法律救济的正当性。二是内容上的不确定。如果依照积极权利和消极权利的划分标准，发展权无疑更接近一项积极权利。但在现行法律体系之下，我国无法对积极权利法律救济的手段加以详尽规定。相应地，这种规范的不确定性也为发展权的法律救济带来了制

---

① 〔伊朗〕穆罕默德·R.卡比：《制定发展权公约的前景及其意义》，《人权》2015年第6期。

度性难题。后者不仅要面临法律适用的争议，也需要承担繁复的法律解释压力。此外，现有司法能力的不足也在一定程度上制约了发展权的法律救济，毕竟司法适用主体以及司法诉讼主体对特定权利的认知乃是权利救济的重要因素。三是时空上的不确定。发展权以"发展"为核心价值，无形中延展了权利的时间维度和空间维度，[①] 并形塑了一种开放性的权利结构。发展权的内容将会伴随着时间的推移和发展形势而不断变迁，并展现出地域性以及民族性的差异，也影响了发展权在不同时代的确定性。

　　发展权的不确定性虽然模糊了法律救济的对象，但司法体系从来不是僵化的。在我国，法院系统的司法哲学近些年正在发生某些变化，比如强调能动司法、规范自由裁量权、统一司法适用等。尤其是在我国司法机关承载着更多的社会功能的情况下，统一司法适用与规范自由裁量权正在塑造一种程式化、套路化的裁判方式与规则。然而，无论是由于相似案件之间的要素差异还是案件的区域性差异，这种规范主义司法哲学似乎并未形成一种制度性力量——在某种程度上而言，这种转变未必符合现代司法的基本规律——特别是在发展权法律救济问题上，司法机关常常为司法规律（如中立性、被动性、形式性等）所束缚，这也导致某些规范主义裁判缺乏现实社会的合理性根基。为此，任强认为，我国"法官必须努力考量和平衡各种价值和竞争性的利益，依据司法可能产生的效果从中作出正义的、理智的选择"。[②] 按照这一逻辑，法官在行使裁判权的过程中，必须慎重考虑包括法律、政策、社会后果、民意等要素在内的各种价值，其本身就是将法律系统的确定性引向社会系统的不确定性，并根据后者作出裁判。因此，即便发展权本身具有不

---

①　需要澄清的是，尽管"发展"是"发展权"的核心词语，但也不可将二者混为一谈，发展本质上是一个哲学概念，涉及政治、经济、法律、社会、文化、国际关系等方方面面，发展权则是一个法学概念。

②　任强：《司法方法在裁判中的运用——法条至上、原则裁判与后果权衡》，《中国社会科学》2017 年第 6 期。

确定性特征，司法的能动性也有足够经验来化解此种不确定。

客观而言，发展权的特性，以及"前代"人权的法律救济机制，构成了发展权引入法律救济程序的阻碍因素，但这并非决定性因素。任何权利大抵都要经历一种从理念到制度再到实践的过程，发展权概莫能外，其法律救济的制度化一样需要经历一个逐渐发展的过程。具体到我国，实践可能性集中体现在难得的历史机遇：历经十余年的摸索，发展权已经成为较为齐备的权利体系，整体框架日渐明晰。特别是党的十八届五中全会提出的"以人民为中心"的发展思想，创新、协调、绿色、开放、共享五大发展理念，以及党的十九大提出"充分保障发展权"之后，进一步加强发展权的保障机制建设，完善发展权的救济措施，就成为新时代我国发展权从权利倡导时代走向权利救济时代的必然趋势，而法律救济的缺位极有可能引发人们对发展权之权利性质和保障力度的怀疑。与此同时，发展权的法律救济既是"完善人权司法保障"的题中之义和重要组成部分，也可为"人权司法保障"这一宏大议题提供多元视角和有益借鉴。所以，对发展权予以法律救济既具有理论上的可能性和现实中的紧迫性，还具有历史维度的必然性。我国应当在习近平新时代中国特色社会主义思想的指导下，从广泛的司法实践中提取发展权的救济方式与救济路径，以便形成中国特色社会主义发展权救济模式。

三　发展权法律救济的基本模式

对于发展权的法律救济而言，理论上的可能性更多代表着制度上的可行性。建构一种微观、可操作的发展权法律救济模式，不仅应当依托于我国的经济社会发展现实情况，还需要尊重发展权的基本特性，寻求一条合乎规律与现实的路径。目前来看，我国发展权的法律救济被归为基本权利法律保障的组成部分，后者通常关注的是权利"是否适合通过司法程序进行裁定、是否将一种可执行的权利授予个人、是否适合于国家承担足够具体的义务"。[1] 因此，根据权利救济理论以及发展权自身的特点，我国的发展权法律救济路径可以归纳为三类，[2] 即附带救济模式、合宪性审查模式和非诉讼性质的申诉模式。

（一）附带救济模式及其困境

伴随着发展权的条约化，我国现行法律体系一方面接纳发展权作为公民基本权利的约定，另一方面将发展权同较为成熟的权利体系相衔接，使得发展权成为现行公民权利的一种当然性要求。这样，人们关于发展权的救济要求，自然地回归到现行权利体系的法律救济路径上来，即"发展权贯穿于其他各项人权之中，其他人权为人的发展和发展权的实现创造条件"。[3] 这种发展权的法律救济模式被称为"发展权附带救济模式"。质言之，它是通过权利扩张与传统法律保障机制相结合所实现的发展权救济模式，其原初结构从表面上来看是个人对法定权利的积极扩张与国家对公民发展意愿的肯定，但实质上蕴含着国家对个人权利救济的三类观测标准。一是该法定权利是否构成一个闭合的权利空间。从权利发展史和当下的司法实践可知，无论是应然人权还是法定权利，权利的构成从来都不是僵化不变的，这也导致权利救济的对象也在应时代的需求而改变。二是法律是否允许公民就扩张权益主张救济。严格来讲，立法者在制定法律的同时已经限定了法律保障的范围，那么公民基于扩张权益所主张的救济势必会提升国家司法机关的履职压

---

[1]　F. G. Jocobs, "The Extension of European Convention on Human Rights to Include Economic, Social and Culture Rights," *Human Rights* 3（1978）：172.

[2]　实际上，如若将法律救济进行广义理解，也可以从运行论角度将法律救济分为立法救济、司法救济和行政救济，但对于发展权而言，这一界分既不符合其现状，也不利于集中行文，因此笔者在此将法律救济进行狭义化理解，限定为一种司法或准司法性质的救济手段。

[3]　国务院新闻办公室：《发展权：中国的理念、实践与贡献》白皮书，http://www.gov.cn/zhengce/2016-12/01/content_5141177.htm。

力。目前来看，以现有权力体系消解发展权（非法定权利）的救济困境，既是司法机关对公民发展性权益的承认，也是现有司法体制的掣肘之处。三是国家有无义务履行法定权利之外的救济义务。按照现代公共性理论，"国家的目的就是社会的目的，也是个人的目的——实现最美好的生活。基于公民与国家之间的宪法逻辑，国家义务就是创设并满足有利于公民实现最美好生活的条件，履行相应的义务，恪尽相应的责任"。[①] 在此意义上，国家有义务对公民的自我发展加以救济。

从法律救济的效果来看，该模式是对发展权法律救济作出的一种柔化处理。众所周知，"无救济则无权利"使得权利与救济之间形成一种单向性保障机制。救济是为了保障权利实现而存在的，但并不等于说权利实现是完全依赖于救济机制的。因此，附带救济模式对发展权救济的隐性处理，实际上违反了权利与救济之间的逻辑关系，而且它也很难将"发展权"作为一种实体意义上的公民权利来对待。由于附带救济模式聚焦于法律救济的实际效果，而非明示一种传统意义上"权利不可侵犯"的法治精神，导致公民发展权受到侵害时所获得的救济力度大不相同，甚至削弱法律中发展权的权利价值。所以，附带救济模式虽然能够满足司法机关对裁判效果的追求，却难以为整个法律体系提供一种全新的、进化的权利框架，更无须说侵权行为发展后的"眼见着"被救济的场景。在此意义上，附带救济模式对发展权的隐性处理，只能是权利法制化之前的折中方案，而非最优方案。

需要强调的是，附带救济模式下的法律救济，总是对应着不特定的法律权利。例如，离婚案件中未成年子女的抚养权争议，往往注重离婚双方的财产状况，并实质性地考虑哪一方能够给未成年子女提供更好的未来发展，这种司法裁判倾向是将发展权纳入抚养权救济的重要体现。而在劳动争议案件

---

① 蒋银华：《论国家义务的理论渊源：现代公共性理论》，《法学评论》2010 年第 2 期。

中，发展权又被劳动者作为技能培训权、身体健康权等权利的扩张，进而导致劳动权吸收发展权的后果。在凌斌看来，"只要一项利益成为了'法益'，这就意味着国家必须为之提供相应的法律救济，即如果受到侵犯就会产生相应的法律责任。反过来说，只要国家为一项利益提供了明确的救济方式，规定了明确的法律责任，就意味着这一利益构成了法益"。[1] 在此意义上，法定权利（如继承权、财产权、生命权等）与发展权并未被置于相同的法律地位。前者属于一种独立的法律权利，享有明确的法律救济方式；而后者仅属于一种附随性利益，而非法益，因为我国并未对此设立一种独立的法律救济机制。因此，附带救济模式不仅难以回应发展权的权利诉求，更无法在法律救济层面确立一个制度保障框架。

（二）合宪性审查模式及其困境

一般而言，合宪性审查是一种宪法解释方法，其意指"为宪法解释提供合宪性推定原则的判断依据与技巧"。[2] 而依照审查对象的不同，又可分为针对法律的审查和针对行政性法规的审查。本质上，合宪性审查的理念和制度要素"发轫于立法机关制定的法律要服从更高的法律以及权力要受到法律制约的历史性观念"。[3] 在西方国家，合宪性审查被"司法审查"所替代，往往被视为宪法实施的一部分，成为基本权利救济的最重要方式，即当个人权利遭遇公权力肆意侵犯时，[4] 得依据宪法或宪法性文件寻求法律救济。具体至发展权的法律救济，合宪性审查模式意味着将发展权作为一项基本权利，纳入宪法与司法的保障中来，并以适用宪法与司法程序为依托，对侵害发展权

---

① 凌斌：《法律救济的规则选择：财产规则、责任规则与卡梅框架的法律经济学重构》，《中国法学》2012 年第 6 期。

② 参见韩大元《关于推进合宪性审查工作的几点思考》，《法律科学》2018 年第 1 期。

③ 季金华：《历史与逻辑：司法审查的制度化机理》，《法律科学》2010 年第 4 期。

④ 需要说明的是，在抽象的权利层面谈论法律救济问题时，一般针对的是公权力主体对私权利主体的权利侵害，而将平等私权利主体之间的民事争议排除在外。

的行为、事件予以审查，"以维护法秩序统一为目的，以维护法律体系的一致性、有序性和严谨性为价值取向"。[①]在我国，党的十九大提出要"加强宪法监督与实施，推进合宪性审查工作，维护宪法权威"，也为发展权的合宪性审查模式提供了良好的时代契机。正所谓"注意于救济侵权行为的损害，胜似宣示人的权利"，[②]鉴于司法在权利保障方面所具有的无与伦比的优势，[③]合宪性审查可谓实现发展权法律救济最为直接和最为有力的方式之一。如若能像保障生命权、劳动权、受教育权一般，对发展权益纠纷进行合宪性审查，至少将会在应然层面极大推进发展权的法律保障进程。

然而，由于发展权综合性与不确定性的特征，并考虑目前我国发展权的现状，合宪性审查模式更像是一种"乌托邦"。它既缺乏现实可行的基础，也存在诸多有待进一步商榷和化解的争议，具体理由如下。

第一，发展权内容的模糊性构成了合宪性审查模式的最大障碍。尽管近年来关于发展权的理论研究方兴未艾，并就国内发展权的主体、客体以及构成要件等达成了一定共识，但对于如何划定发展权的内涵和外延，依然未见具有说服力的定论。学术界和实务界一般倾向于以"发展"作为关键词来理解发展权，这就间接造成了发展权无所不包而又缺少思想核心，也导致司法机关难以在纷繁复杂的权利谱系中发现发展权的独有基因。国内发展权以个体或类群体作为权利主体，就更加容易使得发展权的法律救济流于形式、止于口号。例如，在"精准扶贫"项目中，我们常常将生存权同发展权并列加以论述，[④]此时发展权虽然在名义上被视为生存权的一个"进阶"，却似乎远

① 祝捷：《论合宪性审查的政治决断和制度推进——基于党的十九大报告的解读》，《法学杂志》2017年第12期。
② 〔英〕戴雪：《英宪精义》，雷宾南译，中国法制出版社，2001，第242页。
③ 相关论述可参见韩大元《完善人权司法保障制度》，《法商研究》2014年第3期；汪习根《论人权司法保障制度的完善》，《法制与社会发展》2014年第1期。
④ 参见宋才发《民族地区精准扶贫基本方略的实施及法治保障探讨》，《中央民族大学学报》（哲学社会科学版）2017年第1期。

不如生存权首要和紧迫，所以对于发展权的促进更多是以不断提高生存标准的形式予以实现，而很难在实践中脱离生存权的语境单独采取具体的推进措施。此外，在某些情形下，发展权在其体系内部也常常会出现内容上的矛盾，尤其是发展权在时间（代际发展权）、空间（区域发展权）以及主体维度（如儿童发展权、妇女发展权、农村发展权等类主体的发展权）的"无节制"蔓延，使得我们在厘定发展权内容时，不时遭遇到审查对象难以确定的困境。

　　第二，我国的理论和实践状况决定了合宪性审查模式的不可行。一方面，发展权法律规范的缺失将会直接导致合宪性审查模式的僵局。与内容上的模糊性对应，目前我国尚未制定出直接性或排他性发展权保障规范。无论是国际上的《发展权利宣言》还是我国的《发展权：中国的理念、实践与贡献》白皮书，均无法作为正式的法律渊源而成为法律救济的依据。从这一层面来看，对于一项权利的救济固然受限于所需支配和耗费的资源，但更关键之处在于法律规范的缺失。为此，合宪性审查模式套用至发展权会引发三个难题。一是义务主体的模糊。发展权作为一种积极属性的基本权利，常常面临公权力机关的不作为的现实障碍。在缺乏明确强制性规范的情况下，司法机关既不能辨识义务主体，也不能直接对不作为行为进行认定。二是救济标准的模糊。在发展权内容不确定的背景下，认定发展权受到侵害的标准变得更加困难。有学者尝试通过经济指标评价机制来确定发展权的救济标准，但这种救济标准的评定更多停留在宏观层面，无法形成有效的制度架构或实践细则，① 且在现实中的可操作性较差。三是权利发展规律的制约。从权利

---

① 汪习根教授指出，一国立法不能有效提供或提供不能，则构成法律尤其是宪法上的侵权；一国行政机关没有基于宪法等法律规范而采取必要的行政措施如财政、信贷、税收诸方面的具体政策来满足国民发展的权利要求，这便更是一种可诉的行为。并提出可以将"人均消费指数与人均收入的比例、人均食品开支与家庭平均收入的比例（'恩格尔定律'、'恩格尔系数'）、同一国家不同区域恩格尔系数的比较、儿童识字率、妇女识字率及其他成人识字率的比较、婴儿死亡率比较"作为判定发展权是否遭受到实际侵害的客观依据。详见汪习根《论发展权的法律救济机制》，《现代法学》2007 年第 6 期。

发展史来看，一项权利的制度化过程，大抵可以分为"理念层次的论证—制度层次的设计（立法）—实践层次的救济（司法）"三个阶段。但目前我国关于发展权法律保障的理论与实践均比较薄弱，强行将其纳入合宪性审查模式之下，显然违反了权利演进和发展的基本规律。况且在全球范围内，发展权合宪性审查案例和经验相对匮乏，采取合宪性审查模式对国内发展权予以救济，更应当慎之又慎。

第三，我国的合宪性审查模式旨在理顺宪法与其他规范性法律文件的关系，而非加强司法机关的法律审查功能。西方国家将"合宪性审查"视为司法机关与立法机关相制衡的一种制度设计，其目的在于通过司法机关对正义、公平、平等等法治理念的判断，来纠正立法程序、立法结果的非理性后果。而我国的合宪性审查，并未同司法审判建立直接的联系，甚至有意识地规避司法机关适用合宪性审查制度。从中共十九届二中全会报告可知，我国建立合宪性审查制度，是为了强化宪法的实施，维护宪法权威。夏正林认为，合宪性审查"毕竟是在借鉴德国和美国的相关理论基础上形成的，中国与相关国家的宪法实践的实际情况并不相同，法院不享有违宪审查权，不能简单套用，否则就会出现'泛化'的危险"。[①] 而且，按照我国立法法第99条第2款之规定，各类规范性法律文件同宪法或法律相抵触的，可以向全国人民代表大会常务委员会提出书面审查的要求或建议。这就意味着，我国的合宪性审查模式在很大程度上属于一种"纠错"机制，而非一种保障机制。加之全国人大常委会并无职能来管辖、解决个案化的发展权益纠纷，因此，合宪性审查模式在发展权的法律救济方面，无法成为有效的解决方案。

（三）非诉讼性质的申诉模式及其困境

申诉模式即以专门的申诉机关代替司法机关成为发展权法律救济的主

---

① 夏正林：《"合宪性解释"理论辨析及其可能前景》，《中国法学》2017 年第 1 期。

要部门，申诉模式源于申诉制度在世界范围内的蓬勃发展，并逐渐演进为一种具有普遍性的非诉讼救济机制——替代性纠纷解决（即 Alternative Dispute Resolution，ADR），显示出"新的社会治理模式对现代传统体制、理念、程序和技术等多方面的超越与发展"。① 对于发展权而言，申诉模式意味着以类似于专业委员会的专业机构为救济部门，对发展权的权利主体、义务主体、核心内容、克减情形等加以判定。在实施方面，既可以置于司法机关之下，也可以成为立法机关的一个分支，并根据实际需要，在具体操作时考虑赋予其"建议性权力"或"终局性权力"。

学理上，申诉模式实际来自对法律救济的广义化理解。若将法律救济进行一种司法主义（judicialism）的理解，即意味着诉诸法院诉讼，但就可救济的权利而言，它们并不必然通过司法程序解决，而是强调"当某项权利已经被侵犯或者可能被侵犯时，人们有能力在一个独立且公平的机构面向提出救济主张"。② 据此，申诉模式最大的优点在于专业性与灵活性，专门的申诉机关无疑对发展权有着更为深刻的认知，也得以采用更为机动的方式促进实质正义的实现，这不仅贴合发展权综合性、不确定性的特征，更有利于在实践中不断明晰发展权的内涵，反过来推进理论研究。而各国的申诉制度实践以及人权委员会运转也为申诉模式提供了经验支持。③

然而，在新时代，申诉模式在我国的具体应用上存在明显的缺陷。第一，设置专门性的发展权申诉机构的必要性存疑。申诉模式必然指向专业的申诉机构，尽管可以将这一机关并入专门性的权利保障机构以减少制度创立和运行的成本，但仍旧无法消除关于其必要性的疑虑，毕竟相对于发展权，

---

① 范愉：《申诉机制的救济功能与信访制度改革》，《中国法学》2014 年第 4 期。

② 杨春福主编《经济、社会和文化权利的法理学研究》，法律出版社，2014，第 136 页。

③ 关于各国的申诉制度概况，可参见林莉红、陈菲主编《外国申诉专员法律选编》，武汉大学出版社，2016；关于各国专门性官方人权机构的概况，可参见董云虎主编《国家人权机构总览》，团结出版社，2011。

其他基本权利似乎更有"资格"进入专门申诉机构的视野。第二，设置专门的发展权申诉机关，则有可能陷入两种极端：一是将发展权过分"肢解"为对相关权利或临近权利的保护，如生存权、环境权、健康权、受教育权等，从而冲淡了发展权应有的意涵；二是由于发展权本身的抽象性和模糊性，在实践中逐渐被虚置，沦为一种有名无实的机制。第三，设置专门性的发展权申诉机构的成本较大。对于发展权利的法律保障需要经常性地以宪法为依据，所以创立专门的救济机构势必关涉到宪法体制调整，且其本身还面临着合宪性的问题，由此极大增加了制度创立的成本，不光需要在理论上进行更为精细的论证，还需要统摄全局加以考量，继而进一步削弱了申诉模式的可操作性。

四　超越与整合：发展权的一体化救济模式

无论是附带审查模式、合宪性审查模式还是非诉讼性质的申诉模式，皆存在可行性不强、制度成本过高等流弊。这也从侧面证明了——至少在目前的制度条件下——发展权尚未做好融入现有的法律体系、获得法律救济的准备。更重要之处在于，现阶段的附带审查模式、合宪性审查模式和非诉讼性质的申诉模式似乎并不能对发展权的显著特性进行有效回应。因此，与其削足适履，违背法律救济的运行规律和发展权的一般规律，莫不如转换视角，打破发展权单独救济的"幻象"，顺应发展权的自有法则，转而致力于一种"一体化救济"模式。

所谓"一体化救济"模式，即将发展权的理念贯穿于现有的权利体系，通过现有的公民经济、社会和文化权利实施机制，对发展权利进行整合性的法律救济，从而借助于具有可诉性的各种消极权利或积极权利，为缺乏救济途径的发展权开辟出一条具有实效性的"中间道路"。从权利所对应的义务范畴出发，发展权所包含的义务层次和内容均具有一致性。以此为基础，发展权不仅可以消弭各类权利之间的鸿沟，也为发展权的一体化救济提供了理论支撑。具体而言，发展权所对应的义务一致性，主要是从义务层次理论立证而来的，即各类权利的实现都有赖于不同层次义务的履行，消极权利中也包含着国家积极作为的义务。因此，发展权与各类权利在义务层次上不具有任何差异。按照亨利·舒（Henry Shue）的观点，任何一项权利都不会仅仅与一种特定义务相对，而是需要多种义务的履行才得以充分实现，即每一基本权利都包含着三层级的义务：避免剥夺的义务／保护个人不受剥夺的义务／帮助被剥夺者的义务。① 在此基础上，越来越多学者通过义务层次论证明权利救济的一体性，如阿斯比约恩·艾德（Asbjorn Eide）将国家的权利保护义务分为"尊重（respect）权利者之自由、自主的义务；通过立法和提供有效的救济（protect）权利持有者免受其他主体之侵犯的义务；帮助每个人以完成（assist and fulfill）获得一切可能的资源来建立更好的生活以及直接获得基本生活需要的义务"，② 范·霍夫（G.J.H.Van Hoot）则将权利保障义务分为尊重、保护、保证和促进。③ 沿此进路，国家对发展权的尊重和救济义务也是相互联系和互动的整体性义务，可以划分成"避免剥夺发展权的义务""保护发展权不受剥夺的义务""帮助发展权被剥夺者的义务"三个层面，每一层面的义务不仅在内部具有相互性和传导性，④ 也与其他义务的相应层次具有连带性，如以"禁止歧视"为"连接点"，"避免剥夺发展权的义

---

① See Henry Shue, *Basic Rights*：*Subsistence*，*Affluence and U. S. Foreign Policy*，Princeton University Press，1996，pp.52–53.

② Asbjorn Eide, "Economic, Social and Culture Rights as Human Rights," In Asbjorn Eide, Catarina Krause, Allan Rosas, eds., *Economic*，*Social and Culture Rights*：*A Textbook*，Leiden：Martinus Nijhoff Publisher，1995，pp.35–40.

③ See G. J. H. Van Hoot, "The Legal Nature of Economic, Social and Culture Rights：A Rebuttal of Some Traditional Views," In Philip Alston, Katarina Tomasevski, eds, *the Right to Food*，1984，pp.106–107.

④ 具体而言，当避免义务未能实现时，保护义务的必要性就会凸显，而当保护义务难以履行时，帮助义务的重要性就不言而喻。

务"可以同劳动权、受教育权关联。总之，在"义务层次论"的视域下，各层次义务在属性上并没有排斥性，"尽管义务程度有所差异，但都是权利的一个侧面，而国家负有针对这些侧面采取措施的全面性义务"。① 发展权具备一体化救济的可能，义务层次的划分则进一步化解了司法确定性同发展权内容不确定性之间的矛盾，增强了一体化救济路径的合理性。

必须说明的是，一体化救济模式并不是要将发展权依附于其他法定权利，而是强调法定权利的桥梁作用，将其与不同类型的发展权利融会贯通，推动发展权理念进入各项法定权利的内核，其中发展权的内部合理分类是前提，价值观念和实质内容注入是关键，最终形成实质多于形式的发展权救济格局。遵照这一设想，一体化救济旨在跳出孤立的权利保障思维，搁置发展权边界不确定性争议，通过对既有权利救济机制的解释，来扩大其救济范围。目前，我国正在通过制定经济、文化、社会和环境等方面的专项行动计划（如精准扶贫、鼓励创业、科技创新、区域发展等行动计划）来落实发展权。② 我国还通过制定专项规划落实特殊群体（如妇女、儿童、老年人、残疾人）和少数民族的发展权，针对不同群体的发展权问题，精准发力，促使特殊群体同步发展。可以说，一体化救济模式兼顾了发展权法律救济的理想性与现实性，是建基于发展权本质特征之上的救济模式。尤其是国务院在2016 年 12 月发表的《发展权：中国的理念、实践与贡献》白皮书中，明确了我国建立发展权的立法、战略、规划、计划、司法救济一体化制度体系架构。就一体化制度体系中的法律救济而言，发展权的综合性和不确定性，均要求司法救济从消极的权利扩张视野中跳脱出来，转而强调发展权免遭侵犯

---

① 〔日〕大沼保昭:《人权、国家与文明》，王安译，生活・读书・新知三联书店，2014，第 220 页。

② 隋燕:《论我国环境公益诉讼制度的构建》，《哈尔滨师范大学社会科学学报》2016 年第 1 期。

的积极自由保障。易言之，发展权的一体化救济要求国家不实施某些阻碍公民（或群体）发展，或积极推动某类公民和群体发展的行为，而司法机关的任务就在于，面对可能涉及发展权问题的案件时，及时识别并将发展权的诸项原则吸纳到既有的司法观念世界，基于司法权保障国家行政权有所作为，关注形形色色的侵犯发展权行为。在此，社会成员通过不断强化发展权的权利意识和侵权责任，得以从外部增强一体化救济的效率——利用发展权的综合性，社会成员能够获致更加多元的救济事由，从而有效地维持权利秩序，实现权利正义。与之相应，国家（主要是司法机关）既需要承担主动维护公民发展权的积极职能，又需要担负起因发展权冲突所造成的纠纷解决义务，国家职能与国家义务的履行，主要目的就在于防止发展权的不确定性，抑制潜在的发展权泛化危机。

在一体化救济模式下，发展权进入国内立法体系的论争被搁置，但发展权不确定性的特征——在某种程度上，这也可以看作发展权本身的一个弊端——使得国家职能与义务的履行必须负担过高成本（如确定权利边界的论证成本、担负救济责任的司法成本以及公民滥用此种权利的矫正成本），而且一体化救济也会强化发展权同其他法定权利之间的冲突，甚至有可能发生其他权利吸收发展权或发展权吸收其他权利的现象。因此，建构发展权的一体化救济模式应当坚守以下原则。第一，在价值理念层面，坚持公平公正原则。尽管"社会中的公民总是倾向于不平等"，[①] 然而权利的存在、实现与救济不仅在于满足个人或部分群体的需要，而是要在整个社会中形成一种无差别、基础性的法律状态：人人得以生而平等，并公平公正地享有社会地位，获得发展机会。故此，一体化救济模式面对发展权与其他权利之间的冲突问题，也应当坚持以无差别、公平公正的原则进行解决，在聚焦发展权时避免

---

① 〔美〕德沃金:《认真对待权利》，信春鹰、吴玉章译，中国大百科全书出版社，2008，第320页。

对发展权的过度崇拜。第二，在制度实施层面，坚持整体性原则。所有人权和基本自由都是不可分割且相互依存的，发展权的实现虽然在具体内容上有先有后，但是发展权的最终实现必须是"所有人权和基本自由全部实现"。①因此，一体化救济模式对发展权的保障，也应当综合考察发展权与其他权利的关系，将其置于人权司法化的整体语境之中，形成相互关联、各有侧重的保护机制。第三，在实践操作层面，坚持独立救济与整合救济相结合原则。发展权被侵害的现象有可能单独发生，也有可能会伴随着其他权利侵害事实一并发生。因此，一体化救济模式应当衍化出发展权救济的实体性规则与程序性制度，确保能够同其他权利的救济途径相衔接。所以在上述原则的指导下，我国还需要建立更为精细的一体化救济机制，以实现发展权和法律救济之间的可操作性。

五 一体化发展权法律救济的制度建构

一体化救济模式为发展权的实现搭建了基本框架，但仍需要在提高可操作性的同时维系发展权的核心意涵，并建构起更为细致的制度体系，以此来形成自洽的权利保障与救济体系。为此，笔者拟从实体和程序两方面着手，完成发展权法律救济制度的构建。

（一）实体性制度

所谓实体性制度，即将发展权法律救济所指涉的实体对象作为救济重点，以一体化路径和义务层次理论为基点，框定发展权的实质内容。易言之，按照一体化救济的策略，有必要找寻发展权同其他基本权利的"连接点"，确立核心规范。

首先，根据发展权同其他权利的关系形态，进行一种层次划分，以增加

---

① 杨建军：《国家治理、生存权发展权改进与人类命运共同体的构建》，《法学论坛》2018年第1期。

一体化救济的可操作性。具体而言，发展权的分类标准聚讼纷纭，但立足于一体化救济模式的要旨以及法律救济的可行性，其同既有法定权利的紧密程度构成了区分的关键，也反映出不同发展权利实现法律救济的难易程度——毕竟从现实出发，某种权利进入司法救济的主要因素不在于权利的积极或消极属性，而在于付诸实践的难度与成本。据此，笔者将发展权分解为以下四个层级的内容，以便于施以一体化救济。第一，对于具有自由权利性质的发展权，可以依照相应的自由权利规范予以保障，发展权体现着"人类社会从必然王国向自由王国的飞跃"，[①] 所以许多权利分支内含了较为明显的自由要素，例如在劳动权利体系中，发展权可能与自主择业权紧密相关，在论及居住权时，发展权又可能涉及迁徙自由权。第二，对于发展权当中具有消极意义的子权利，参照其他权利中的禁止性规定，赋予其规范效力。如禁止通过歧视性规定阻碍个体实现更高生活质量的权利，禁止通过非正义分配减损享受较高物质和精神健康标准的权利。在面对具体的发展权救济问题时，可以和提取出的消极权利因素进行类比，进而确定适用规范。第三，对于某些特别重要且易于界定义务主体和义务内容的发展权利，可以对现有的相关权利规定加以扩充，将发展权要素加入其中加以强调。例如在处理最低生活保障权问题时，随着时代变迁，就不应当仅仅满足于生存层面的需要，而应当适度考虑发展权需求。受教育权以及基本医疗权利同样面临类似的问题，即伴随着我国社会主要矛盾的转化，"人民追求美好生活的权利"被反复提及，这也催生着权利观念的变革，显示出发展权进入的必要性。第四，对于某些难以进行范围界定或义务客体界定的发展权利，可暂时进行概括式的开放性规定，如"在可利用的资源范围内采取合理的立法和其他措施以逐渐达到每一项权利的实现"。[②] 总体来看，四类发展权内容呈现出层层递进的关系，

---

① 汪习根：《论发展权的本质》，《社会科学战线》1998 年第 2 期。

② 参见南非宪法第 26 条、第 27 条。

前两类发展权属于国家的消极义务范围，后两者对国家积极作为的要求也有一个由易到难的过程，不仅为发展权的一体化法律救济提供了良好的规范基础，也彰显了发展权法律救济的时间向度。

上述层次划分旨在解决发展权救济内容模糊的问题，但如若一类型或某种情形下发展权无法链接到既有的法定权利，就会显现出这一模式的局限，因此还需要一种兜底性质的基本原则，致力于为救济过程提供一种纲领性的指引，即如何有效链接发展权和其他权利，完成一体化救济的设想。在此，我国应当将"平等"作为发展权一体化救济的基本原则，其主要考虑有以下三点。第一，平等既是一种价值，也是一项原则，还是一类权利。在权利语境下，平等"同时具有客观法规范与主观公权利性质"，[①] 不仅具有拘束国家权力的功用，也代表着一种基础性的基本权利，一般须与其他基本权利竞合为"复数基本权"方得发挥作用。这一秉性意味着，平等具有广泛的适用性和伸缩性，能够作为联结各类权利的"最大公约数"。加之世界范围内，关于平等保护的理论研究与司法实践数不胜数，在面对新兴权利救济问题时，可借鉴的智识资源相对丰富。第二，平等构成了发展权的重要内容。按照习近平总书记关于"以人民为中心的发展思想"，发展最终是为了人民，应着眼于保障人民平等参与、平等发展的权利，[②] 人民"不是抽象的符号，而是一个一个具体的人的集合"。[③] 以此为指导，发展权可以解读为"发展机会均等的权利"，即"实质上是一种平等权，亦即在发展问题上的平等权"。[④] 而以平等作为发展权的重要内容，有助于防止发展权概念的无限制蔓延——如果将

① 李惠宗:《宪法要义》，台北:元照出版有限公司，2001，第124页。
② 参见施戍杰、侯永志《深入认识以人民为中心的发展思想》，《人民日报》2017年6月22日，第7版。
③ 习近平:《在中国文联十大、中国作协九大开幕式上的讲话》，《人民日报》2016年12月1日，第1版。
④ 李步云:《论人权》，社会科学文献出版社，2010，第290页。

发展与发展权混为一谈，则会把个人权利的方方面面囊括在发展权的概念范围之内，使得发展权失去自身存在的价值意义。第三，本质上，平等天然地带有发展的意蕴。当我们谈论平等时，一般预设的都是一种"发展的平等"，而不是落后或停滞的"平等"，由是平等在发展语境下不只是一项消极权利，更具有了积极的意义。沿此进路，发展权所内含的程序主义与结果主义恰好分别对应于形式平等与实质平等，反对不合理的差别而承认合理的差别，构成了一种相反相成、互为一体的关系。① 法律意义上的平等救济与政策取向上的发展不平衡之间的张力因之得到缓解。一方面，在处理发展权争议时，平等诉求聚焦于发展过程平等，而非平均主义，借此可以圈定发展权救济的合理范围，致力于发展机会平等，排除对发展不平衡结果的司法救济，转而将其诉诸国家的再分配政策。另一方面，出于经济、社会等因素的考虑，国家往往会采取不均衡的发展策略，此时的平等诉求就表现出实质平等的倾向，以实质性标准审视不均衡发展策略的正当性，也避免了"平等权不管是在量的还是质的方面，都被限制在狭小的范围内"。②

作为一体化救济的基本原则，平等还构成了发展权救济的切入点和标准，即通过平等审查，判定有无进行法律救济的必要。在此过程中，判定标准显得尤为重要：关于平等发展的诉求有时源于客观后果的不平衡，有时来自主观意念中的不对等，究竟某一行为（包括抽象行为）是否有碍于发展权利的实现，还宜采纳"客观过程论"的标准，通过对行为过程的比较、查究予以判定——以客观结果为判断基准，极有可能伤及其他权利，挫伤社会成员的能动性和积极性，减少发展动力；以救济人的主观意念为标准，则会进一步增加发展权救济的不确定性。按照"客观过程论"，审查程序的重心在

---

① 参见林来梵《从宪法规范到规范宪法：规范宪法学的一种前言》，商务印书馆，2017，第125页。
② 〔日〕大须贺明：《生存权论》，林浩译，法律出版社，2001，第36页。

于"差别待遇"，至少包括以下几个步骤。第一，判定系争议的发展权问题究竟有没有存在差别待遇的问题，差别待遇意味着，对具有"可相提并论性"的人和社会生活事实在规范上作不相同处理，而"可相提并论性"则指规范上受到不同处理的人或社会生活事实，共同具有一个他人或其他生活事实所具有的特征。[①] 第二，确定差别发展权待遇的目的，判断其究系追求、实现"不等者不等之"的实质平等目的，还是无涉平等的政策目的。第三，对于以追求实质平等发展权为目的的差别待遇，则应审查差别待遇是否涉及敏感的差别待遇的禁止事项；对于无关实质平等发展权的政策目的，则可适用比例原则进行审查。

（二）程序性制度

所谓程序性制度，即探讨发展权法律救济所对应的程序，以实体性理论为前提，确定实际运行中可能涉及的主要技术性事项，具体包括救济权利主体、救济义务主体和救济方式。

首先，权利救济主体方面。一般而言，发展权主体都应当具有救济资格，享有救济权利，这也符合前述的平等原则，即任何平等发展权受到损害的主体均可成为救济主体——"没有给予所有人的所谓'权利'，就没有权利的道德地位"，[②] 而在现实中，笔者认为应遵循实质平等观，首先采取一种更加务实的策略，即将弱势群体作为最主要的救济对象加以特别注意，并细分为两类群体：一是发展权利业已遭受到了实质性的侵害，导致权利主体难以公平占有或便利地使用促进其全面发展的各类资源，且这一后果并非基于权利主体自身的主观原因，其中最为典型的代表就是"弱势群体"，不过"弱

---

① 参见许宗力《从大法官解释看平等原则与违宪审查》，李建良、简资修主编《宪法解释之理论与实务》第2辑，台北：德伸文化事业股份有限公司，1990，第121页。

② 〔美〕贝思·J.辛格：《实用主义、权利和民主》，王守昌等译，上海译文出版社，2001，第439页。

势群体"作为一个广义概念，并不是没有限度的，而是应严格被限定，以避免反向歧视，导致弱势群体成为一种新的"特权"身份；二是处于弱势群体边缘的潜在救济主体，即最易遭受打击的社会成员，虽然其发展权利尚未遭到侵害或阻碍，但若缺乏及时的救助措施，就有可能出现不利于发展权实现的局面。此外，作为一项连带人权，发展权时常会关涉到群体乃至社会的利益，此时对于权利主体的救济资格问题，还应当根据关涉的法益设立特别性的诉讼制度，如集体申诉制度和公益诉讼制度——包括发展权在内的第三代权利，在多数情形下都是对影响某一社会阶层或地域而不是个人的不公正行为的反映，因而也具有了适用公益诉讼的正当性。①

其次，救济义务主体在宏观层面表现为国家机关，但在个案中确定具体的义务承担者相对复杂。一般而言，包括确认"义务主体救济义务"之存在以及"义务主体违反义务"之存在，前者既可以表现为一种具体规定的法律义务，也可能来自法律原则，甚至源于公共政策，判定过程中还应以"行为效力"为着眼点：在作为侵害中，将产生实质效力或结果的行为机构确定为义务主体；在不作为侵害中，为有职责或有能力作出相应行为的主体。后者则需重点考察因果关系，判定准则主要有二，一是根据发展权四层级的内容划分，参照相关权利的判定方法和标准予以确定。申言之，权利体系作为一个法治体系的重要组成部分，同救济体系之间已经形成了较为稳固的"权利—救济"关系。而发展权作为权利体系的新兴力量，应当遵循"权利—救济"机制的内在逻辑，并以融入现行"权利—救济"关系为主，创建新型救济路径为辅，毕竟单一救济路径的创立是需要国家承担制度建构成本的。二是根据平等原则进行平等性审查，在确定是否违反平等义务的前提下，判定义

---

① 关于具体的适用机制，可参见〔英〕吉尔·科特尔《第三代权利和公益诉讼》，〔南非〕阿德尔曼等：《第三世界国家的法律与危机》，邓宏光等译，法律出版社，2006，第111～138页。

务承担者是否负有救济义务。也就是说，平等性审查原理适用于发展权，有助于确保发展权得到质性衡量，迅速辨明义务主体和行为。当然，在此过程中，还是应当注重客观结果与主观感受相统一，确定"就现有目的而言，何时有关情况应被视为同类，什么差异是有意义的"，[①] 防止矫正过程中通过差异性政策人为制造新的发展不平等。

最后，在国家—侵害者—受害者的"三角关系"上，采取何种形式对发展权主体进行救济关乎法律救济的效果，也是发展权法律救济的最后环节。依照惯常的救济理论，救济方式包括确认、撤销、变更以及履行四类：确认既可能是对发展权利的确认，也可能是对公权力侵权行为违法或无效的确认；撤销或变更主要指涉的是对侵犯或阻碍发展权行为的撤销和变更，其中又可能涉及行政权与司法权的关系；履行则是督促义务承担者采取行动为救济主体发展权利的实现提供保障措施或便利条件。此外，基于发展权利主要对应于积极义务的特征，救济方式还可以分为给付性保护措施和干预性保护措施两类，给付性保护措施的紧要问题在于资源的公平分配，在实施过程中，须特别关注给付目的、给付要件与顺序、给付方式与限度等事项，既要消减"给付不足"，也要顾及"过度保护"或"不合理保护"；干预性保护措施则意味着以限制其他利益的方式，来达到保护目的，因而在适用时必然严守比例原则，救济机关此刻要受到"不足禁止"原则的拘束，亦需接受"过度禁止"原则的制约。

第三节　人权司法保障体系的立法完善

我国已制定了较为完整的单行司法法体系，这个体系由司法组织法、司

---

① 〔英〕哈特：《法律的概念》，张文显等译，中国大百科全书出版社，1996，第157页。

法程序法、司法官法、司法职业道德准则等法律和规范构成。

司法组织法体系包括《中华人民共和国人民法院组织法》、《中华人民共和国人民检察院组织法》以及《人民检察院检察委员会组织条例》。《人民法院组织法》由第五届全国人民代表大会第二次会议于 1979 年通过，分别于 1983 年、1986 年、2006 年和 2018 年修改。《人民法院组织法》分六章，分别为总则、人民法院的设置和职权、人民法院的审判组织、人民法院的人员组成、人民法院行使职权的保障以及附则。《中华人民共和国人民检察院组织法》于 1979 年由第五届全国人民代表大会第二次会议通过，分别于 1983 年、1986 年和 2018 年修改。该法规定了人民检察院的设置和职权、办案组织、人员组成、行使职权的保障等事项。《人民检察院检察委员会组织条例》由最高人民检察院依《中华人民共和国人民检察院组织法》《中华人民共和国检察官法》的规定制定，其对检察委员会之人员构成、任职资格、检察委员会的职责、检察委员会决定的效力、检察委员会会议制度和表决制定等事项作出了规定。

司法程序法体系由《中华人民共和国民事诉讼法》、《中华人民共和国刑事诉讼法》、《中华人民共和国行政诉讼法》和相关司法解释构成。《民事诉讼法》于 1991 年由第七届全国人民代表大会第四次会议制定通过，分别于 2007 年、2012 年和 2017 年修正。该法规定了民事诉讼任务、适用范围和基本原则、管辖、审判组织、回避、诉讼参加人、证据、期间、送达、调解、保全和先予执行、强制措施、审判程序、执行程序、涉外民事诉讼程序等事项。《刑事诉讼法》于 1979 年由第五届全国人民代表大会第二次会议制定通过，分别于 1996 年、2012 年和 2018 年修改。该法规定了刑事诉讼的任务和基本原则、管辖、回避、辩护与代理、证据、强制措施、立案、侦查和提起公诉、审判、执行、特别程序等事项。《行政诉讼法》于 1989 年由第七届全国人民代表大会第二次会议制定通过，分别于 2014 年、2017 年修改，规定了行政诉讼法原则、受案范围、管辖、诉讼参加人、证据、起诉和受理、审理和判决、执行、涉外行政诉讼等事项，《最高人民法院关于执行〈中华人民共和国行政诉讼法〉若干问题的解释》对上述事项作出了详细说明。以上法律规范形成了完整的诉讼法体系。

司法官法主要包括《中华人民共和国法官法》《中华人民共和国检察官法》《人民法院工作人员处分条例》《检察人员纪律处分条例》。《法官法》于1995年由第八届全国人民代表大会常务委员会第十二次会议通过，2001年和2017年修改，主要规定了法官的职责、义务和权利、法官的条件和遴选、法官的任免、法官的管理、法官的考核、奖励和惩戒、法官的职业保障等事项。《检察官法》于1995年由第八届全国人民代表大会常务委员会第十二次会议制定通过，2001年和2017年修改，该法主要规定了检察官的职责、义务和权利、检察官的条件和遴选、检察官的任免、检察官的管理、检察官的考核、奖励和惩戒、检察官的职业保障等事项。《人民法院工作人员处分条例》和《检察人员纪律处分条例》分别由最高人民法院和最高人民检察院制定，规定了对司法官纪律处分的种类和适用、纪律处分的期限、处分理由、申诉程序等事项。

司法职业伦理规范主要包括《中华人民共和国法官职业道德基本准则》和《中华人民共和国检察官职业道德基本准则》。《法官职业道德基本准则》以忠诚、公正、廉洁、为民为其主线，规定了法官之思想行为规范。《检察官职业道德基本准则》则以忠诚、公正、清廉、文明为其主要精神，规定检察官在此方面所应当遵守的准则。

一般来说，一国法律体系之完善需要具备四个方面的条件：一是法律部门齐全，二是各部门形成合理的框架体系，三是各种类别的法律渊源搭配合理，四是法律体系内部基本上做到了协调有序与和谐统一。[①] 这个标准对评

---

① 陈俊：《中国特色社会主义法律体系的形成：内涵与走向》，《中国社会科学院研究生院学报》2011年第6期。

判一国法律体系之完备程度具有相当的科学性，我们亦可在借鉴和参考此标准的基础上提出评判某一部门法体系之完备程度的标准。具体而言，我们认为，某一部门法体系的完善，亦需要具备三个方面的条件，即该部门法领域内的基本的法律已经制定，对基本法律进行细化的法律和其他规范亦得以规定，法律体系内部做到协调有序。以此标准评判我国司法法体系，我国宪法大致勾勒出了司法之基本架构，现有单行司法法已对司法机关之组织、职权、司法官地位、司法程序等事项作出了明确细致的规定，[①] 这些规定之间具有较为合理的逻辑关系。从这个角度来看，我国宪法实际上已搭建了司法法的基本结构体系。当然，宪法的规定需要予以落实，而部门法本身也应当有一定的层次结构，即应当包含部门法内的基本法和规范该部门各项事务的单行法。据此，我国司法法体系的完善，则需要制定和完善作为宪法性法律的司法基本法、司法组织法和司法官法。

一 司法基本法的制定

（一）作为宪法性法律的司法基本法

所谓宪法性，是指司法基本法是作为宪法性法律而存在。宪法性法律是指"由普通立法机关依照普通立法程序制定或认可的，以宪法规范为内容的规范性文件。宪法性法律包括两种情况：一种是带有宪法内容的普通法律，如选举法、国家机关组织法等；另一种则是带有宪法内容而经国家立法机关依法赋予其法律效力或重新进行法律解释的某些政治性文件或国际协议、地区性盟约等"。[②] 宪法性法律亦是一个实证法上的概念。全国人大法律委员

---

① 当然，基于司法之特殊性，依据立法法第 8 条的规定，司法事项属于绝对的法律保留范围内的事项，行政机关和地方权力机关具备就这些事项进行立法的权力。因而，对基本法律进行细化之任务就由单行司法法完成。

② 张震：《基本法律抑或宪法性法律——〈村民委员会组织法〉的宪法考量》，《内蒙古社会科学》2007 年第 5 期。

会主任委员王维澄在第九届全国人大常委会法制讲座第八讲"关于有中国特色社会主义法律体系的几个问题"中，即将我国的法律分为七个类别，其中第一个类别即是"宪法及宪法相关法"，其中，宪法相关法即包括了"国家机构的组织和行为方面的法律，民族区域自治方面的法律，特别行政区方面的基本法律，保障和规范公民政治权利方面的法律，以及有关国家领域、国家主权、国家象征、国籍等方面的法律"。此处的"宪法相关法"即为宪法性法律。以《国务院组织法》为例，该法之主要内容即是指宪法规定的国务院职权及其工作制度等予以具体化，明确国务院的组织、权力来源及其行使程序和方式，因而这部组织法即是宪法性法律。宪法性法律有其存在的必要性。众所周知，在一国法律体系中，宪法是最为重要的组成部分，是法律体系的中坚。在宪法的外围，还存在以落实宪法、规范权力来源及其运行或者保护基本权利为主要内容的法律。由于宪法作为根本法，其不可能对所有事项进行详细的规定，对这些内容的规定具有抽象性，因此宪法中的规定需要宪法性法律予以具体化。宪法性法律所规范的对象具有根本性，因此其是宪法保护的法律关系得以实现的第一道屏障。

宪法性法律具有两方面的特征，其一是内容的根本性。所谓内容根本性，即是说，宪法性法律所规定的事项对政治活动的开展具有根本性，其主要在于建构组织共同体开展活动的共同规则。其二是内容的片面性，即是说，宪法性法律并不是确立起整个政治活动开展的基本规则，那是宪法的任务，而不是宪法性法律的任务。宪法性法律的任务仅仅是对宪法的某一方面规定予以具体化，确立某一方面的政治活动开展的基本规则。"相比宪法（或宪法典）的整体性而言，宪法性法律只是对宪法（或宪法典）在某一方面细化而已。"[①] 如香港特别行政区基本法即是宪法第 31 条之规定的具体化，

[①] 刘茂林：《香港基本法是宪法性法律》，《法学家》2007 年第 3 期。

其即构成宪法性法律。司法基本法具有以上两个特征。具体而言，一方面，就司法基本法内容的根本性来看，司法基本法要规定司法权的配置、司法机构的构造、司法权行使程序等内容，这些内容决定了司法的基本框架，因此具有基础性。另一方面，司法基本法仅仅是就司法权配置及其行使等事项作出规定，其调整的社会关系范围是较为狭小的，仅仅涉及司法事项，而没有涉及立法和行政管理等事项，因而其内容具有片面性。从这个角度而言，在整个法律体系中，司法基本法具有宪法性法律的地位，其是确立司法活动之基本规则的法律。

（二）通过司法基本法制定的人权司法保障规则体系之最优化

立法是一项有目的的人类活动，这项活动的开展必然包含人类对优良生活秩序的追求。人们对优良生活的理想内化为法律条文的规定，这些条文成为调整社会主体行为之基本规则，规则中内含的价值始得以在社会生活中实现。当然，人类对立法目的之追求是有层次性的。以行政许可法为例，该法第1条即规定，为了规范行政许可的设定和实施，保护公民、法人和其他组织的合法权益，维护公共利益和社会秩序，保障和监督行政机关有效实施行政管理，根据宪法，制定本法。该条即将其立法目的定位为"规范行政许可的设定和实施""保护公民、法人和其他组织的合法权益""维护公共利益和社会秩序"等，这些目的亦具有层次性，第一层次即为"规范行政许可的设定和实施"，第二层次则为"保护公民、法人和其他组织的合法权益"，第二层次的目的的实现，需要以第一层次目的的实现为前提。因此，从这个角度而言，立法中第一层次必然为实现形式上的法治，即使人与政府服从于规则的规制和引领，这是所有我们能称之为正当的立法活动所应当具备的最低层次的目的。在形式法治的基础上，人们会追问立法之内容是否有利于公平、正义等目标的实现，因此，公平、正义等价值即构成立法的第二层次目的；而就立法的终极目的而言，立法作为一项有意志的人类活动，这项活动的开展必然是为着人类的解放而进行的，是人类走向自由王国的必由路径。自由的核心在于权利的保护，因而，立法的终极目的即是权利的保护。司法基本法的制定同样内含了人类社会对司法的根本要求，此目标的达到，首先需要司法基本法为司法权之运行提供基本规则，而司法权遵循这些规则又能够达成司法公正之目的，最终利于对公民权利的保护。从这个角度而言，制定司法基本法第一层级的目的为为司法权之运行确立基本规则，第二层级的目的为确保最低限度的司法公正的实现，第三层级的目的则为人权保障。

1.直接目的——为司法权之运行确立基本规则

制定司法基本法第一层级的目的即是为司法权之运行确立基本规则。正如前文所述，规则主义司法的基本要求是司法权之配备、范围及其运行过程、行使结果需要得到法的规制，符合法律的规定。司法基本法的制定即是为满足此目的而进行的。司法基本法的制定，将对司法权运行的原则、司法权配备、司法机构的设置、司法官地位等内容进行详尽明确的规定。依这些规定，司法权行使的过程就是可以预测的。当然，此目的作为司法基本法制定的第一层级目的，其仅有形式法治上的意义，即仅能满足司法制度运行过程中的规则需求，而司法权依这些规则配备和运行将会产生什么样的后果，则不在此目的涵盖范围之内。正如，行政许可法第一层级的立法目的为"规范行政许可的设定和实施"，这一目的实现时，即行政机关对行政许可之设定和实施依规则作出之时，公民权利是否得到保护、社会效益是否得以最大化，这并非"规范行政许可的设定和实施"这一目的本身所能够实现的价值，这些价值的形式，还应当在立法中设定实质性正义目的，即人权保护、自由、效率等目的。对于司法基本法而言亦是如此，为司法权运行确立基本规则只是司法基本法第一层级的目的，这一目的之上还存在其他更高级别的目的，相对于高级别的目的而言，第一层级的目的不是"目的"，而是手段。

2. 次级目的——确保最低限度的司法公正的实现

司法基本法制定的次级目的即是确保最低限度的司法公正的实现。所谓最低限度的司法公正，是指司法基本法之制度当然需要达到司法对公正之追求，司法基本法的制定成为司法公正的最终保障。而公正与正义一样，本身是一个包容性的概念，不同主体对公正具有不同的直观认识，公正亦具有"普洛透斯似的脸"。基于此，司法基本法对司法公正的保障，即只能达成最低限度的保障，即司法基本法对司法权之规制，尚不一定能够达到公正的目的，但如果违反基本法这一最低限度的公正标准，即构成明显的司法不公。

（1）司法公正

司法公正是司法最为基础的价值，司法的生命即在于其公正性。司法公正是正义的必要保障，正如正义有着一张普洛透斯似的脸，司法公正也随时可能呈现不同形态。不过，作为司法的基础性价值，对司法公正的判断也有一些为人们普遍接受的规则。例如，英国普通法中的自然公正原则即是判断司法公正的重要规则。或者说，司法要达到公正的状态，其就需要或多或少的体现自然公正原则。一般来说，自然公正原则包含两项子规则，其一是任何人不能做自己案件的法官。从其本身的意义来说，任何人不能做自己案件的法官所要求的是法官与其所处理的案件之间没有利益纠葛，这就是回避制度的根源。除此之外，"与所处理的案件之间没有利益纠葛"的进一步延伸，而可析出审判独立的观念，即只有建构保障审判者独立作出判断的制度体系，审判者才不至于受到各种案外因素的影响而与案件产生广义上的利益纠葛。不仅如此，随着自然公正原则的发展，任何人不能做自己案件的法官之范围有所扩大，其不仅要求法官与案件之间不存在利益纠纷，还要求对法官之思维予以有意识地隔离，即要求法官在每个环节所做之决定都应当立足于当前接受的信息，而不能受前一程序或后续处理结果的干预。审判与执行的分离即体现了这一要求。其二是作出不利决定前应当听取当事人的意见。这是听证制度的根源。司法程序的诸多环节同样体现了听取意见这一规则的要求，如我国三大诉讼法都规定了辩论原则，这既是自然公正原则的体现，也是司法公正的保障。

司法基本法的制定需要体现司法公正原则。其缘由即在于，如上所述，司法公正是司法的基本原则，是司法运行的价值指引。司法基本法作为规范司法权运行的基本法律规范，当然需要体现司法之基础性价值。在具体的规定方式上，司法基本法可对接上文所述的自然公正原则，结合我国三大诉讼法对相关制度机制的规定，规定审判权独立、回避、法官职务保障、司法参与和司法公开等实体和程序机制，确保司法权运行的公正性。

由于司法存在对公正的需要，而公正的实现又需要规则的作用，司法基本法的立法目的，当然在于通过为司法权的配备与运行建立起公正规则，确保司法权的运行能够符合公正的要求。换言之，司法基本法的立法目的在于维护司法公正，此目的亦构成了司法基本法的正当性基础。此目的，当然，需要在司法基本法上得到完整的表述。实质上，对立法目的的表述一般构成法律条文中的第一条。如刑事诉讼法第 1 条即规定，该法的立法目的在于保证刑法的正确实施，在此基础上追求惩罚犯罪和保障人权等目的。因此，对此立法目的的表述，即应当规定在司法基本法的第一条中。

（2）最低限度的司法公正

司法基本法之制定以实现司法公正为其目的，而司法基本法作为司法领域的"基本法"，其当然需要构建起规范司法权的配备、运行及其效果的基本规则，通过这些规则的适用，司法所追求之公正目的将可以得到实现。当然，基于司法基本法的基本性及公正标准的多样性，司法基本法所追求的司法公正只能是最低限度的司法公正。

所谓最低限度的司法公正，是指司法公正的最低点。即是说，司法基本法作为一种规则，这种规则是衡量司法公正的最低刻度，在这个刻度以下的，当然构成司法不公，而在这个刻度之上的，则未必为司法公正。司法基本法之目的在于实现最低限度的司法公正，也就是说，司法基本法的制定将为人们提供一种判断司法公正与否的最低规则和标准体系，坚持这些价值标准不一定能确保司法公正绝对实现，但不坚持这些价值标准的司法肯定是不公正的，是非正义的。这些旨在克服人们不公正感的司法公正标准就构成了实现司法公正必不可少的条件，从而成为一种最低限度的司法公正标准。[1]

司法基本法以规制司法权、实现司法公正为其直接目的，而司法基本法对司法公正的追求之所以是最低限度的，即建立起最低限度的司法公正标准，是由公正的不确切性所决定的。

具体而言，纵使正义和公正被认为是法律的本质属性及其最终价值追求，"法是关于正义与非正义的标准"，然而，公正本身是一个开放性的概念，不同的社会主体基于不同的立场，不可能形成一致的正义标准。"虽然通常将正义公式化理解为'给予每个人以应得的权益'，但'应得的权益'仍然是一种标准不确定的表述。不同社会背景下的人们会对每个人应得的权益是什么作出不同的判断。因此，尽管我们总是使用正义这一概念来评判法律制度，但直至今天人们始终未能给正义下一个完整的定义。"[2] 因此，从消极性正义理论出发，对公正的界定亦是难以形成统一意见的，而人们对非公正的情形则有更为直观的感受，"如刑事案件庭审中，如果法官数次粗暴打断被告辩护律师的发言，被告及旁听人员就会对该庭审程序产生不公正感，人们很容易就会作出这样的庭审程序是非正义的判断"。[3] 简言之，用一句话来概括"消极性正义理论"，就是"我们不能描述什么样的情形是正义的，但我们确切知道什么样的情形是非正义的"，消极性正义理论要求法律必须建

---

① 应松年：《中国行政程序法立法展望》，《中国法学》2010 年第 2 期。
② 应松年：《中国行政程序法立法展望》，《中国法学》2010 年第 2 期。
③ 应松年：《中国行政程序法立法展望》，《中国法学》2010 年第 2 期。

构起最低限度的正义标准——守法不一定是正义的，但违法绝对是非正义的。从消极正义性理论出发，基于正义的多样性，我们与其苦苦追索"什么是公正"，倒不如划定公正的最低标准，对于处于该标准之下的情形则认定为非公正的。

同样，对于何谓司法公正，或者司法公正需要具备哪些构成要素，这是一个仁者见仁、智者见智的问题，公众、学界和实务界将难以达成统一的观点。这种情形下，司法基本法则只有反其道而行。即是说，司法基本法难以规定司法权如何配备和运行就能达到司法公正的目的，但其可以退而求其次，建立起最低限度的司法公正标准，通过该标准的建立规范司法权的运行。因此从这个角度而言，司法基本法的立法目的为实现最低限度的司法公正。

3. 终极目的——人权保障

司法的公正既包括实体上的公正又包括程序上的公正，程序上的公正指向司法程序的参与性与平等性，实体上的公正则要求司法机关严格依据法律之规定作出判决以分配权利义务。因此，相对于使"司法权服从于规则"这一目的而言，司法公正目的具有一定的实质性，构成制定司法基本法所追求的第二层级的价值。然而，"司法公正就是一种价值判断，但这种价值相对于司法的宗旨而言，具有工具性或形式性，因此，司法公正还应有更高的价值追求"。有学者认为，在司法公正之上，司法应当追求的价值包括秩序、保障安全、社会正义等，这些都是司法公正之上的价值，是通过司法公正所追求的优良生活情境。① 我们认为，在司法公正之上，司法所应当追求的终极价值为人权保障。这是因为，从自然法的角度出发，权利是法律存在的源泉，亦是评判法律正当与否的标准，法律制定的根本目的，即是为人们的权利提供充足的保护。因此，对权利尤其是作为基本权利之人权的保护是法

---

① 吕忠梅:《司法公正价值论》,《法制与社会发展》2003 年第 4 期。

的终极目的。"人权与法律具有不可分离的密切关系，在法的价值体系中，人权居于最高层次，是法的核心价值。人权的法律化是现代法治社会形成的根本标准。"[1] 司法作为适用法律解决具体争议的机制，法律的目的是需要司法机制通过法律的适用实现的。因而，法律所内含的人权保障的目的当然亦构成司法的目的。司法基本法作为为司法过程提供约束性规则的法律，其当然亦是以人权保障为最高目的的，权利的保护即为司法基本法的终极目的。

总之，司法基本法的立法目的保障了为司法权之运行确立基本规则、确保最低限度的司法公正的实现和人权保障这三个层次的目的，司法基本法条文在建构具体的司法制度的过程中应当以实现这些目的为导向，这也是司法基本法条文之正当性的基础。在立法过程中，此三个层级的目的都应当明确包含于司法基本法当中，据此，人权保障将成为司法法的基本价值，同时将成为规范司法体制改造和司法权运行的基本规则。

二 司法组织法的完善

司法组织法也是宪法性法律的重要组成部分，宪法中规定的司法机关职权、司法关系等需要通过司法组织法加以体现。因此，司法组织法主要规范司法机构的设置、司法机关的独立和司法权的配置。这些规范的内容指向司法机构本身而非与当事人之权利义务相关的具体个案。当然，司法的组织构成和职权配置构成人权获得司法保障的外部环境，从司法组织法的角度完善司法人权保障机制实属必要。

（一）人权保障与司法机关设置的优化

1.坚持审检并立的司法机构体系

司法机构的设置亦是与人权司法保障相关的司法组织问题。审检并立的

---

[1] 李龙主编《法理学》，人民法院出版社、中国社会科学出版社，2003，第147页。

双核模式是我国司法机构设置的重要内容，我国宪法在其第三章中即明确规定了人民法院和人民检察院的设置，从而形成了我国特有的人大之下的"一府一委两院"架构，审检并立是这个架构中的重要支柱。审检并立的双核模式经长期的实践被证明为有效的，也是符合我国国情的，因此，在完善人权保障的司法组织法的过程中规定司法机构之设置时，即不能从根本上改变审检并立的双核模式，而只能强化和改善。

司法机构的设置关乎司法权的独立运行及其运行过程中的相互制约。例如，我国当前设置了审判机关和检察机关这两个司法机关，这两个司法机关之间存在相互合作、相互制约的关系。而这种制约关系的形成，是以审检并立的司法机构设置模式为前提的，没有这两个机构的设置，则不具有审判权与检察权之间的相互制约。[①] 因此，从这个角度而言，司法机构的设置为司法制度的基本内容，司法权的配备及司法关系的形成，需要以司法机构设置为基础。

如上所述，当前我国在司法机构设置上，形成了审检并立的双核模式，这一模式为我国宪法所设置。具体而言，一方面，依我国宪法之规定，我国的根本政治制度是人民代表大会制度，人民代表大会之下形成了"一府一委两院"的架构，"两院"即人民法院和人民检察院，二者在我国的政权体系中处于平行的地位，在运行过程中相互配合、相互制约，共同向人民代表大会负责。另一方面，我国宪法第三章将人民法院与人民检察院并列，表明我国司法机构体系是审检并立的双核模式。另外，根据宪法第三章的规定，人民法院是审判机关，行使审判之权，人民检察院是法律监督机关，行使法律监督之权。宪法的这些规定，初步勾勒出了我国司法机构的设置体系。即从横向上看，我国设立人民法院和人民检察院作为我国的司法机构，从而形成审检并立的

---

① 范跃如:《司法改革背景下四级法院职能定位研究》,《山东法官培训学院学报》2017 年第 6 期。

双核模式；从纵向上看，人民法院在其体系上又包括了最高人民法院、地方各级人民法院和军事法院、专门人民法院，人民检察院在其体系上亦包括最高人民检察院、地方各级人民检察院和军事检察院、专门人民检察院。

实质上，我国人民法院组织法和人民检察院组织法亦对审检并立的双核模式进行了规定，并依此建立起了司法机构体系。人民法院组织法依宪法之规定，设置了四级人民法院体系。同样，人民检察院组织法也设置了四级检察院体系。在内部机构的设置上，人民法院一般设立有民事庭、行政庭、刑事庭、执行庭等业务部门及各种辅助部门，检察院也按其业务设立有公诉机构、批捕机构、审判监督机构等。

由于当前宪法、人民法院组织法、人民检察院组织法对司法机构之设置已作了明确的规定，且审检并立的双核模式司法体制基本上是适应我国司法体制发展的需要的，因此，完善人权保障的司法组织法，即需要将现行有效的做法予以延续，坚持和强化二者的并立。审检并立模式对司法人权之保障的价值体现为，审检并立形成了审判机关与检察机关相互制约的模式，最终有利于公民权利的保障。以刑事案件的办理为例，基于审检并立的双核模式，在案件办理过程中，检察院负责对公安机关移送的案件材料进行审查并向法院提起诉讼，法院依法进行判决，形成对当事人之实体权利的处分决定；判决生成之后，检察院还可以对该判决行使诉讼监督权，即向人民法院提起抗诉。[①] 在此过程中，审判机关与检察机关形成了相互间的制约；当然，此种制约又以二者在宪法层面的并立为前提。因此，在司法机构设置上，坚持审检并立的双核模式最终有利于人权司法保障的实现。

2. 完善人民法院的内部机构设置

人民法院的内部机构设置是优化司法权配置的重要制约因素。换言之，

---

① 第智辉：《检察侦查权的回顾、反思与重构》，《国家检察官学院学报》2018 年第 3 期。

内部机构设置虽不直接作用于人权司法保障目的的实现，但优良的内部机构设置能够最大限度地提升司法机关的司法能力和确保司法公正。因此，在人权司法保障价值的导向下，人民法院的内部机构也有必要予以优化。

在法院的内部机构设置上，依人民法院组织法第 24 条的规定，法院内部机构设置并不需要严格遵循法律保留的原则，中级人民法院依工作需要即可设置其他审判庭。而在实践中，基层法院之内部机构的设置又往往追求与中级人民法院的"对接"，中级人民法院设置的审判庭，基层人民法院也设置该种审判庭。由于人民法院组织法没有严格限制法院内部机构之设置，法院内部机构的设置"从最初的民、刑庭，增加到后来的经济、行政庭；为加强执行，则设立执行庭，为处理信访告诉申诉，又专设了告诉申诉庭。近几年法院内部新增了不少业务庭，诸如知识产权庭、房地产庭、消费者权益保护庭、赔偿委员会等，而原先的民庭、经济庭也大都再分为了民一、民二、经一、经二等庭。由于业务庭的划分及受案范围缺乏统一的标准和科学性，导致彼此交叉，职能模糊；机构重叠，人员增多，力量分散"。① 基于此，笔者认为，法院内部机构的设置亦应当纳入法治的轨道，由法律加以明确的规范。当然，需要注意的问题是，在审判业务日益专业化的时代背景下，作为民意代表机关的立法机关未必能够如审判机关一样精准知悉法院需要设置什么样的内部机构。因此，在法院内部机构设置上，为达成法治化和专业化之间的平衡，可以将法院内部机构设置之审批权交由各省高级人民法院，基层人民法院和中级人民法院在审判实践中需要设置新的业务庭的，可向省高级人民法院提出意见，由省高级人民法院决定。另外，当前我国许多法院已将经济审判庭并入民事审判庭中，而随着行政诉讼法的颁行，行政庭成了法院的三大业务庭之一，试点地区行政诉讼已经专属管辖。对于检察院内部机构的

---

① 王利明、姚辉:《人民法院机构设置及审判方式改革问题研究（上）》，《中国法学》1998年第 2 期。

设置，笔者认为也应当遵循上述原则。据此，司法机关方有可能通过强化内部机构的优化配置提升司法能力和确保司法公正，最终达到保障人权的目的。

（二）人权保障与司法机构的独立

审判独立是司法的基本原则，是司法权在其运行过程中公正解决社会纠纷的基本前提。因此，审判独立原则是司法的基本原则。当然，审判独立之实现，不仅需要制定法将审判独立原则体现在其条文中，更需要审判独立原则内化为司法制度的基本内容；司法的独立，不仅要求司法权行使上的独立，更要求司法机构本身的独立。从某种程度上而言，司法机构的独立是司法权独立的基础。这是因为，司法机构本身即是司法制度及司法权的载体，只有司法机构这一载体独立了，司法权也才能独立运行而不受案外因素的干扰。司法机关的独立也是人权获得司法保障的决定性因素。具体而言，一方面，获得救济的权利本身即是基本人权的重要组成部分，而获得救济的权利应具体为获得公正、独立司法予以救济的权利方具有意义，否则，为公民提供救济的司法是不具有公正性和独立性的，公民获得救济的权利即形同虚设。而获得救济的权利未得到充分保障的，公民的基本权利也将失去救济程序的保护，人权保障将无从谈起。另一方面，审判独立之于人权保障的意义还体现为，审判独立是公正司法的前提，而公正司法则是人权司法保障的必要条件。司法公正首先源于司法对法律的严格适用。也就是说，司法机关作为法律适用机关，其本职工作即在于依法律之规定处理案件，将法律设置的权利义务模式具体化为当事人之间的权利义务关系，进而解决他们之间的纠纷。在此过程中，司法机关只有严格适用法律，司法的公正性方能得到体现。而审判独立对司法公正的意义则体现为，司法只有在其组织和人员上具有独立性，方能避免案外因素通过司法组织和司法人员影响到司法人员对事实的认定和对法律的理解。在此基础上，司法机关对法律的适用才可能称得上是公正的。而公正司法则能够产生对人权保障的直接促进作用。从程序的角度而言，人权司法保障首先要求公民获得司法救济的权利得到保障，且获得司法救济的权利应当是获得公正司法对待的权利，司法机关应当对当事人予以同等对待，对相同的情况进行相同的处理。在此基础上，司法公正方得到体现，人权司法保障也才得以体现。

总体而言，我国司法机构之设置是符合审判独立的原则的。在"一府一委两院"制中人民检察院和人民法院之组织由全国人民代表大会通过制定法律而规定，人民法院和人民检察院的人事任免由人民代表大会或其常务委员会决定，人民法院和人民检察院需要向人民代表大会报告工作。宪法所作的这些制度安排，从根本上是能够确保司法机构之独立的。具体而言，在现行的人民代表大会制度之下，人民法院和人民检察院被置于人民代表大会之下，需要向作为民意代表机关的人民代表大会负责和报告工作，而不需要向其他机构负责，因此从根本上保证了人民法院和人民检察院的独立；而人民代表大会对人民法院和人民检察院之监督也仅仅限于对这两个机构之整体工作上的监督，而不能切入对具体的审判业务或检察业务的监督。因此，从整体上判断，我国司法机构在其设置上是符合审判独立之要求的。

当然，审判独立不仅包括司法机构整体上的独立，还包括各级司法机构之间的独立及审判组织、审判人员的独立。从某种程度上而言，审判独立最终要落实到审判组织和法官个人的独立上。也就是说，法院外部独立的根本目的在于确保审判组织和法官个人在个案中能够依事实与法律作出公正的判决。也就是说，在案件解决过程中，进行司法的不是法院，而是审判组织和法官个人，只有审判组织和法官个人才是审判的亲历者。因此，审判独立，只有贯彻到司法者才是有意义的，司法机构独立之追求，即是为审判组织和法官个人建构不受外界干扰的司法环境，使之能够独立判案。

而就我国而言，尽管我国宪法及人民法院组织法在建构组织体系上保障了法院系统的整体独立，然而，宪法第 131 条所规定的主体为人民法院，而非审判人员和审判组织，各级法院之间及审判组织、法官个人的独立在现行宪法及人民法院组织法中并没有得到体现。特别是根据人民法院组织法第 36 条、第 37 条的规定，各级人民法院都设立有审判委员会，审判委员会的任务是总结审判经验，讨论重大的或者疑难的案件和其他有关审判工作的问题。该条并没有明确规定"讨论"之效果，即审判委员会对案件的讨论结果对合议庭之判决是否具有约束力，合议庭有无义务遵循审判委员会之结论而形成其判决，这在人民法院组织法中并没有明确的规定。实践中，合议庭作出的判决，则一般遵循审判委员会之讨论结果。这种情况形成了审判委员会"判而不审"的局面，即审判委员会成员并没有参与庭审过程，而作出了影响当事人权利义务的讨论决定，这是与公正原则不相符的，也是不利于合议庭作出独立判断的。

因此，基于审判组织和法官个人之独立对于审判独立的重要性，基于人权司法保障目的完善司法组织法，当然应当对法院间独立、审判组织独立和法官个人独立予以规定。具体而言，在各级法院间的独立问题上，司法组织法可以依宪法之规定规范上级法院和下级法院之间的指导和被指导的关系，确保下级法院之独立审判不受上级法院的影响。另外，在审判委员会之设置及其任务的规定上，则需要明确规定审判委员会不得干预合议庭的审判。在合议庭的设置上，则可规定合议庭对具体案件的处理，不受行政机关、社会团体、个人和来自法院内部及其他法官的干预。

（三）人权保障与司法权的优化配置

权力的配置是法律尤其是公法规范的主要问题。一方面，基于权力法定的原则，国家机关所行使之权力必须有法律的明文规定。即是说，从人民主权的角度分析，人们通过结成契约而组成国家，国家之权力源于契约的规定，无契约的授权则为非法的权力。而在代议制度之下，人民结成契约之过程则体现为行使其选举权和被选举权的过程，通过选举和被选举而选出人民代表，人民代表将选民之意志体现于立法之中，法律即可视为人民之合意，由法律授予的权力即为人民之合意所认可而具备合法性。[①] 因而，公法之制定的首要目的即是配置权力。另一方面，从法律制定之目的来看，权利保护和权力限制是公法的基本目的。而对权力的限制，则不仅需要通过设置权力行使的程序及其责任来实现，更需要通过规范权力行使之范围而实现。公法对权力的配置，一方面即是授予权力，奠定权力之合法性基础，另一方面则是规范权力，划定权力和行使方面。因此，从这个角度而言，权力的配置即是公法的主要内容，更是人权获得保障的必要途径。因此，司法权的优化配置当然构成完成司法组织法的基本内容。在我国，狭义上的司法机关包括人民法院和人民检察院，因而司法权一般指称人民法院和人民检察院所行使的与审判和检察事务有关的权力。司法权的配置则首先是司法权力在人民法院和人民检察院之间的配置，然后乃是不同司法权在司法机关内部的配置。前者体现为司法权的横向配置，后者则为司法权的纵向配置。

1.司法权横向配置的优化

如上所述，司法权的横向配置即是司法权在人民法院和人民检察院之间的配置。在我国，司法权的横向配置是由宪法、人民法院组织法和人民检察院组织法完成的。

宪法对司法权之配置主要体现于其第三章中。其中，宪法第128条规定了人民法院的性质，即人民法院是国家的审判机关。根据此条的规定，我们即可以推导出，作为审判机关的人民法院是具有审判职能的，其可以依证据事实和对法律的理解而对案件之权利义务关系作出裁决。宪法第131条则明确配备了人民法院之审判权。宪法通过这两个条文的规定，即完成了对人民法院之审判权的配备。人民法院组织法除了将宪法配备给人民法院之职权予

[①] Jeffrey Goldsworthy, *The Sovereignty of Parliament*: *History and Philosophy*, 1999, pp. 204-215.

以规范之外，其还为人民法院配置了宪法没有配置的权力，即为最高人民法院所配置的法律解释权。依人民法院组织法第 32 条规定，最高人民法院对于具有可适用性质的法律，如民法通则、物权法、行政诉讼法等可进行司法解释，司法解释权之行使后果，即最高人民法院进行的司法解释构成我国法律体系的重要组成部分。

　　法律对人民检察院之职权的配置由宪法和人民检察院组织法两个法律来完成。宪法对人民检察院之职权的配置亦是通过两个条文来完成的。其一，宪法第 134 条规定，中华人民共和国人民检察院是国家的法律监督机关。此条规定了人民检察院之性质为法律监督机关，则隐含了人民检察院具有法律监督的权力。宪法第 136 条更是直接规定，人民检察院依照法律规定独立行使检察权，此条即可视为宪法对人民检察院之职权的配置。当然，宪法第 134 条隐含了人民检察院具有法律监督的权力，而宪法 136 条则规定人民检察院行使检察权，法律监督权与检察权之间的关系，宪法并没有予以明确界定。笔者认为，宪法第 134 条规定检察机关之性质为法律监督机关，宪法 136 条规定人民检察院享有检察权，因而，法律监督权和检察权应当是同一种权力的两种表述，二者指向的是检察院依宪法规定所享有的全面权力。"检察权是检察机关所享有的国家权力的总称，检察机关的性质是国家法律监督机关，检察机关所享有的的检察权的性质是法律监督权。"[①] 另外，人民检察院组织法则对人民检察院之职权进行了更为明确的规定。

　　宪法和人民法院组织法、人民检察院组织法在配置审判权、检察权的过程中，还需要处理好审判权与检察权之关系。笔者认为，依现行宪法和人民法院组织法、人民检察院组织法之规定，审判权和检察权之关系可以作如下理解。其一，审判权与检察权各司其职。审判权之基本任务即为在个案中

---

　　① 刘莉芬：《论我国检察权配置的现状与优化构想》，《中国刑事法杂志》2011 年第 8 期。

适用法律解决权利义务纠纷，审判权的社会功能即是纠纷解决，纠纷解决的基本场域则为行政诉讼、民事诉讼和刑事诉讼；而检察权的基本内容则是法律监督，主要针对侦查、审判和行政执法等活动进行监督。审判权与检察权之间具有明确的分工，二者各司其职。其二，在各司其职的基础上，审判权与检察权相互独立，不受对方干预。宪法第 131 条规定了人民法院独立行使审判权，不受行政机关、社会团体和个人的干预，这条虽然没有明确排除检察权对审判权之干预，但检察权不得干预审判权之运行实乃审判独立的应有之义。因此，审判权之运行自然独立于检察权。其三是审判权与检察权相互制约。二者之间的制约关系主要体现在，一方面，从我国人民检察院组织法之规定来看，检察权内在地包含了侦查、批准逮捕权、公诉权，这些权力之行使后果受到审判权的评判，特别是对于公诉权而言，公诉的发起需要受到审判权的审查，审查的范围包括对案件事实的审判和侦查、公诉程序的审判。[1] "控诉职能要受到审判职能的制约，由于控诉职能本身并不具有实体裁判性和终结性，控诉职能对犯罪的纠举，必须经过法院的审查，才能最终加以认定；如果法官经过审判，发现检察院的控诉不能成立时，可以判决否定检察院的指控。"[2] 另一方面，检察权亦存在对审判权的监督。具体而言，检察权的本质是一种法律监督权，而这种监督权行使的最为重要的内容即是对审判权的监督。我国行政诉讼法、民事诉讼法和刑事诉讼法都规定人民检察院有权对行政、民事和刑事诉讼实行法律监督，监督的范围包括审判权行使程序及审判所依赖的事实证据，监督的基本途径即为抗诉。需要说明的是，检察权与审判权之间的这种制约关系与其相互独立的原则是不相抵触的。审判权与检察权的相互独立，更多地体现为法官和检察官在行使审判权、检察权时依其对法律的理解和对事实的确信而将法律适用于个案中。即是说，审判权和检察

---

[1]　周其华：《检察机关司法权配置研究》，《国家检察官学院学报》2000 年第 4 期。

[2]　陈文兴：《司法权配置的两个基本问题》，《法学杂志》2007 年第 5 期。

权的独立体现于审判权和检察权的行使过程中，要求审判权与检察权的行使免于他人的干预。因而，审判权与检察权的独立，并不必然推导出审判权和检察权之行使后果的不受质疑。[①] 而审判权与检察权之间的制约，并不体现为对权力行使过程中法官、检察官之独立判断的制约，而是体现为对其后果的评判。也就是说，尽管审判权之行使受到检察权的制约，但这种制约仅是就审判权之行使的后果而言，检察院可以就法院之审判结果提起抗诉，但不能在案件审理过程中干预法官的独立判断；同样，尽管检察权受到审判权的制约，但这种制约也不是对检察官之独立判断的干预，而是对其公诉、抗诉的评判。

审判权与检察权的横向配置已由宪法第 131 条、第 136 条及人民法院组织法、人民检察院组织法作出了明确规定。这种条款对审判权与检察权之配置是相对合理的，因此，司法组织法的完善，亦需要沿袭现行宪法和人民法院组织法、人民检察院组织法关于审判权与检察权之配置的规定，在司法权之纵向配置上，将审判权配置给人民法院，将检察权配置给人民检察院，并规定审判权、检察权之权限及相互间关系，建立起审判权与检察权各司其职、相互独立、相互制约的审检关系模式。在具体的条文上，则可以规定，人民法院依法律之规定独立行使审判权；人民检察院依法律之规定独立行使检察权；人民检察院有权对人民法院的审判实施监督，对民事、行政、刑事案件的审理结果可以提起抗诉；人民法院对人民检察院提起的公诉和抗诉进行审查并作出决定。

2. 司法权纵向配置的优化

司法权的纵向配置即是指司法权在上下级司法机关的分析问题。如上所述，司法权包括了审判权和检察权，二者分别配置给了人民法院和人民检察院。因此，对司法权之纵向配置的研究，则需要建立在横向配置的基础上，

---

① 　魏晓娜：《依法治国语境下检察机关的性质与职权》，《中国法学》2018 年第 2 期。

分别讨论审判权的纵向配置和检察权的纵向配置。

对于检察机关而言，上下级人民检察院之间并没有明显的权力划分。例如，人民检察院组织法在规定人民检察院之职权时，即整体上规定了人民检察院所享有的职权，这些职权为各级人民检察院所享有和行使，上下级人民法院在此方面并不存在分权。而宪法和人民检察院组织法也没有分别就各级人民检察院之职权进行规定。因而，在检察权之纵向配置上，各级人民检察院即享有基本相同的职权。当然，在检察权的纵向配置上，各级人民检察院之职权亦存在以下区分。其一，法律解释权，即人民检察院在具体适用法律的过程中对法律进行解释的权力只能由最高人民检察院行使。其二，对贪污贿赂犯罪、国家工作人员的渎职犯罪等犯罪的侦查权由各级人民检察院行使，但对于国家机关工作人员利用职权实施的其他重大的犯罪案件进行侦查，则需要上级人民检察院决定。其三，刑事诉讼法对人民检察院的初审管辖权进行了划分，恐怖活动案件、危害国家安全案件、可能判处无期徒刑和死刑的普通刑事案件由中级人民法院审理，全省（自治区、直辖市）性的重大刑事案件由高级人民法院审理，全国性的重大刑事案件由最高人民法院审理，除此之外的刑事案件则由基层人民法院审理。实践中，检察院对于刑事案件的管辖实际上实行与人民法院对口的原则，上下级人民检察院公诉权的纵向配置实际上亦是依刑事诉讼法第 19～22 条之规定进行划分的。其四，依我国宪法和人民检察院组织法的规定，最高人民检察院领导地方各级人民检察院的工作。"最高人民检察院领导地方各级人民检察院和专门检察院行使检察机关全部检察司法权。对每一种检察司法权的实施都有领导、指挥、检察、监督、督促的职责，使各种检察司法权得以正确实施，纠正和查处滥用检察司法权和玩忽职守、徇私舞弊的行为。"①

---

① 周其华：《检察机关司法权配置研究》，《国家检察官学院学报》2000 年第 4 期。

　　对法院而言，审判权的纵向配置则较为复杂，《中华人民共和国人民法院组织法》对审判权之纵向配置进行了规范。当然，需要讨论的是，在各级法院之职权得到明确划分的前提下，上级法院对下级法院之职权行使存在何种干预？就检察院而言，由于宪法规定上级人民检察院领导下级人民检察院开展工作，刑事诉讼法也规定上级人民检察院可以指令下级人民检察院起诉或者提出抗诉，因而，检察院在职权划分的前提下，下级人民检察院之职权的行使需要接受上级人民检察院的领导。而就法院而言，我国宪法规定，上级人民法院监督下级人民法院开展工作。上级人民法院监督下级人民法院之工作的途径是法定的，必须通过诉讼法规定的上诉程序或者审判监督程序予以实现。因而，从这个角度而言，在审判权的纵向配置上，上下级法院之间不同于检察院，其关系为监督关系。另外，上级人民法院对下级人民法院所行使的权力，除了宪法、人民法院组织法和诉讼中规定的审判监督权之外，实际中，上级人民法院对下级人民法院工作的开展也具有一定的指导权。例如，最高人民法院即通过颁布指导案例的形式对地方各级人民法院的审判工作进行指导；另外，最高人民法院还制定了诸如《量刑规范化的指导意见》《关于进一步贯彻"调解优先、调判结合"工作原则的若干意见》等指导性意见，这些意见对地方各级人民法院之审判工作的开展是具有指导作用的，这也是上级人民法院对下级人民法院之指导权的体现。

　　然而，我国现行法律对上级法院之于下级法院之指导权的范围并没有进行明确的界定。笔者认为，上级法院对下级法院之指导权是有界限的，司法组织法的完善，需要为最高人民法院和上级人民法院的指导确立以下规则：其一，上级人民法院对于下级人民法院正在处理的个案不能通过案件批示等方式进行指导，这是与审判独立原则相抵触的；其二，最高人民法院对下级法院案件实体处理的指导，也应当通过司法解释来实现；其三，最高人民法院为下级法院制定程序性规则不得与法律保留原则相抵触；其四，上级人民法院对法官管理的指导，不得对法官处理的具体案件进行评判，上级法院对下级法院之法官的案件处理所进行的评判应当体现在审判监督中，而非通过法官管理实现。

三　司法官法的完善

（一）司法官法在人权保障中的意义

司法官法与人权的司法保障也存在间接的关联性。也就是说，一方面，司法官法作用的对象在于司法官的选任、行为规范、权利保障等内容，其并不直接作用于具体个案的处理，因此与人权的司法保障无直接关联；另一方面，司法官法是司法规范的重要组成部分，司法官是司法权力的最终行使者，是司法权力配置的终端。因此，审判独立、司法公正等价值只有贯彻到司法官管理这一环节，司法的公正才得到保障，人权司法保障也才有可能得以实现。换言之，司法官法也是实施人权司法保障的重要制约因素。

课题组的一项针对基层审判人员的调查显示，部分人员认同司法机关的人事、财政等与审判独立之间的关系。在回收的问卷中，关于司法机关的人事权和财政权是否应该收归中央的调查结果显示，共有 1568 份有效作答，其中 888 人选择"人事权和财政权都应该收归中央"，313 人选择"人事权和财政权的归属都应维持现状"，221 人选择"人事权保持现状财政权收归中央"，120 人选择"人事权收归中央财政权维持现状"，另有 26 人选择"其他"。其中选择"人事权和财政权都应该收归中央"的人数最多，约占总人数的 56.63%，认为"人事权和财政权的归属都应维持现状"的约占总人数的 19.96%，认为"人事权保持现状财政权收归中央"的约占总人数的 14.09%，认为"人事权收归中央财政权维持现状"的约占总人数的 7.65%，最后，没有作出改变或维持意见而选择"其他"的人数比例最少，只占到总人数的 1.66%。

在我国，依宪法和相关组织法之规定，司法权由人民法院、人民检察院享有。司法官即主要是指法官和检察官。司法官法即规定司法官之身份、地位、操守及与执行职务相关的待遇的法律规范。在我国，司法官主要体现在法官法、检察官法和《法官职业道德基本准则》《检察官职业道德基本准则（试行）》中。法官法和检察官法的主要内容为规定法官和检察官的职责、任免、地位、司法官人事管理、工资保障和职务保障等;《法官职业道德基本准则》《检察官职业道德基本准则（试行）》则主要规定司法官对司法事业的忠诚、司法公正对司法官行为的要求、司法官的司法廉洁、司法形象、司法为民等内容。简言之，缺乏司法官身份、收入等系列制度的保障，审判独立将难以实现。①

司法官法对实现司法公正也是至关重要的。具体而言，如上所述，司法官法的主要内容包括了职责、任免、地位、司法官人事管理、工资保障和职务保障及司法官行为规范。笔者认为，司法官法之于司法公正的重要性体现在以下几个方面。其一，审判独立的价值追求需要司法官法予以保障。如上所述，审判独立最终需要通过法官独立来体现。司法机构的独立，仅是为司法官的独立提供坚强的屏障，审判独立所追求的目的即是法官能够依其内心对事实的确信和对法律的理解而作出判决。② "检察官独立是检察权独立的核心内容，检察机关的整体独立也是为了检察官能更好的在具体诉讼中行使检察权。"③ 也就是说，审判独立不仅是司法机构的独立，更需要司法官在案件审理过程中能够作出独立的判断。"审案、断案是一种主观认识的判断，如果在这个认识过程中，法官不能排除外界的干扰（指各种潜在的利诱），要

① Thomas E.Plank, "The Essential Elements of Judicial Independence," *William Mary Bill of Rights Journal* 5（2001）: 10.
② 陈苹苹:《司法改革背景下的法官自由裁量权研究》,《牡丹江大学学报》2016 年第 3 期。
③ 赵荣蓉、郭魏:《检察权配置中存在的问题》,《山西省政法管理干部学院学报》2010 年第 3 期。

想真正做到公正断案就会成为一件很难的事。因此，保证法官独立的意志自由，是法官公正断案的前提和基础。"①而司法官的独立，则是需要通过司法官法实现的。司法官法规定法官和检察官行使职权应当获得的物质保障及身份保障，从而才能排除案外因素对司法官的干扰，为司法官的独立判断提供足够的空间。其二，司法的中立性也需要司法官法予以保障。司法的中立要求司法机关在对案件进行处理中，能够保持不偏不倚的地位，对案件双方当事人予以同等对待。而司法官在当事人中保持中立的地位，则需要其对争诉案件没有利益纠葛。②此种情况的实现，则需要司法官与社会生活保持一定的距离，不能过多地参与到社会活动中。此种情形的实现，则需要通过司法官行为规范的制定来实现。

（二）人权保障背景下司法官法的完善路径

从法官法、检察官法和《法官职业道德基本准则》《检察官职业道德基本准则（试行）》的规定来看，法官和检察官作为职业共同体的组成人员，其在法治建设和社会治理中具有类似的法律地位，也应当遵循类似的行为准则。特别是相对于法律职业共同体中的其他人员，如律师、法学教育者而言，法官和检察官都是公权力的行使者，司法权的运作最终需要法官和检察官予以启动。基于法官、检察官在法律职业共同体中的特殊性，其地位和行为即应当受到法律的保障和规范。在人权司法保障背景下，司法官法还有必要从以下两个方面予以完善。

1. 充分保障司法官权利

如上所述，司法官法是司法法的重要组成部分，司法法的作用即在于规范司法权的运行，并确保审判独立以实现司法公正，最终为人权司法保护的实现提供基础。在此意义上而言，司法官法作为司法法的组成部分，其虽

---

① 王申：《司法行政化管理与法官独立审判》，《法学》2010 年第 6 期。

② See *Blackstone's Law Dictionary*, fifth edition, West Publishing Co., 1979, p. 419.

未直接作用于具体案件的审理，但也可以构成司法公正得以维系的基础和前提。因此，保障法官权利即是实现人权司法保障的必经路径。另外，司法官独立也是审判独立的重要组成部分，审判独立的本质在于司法官能够依其对法律的理解和事实的认定而独立形成判断，在此过程中应免受外部因素的干预。在此意义上而言，司法组织体系的独立最终是为了保障司法官行使司法权过程中的独立判断。换言之，司法官独立是审判独立的终端，只有在审判独立的所有制度安排能够保障司法官独立判断的前提下，审判独立方能够成为司法公正的屏障。而司法官权利保障又是司法官独立的有效保障。也就是说，只有司法官在任职、履职等方面得到保障，其在行使司法权的过程中，方能排除案外因素的干预而仅以法律和事实形成判断，审判独立、司法公正和司法人权保障也才能得到实现。简言之，充分保障司法官权利是人权司法保障的必要前提，为实现人权司法保障的目的，司法官法即需要从以下几个方面建立完备的司法官权利保障体系。

其一是确保司法官的独立性。如上所述，司法官独立是审判独立的终端，只有在审判独立的所有制度安排能够保障司法官独立判断的前提下，审判独立方能够成为司法公正的屏障。因此，法官法和检察官法即有必要明确司法官独立行使司法权的原则。也就是说，当前我国宪法和人民法院组织法、人民检察院组织法主要从人民法院、人民检察院独立行使相应职责的角度定义审判独立，即审判独立体现为相应部门独立行使审判权和检察权。而如上所述，审判独立只有贯彻到司法组织的末端即司法官这一环节，审判独立才有意义，审判独立之本质应为司法官在事实认定和法律适用方面的独立性判断。将审判独立原则贯彻到司法官这一环节也并非空中楼阁，晚近以来中共中央即出台了避免领导干部干预个案审判的相关规定，如《领导干部干预司法活动、插手具体案件处理的记录、通报和责任追究规定》第 3 条中的"不得对案件的证据采信、事实认定、司法裁判等作出具体决定"实质上即有确保司法官独立作出判断的要求。因此，法官法和检察官法还应将宪法中规定的人民法院独立行使审判权、人民检察院独立行使检察权的规定予以具体化，规定司法官在行使司法权的过程中不受案外因素干预。

其二是处理好员额制与法官任职保障的关系。法官法第8条第3项①体现了法官任职保障制度。当然，晚近以来，法官任职保障面临新的问题，即任职保障与员额制改革之间的协商问题。《最高人民法院关于全面深化人民法院改革的意见》提出，员额制的推进需要考虑当地经济社会发展、案件数量等因素，同时需要确保优秀法官能够留在审判一线。在员额制改革背景下，司法工作人员要想获得审判员资格，还需要满足入额这一要求。也就是说，法官法规定了担任法官的条件，同时规定了任审判员的程序；而在员额制改革背景下，法官的任免和调整还需要受员额制的影响。此种情形下，法官法需要处理好员额制与法官任职保障的关系。具体而言，一方面，该法应明确员额制不构成对任免审判员的限制，即司法工作人员只要满足法官法规定的条件、依该法设置的程序即可被任命为审判员。另一方面，该法还应强化对未入额法官任职的保障。也就是说，法官法应明确，未入额的法官只是在审判工作的安排上有所不同，其同样具有审判员的权利，尤其是在履行职责过程中与入额法官应享有同等权利。

其三是处理好省以下地方法院、检察院人财物统一管理与法官履职保障的关系。依法官法第8条的规定，法官依法审判案件不受行政机关、社会团体和个人的干涉。这即是法官独立审判的基本内涵。当然，法官依法审判案件不受行政机关、社会团体和个人的干涉应以履职保障为前提，也就是说，法官只有在履职过程中，其职务和执行职责所要求的条件得到保障，法官对案件的审理方可能实现依事实与法律作出独立判断。应该说，省以下地

---

① 法官法第8条第3项规定，法官"非因法定事由、非经法定程序，不被免职、降职、辞退或者处分"。

方司法机关开展的人财物统一管理也有保障法官履职条件的目的。《中共中央关于全面推进依法治国若干重大问题的决定》指出，要确保依法独立公正行使审判权、检察权，推动省以下地方法院、检察院人财物统一管理，以及探索与行政区划适当分离的司法管辖制度。在该决定中，省以下地方法院、检察院人财物统一管理即被视为确保审判独立的措施之一。在此方面，以色列甚至制定专门的司法基本法以规定对司法机关经费的保障。[1] 因此，人民法院组织法和人民检察院组织法的修改即需要明确省以下地方法院、检察院人财物的统一管理，并据此达成两大目的。其一是切实维护司法官的履职条件。司法官在履行职责过程中，其所要求的条件无外乎人、财、物等方面，省以下地方法院、检察院人财物统一管理改革的推进，即需要通过将地方法院和检察院的财政、人事等权力从地方脱离出来，使之具有独立性，进而为司法官履行职责提供保障。其二是确保司法官独立。司法官的独立需要通过其依法履行职责来体现。因此，司法官的履职条件即与司法官的独立紧密相连。在此意义上而言，省以下地方法院、检察院人财物统一管理改革应确保司法官在履行过程中的独立性以体现审判独立的原则，进而为人权司法保障的实现奠定基础。

2. 推进司法责任制改革

中共十八届三中全会通过的《中共中央关于全面深化改革若干重大问题的决定》提出"健全司法权力运行机制"，并把"完善主审法官、合议庭办案责任制，让审理者裁判、由裁判者负责"作为健全司法权力运行机制的重大举措。这是党中央官方文件首次对司法责任制的内涵和司法责任制改革的重大意义作出直接阐述。[2]

---

[1]　Nir Kedar, "Democracy and Judicial Autonomy in Israel's early Years," *Israel Studies* 15（2010）：25-46.

[2]　张文显：《论司法责任制》，《中州学刊》2017 年第 1 期。

实践中，司法责任对司法官之影响较大。例如，在课题组的调研中，关于法官惩戒制度对审判人员的影响程度调查显示，共有 924 份有效作答，其中 70 人选择影响度很弱，80 人选择比较弱，318 人选择一般，325 人选择比较强，131 人选择较强。其中选择比较强的人数最多，占总数的 35.17%，选择一般的人数其次，占总数的 34.42%，选择较强的人数再次，占总数的 14.18%。关于错案追究制对审判人员的影响程度调查显示，共有 950 份有效作答，其中 65 人选择影响程度很弱，54 人选择比较弱，223 人选择一般，414 人选择比较强，194 选择较强。其中选择比较强的人数最多，占总人数的 43.58%，若加上选择较强的人数，则占总人数的 64% 之多。

《最高人民法院关于完善人民法院司法责任制的若干意见》则将司法责任制改革任务进行了具体化，其提出，司法责任制的推进应以科学的审判权力运行机制为前提，以明晰的审判组织权限和审判人员职责为基础。因此，司法责任制改革的内涵有二，其一是审判职责的优化。审判职责优化指向在法院内部审判权力由谁具体行使的问题，司法责任制则明确了具有法官资格的司法人员在审判中的核心地位；当然，这需要通过员额制来实现，即通过员额的设定，使具有法官资格的审判人员进入员额范围内，并明确入额法官的岗位职责，从而优化审判职责，实现让审理者裁判的目的。其二是审判人员责任的明确。审判职责通过岗位责任制得以优化，在此基础上即可以实现职业法官、人民陪审员和司法辅助人员、司法行政管理人员的各司其职。而审判职责的明确不仅是权力的明确化，同时也是责任的明确化，即审判权力的明确化使案件处理过程中的责任人得以明确，从而为错案追究奠定了基础。在此意义上而言，司法责任制改革即指向审判人员之岗位职责和责任的明确化，这即是中共十三届三中全会确定的司法责任制改革的主要内容。

司法责任制也是司法官法的重要内容。具体而言，司法官法主要指向司法官的管理，包括司法官的人事任免、权利义务等。而司法责任则是司法官管理的重要内容。司法官管理首先需要将司法官视为重要的人力资源，在此基础上根据不同岗位实现对这一资源的优化配置。而司法责任制则是实现司法资源优化配置的重要方式。一方面，司法责任制明确了法官的岗位职责，岗位职责的确定实际上即明确了各类司法人员在具体个案处理当中的职责和分工，从而具有实现资源优化配置的作用。另一方面，司法官法同样涉及司法官义务、责任和责任追究程序等问题，如法官法规定了法官应当履行的义务以及法官不履行义务时的惩戒措施。而司法责任制当中的错案追究机制使法官惩戒机制得以具体化，实际上也可以倒逼相关责任人员谨慎对待其所处理的案件。在此意义上而言，司法责任制是司法官管理法律制度的重要组成部分，改革的成果也应当体现到法官法和检察官法当中。

　　司法责任制与人权司法保障具有紧密联系，换言之，推进司法责任制改革目标的实现有利于提升司法对人权的保障程度。具体而言，如上所述，一方面，司法责任制首先优化了审判职责。审判职责优化指向在法院内部审判权力由谁具体行使的问题，司法责任制则明确了具有法官资格的司法人员在审判中的核心地位①；当然，这需要通过员额制来实现，即通过员额的设定，使具有法官资格的审判人员进入员额范围内，并明确入额法官的岗位职责，从而实现让审理者裁判的目的。在此基础上即可确保案件审判主要由法官完成，这既避免了案外因素对法官审理过程的干预，又确保了负责案件审理的法官的水平，从而能够提升审判的公正程度，进而有利于人权保障价值通过个案审理得以体现。另一方面，审判职责的明确不仅是权力的明确化，同时也是责任的明确化，即审判权力的明确化使案件处理过程中的责任人得以明确，从而为错案追究奠定了基础。错案追究机制的建立可以倒逼相关责任人员谨慎对待其所处理的案件，从而也有利于法官审慎对待案件，因此该项制

---

① 《司法责任制何以成为本轮司法改革的核心——基于司法的责任文化视角》，《人民司法（应用）》2017 年第 12 期。

度也具有人权司法保障的价值。

　　基于此，法官法和检察官法有必要将司法责任制的改革成果予以固态化，并进一步推进该项制度的改革，具体措施有二，其一是在法官法和检察官法中明确岗位职责。司法责任制改革的最大成果在于明确了职业法官、人民陪审员和司法辅助人员、司法行政管理人员在审判过程中的职责，从而既做到了让司法人员各司其职，又明确了职业法官的核心职责，更避免了案外因素通过其他人员对审判的干预。为此，法官法和检察官法即需要将这一做法予以固定化，在法律中明确规定各类司法人员的大致职责。其二是完善错案追究机制。法官法规定了对法官的惩戒，其中，第33条规定，"法官有本法第三十二条所列行为之一的，应当给予处分；构成犯罪的，依法追究刑事责任"；第34条规定，"处分分为：警告、记过、记大过、降级、撤职、开除。受撤职处分的，同时降低工资和等级"；第35条规定，"处分的权限和程序按照有关规定办理"。检察官法也有基本相同的规定。当然，在司法责任制改革的背景下，以上两部法律还需要依改革进程完善错案追究机制，具体需要在这两部法律中明确规定错案的认定、追究机关、追究程序、责任承担形式，尤其是需要明确上级法院对下级法院法官的审判责任追究职权；取消审判委员会对本级法院法官的责任追究职权，代之以提供错案线索、配合上级法院调查取证的方式履行法官责任追究职能。通过错案追究机制的完善，司法官法中的司法官惩戒机制方趋向完备，司法的人权保障功能也才得以最大化。

图书在版编目（CIP）数据

新时代人权司法保障研究／蒋银华著. -- 北京：
社会科学文献出版社，2019.6
ISBN 978 - 7 - 5201 - 4967 - 9

Ⅰ.①新… Ⅱ.①蒋… Ⅲ.①人权－法律保护－研究
－中国 Ⅳ.①D920.4

中国版本图书馆 CIP 数据核字（2019）第 110735 号

新时代人权司法保障研究

著　　者／蒋银华

出 版 人／谢寿光
责任编辑／姚　敏
文稿编辑／郭锡超

出　　版／社会科学文献出版社（010）59367161
　　　　　　地址：北京市北三环中路甲 29 号院华龙大厦　邮编：100029
　　　　　　网址：www. ssap. com. cn
发　　行／市场营销中心（010）59367081　59367083
印　　装／三河市龙林印务有限公司

规　　格／开　本：787mm × 1092mm　1/16
　　　　　　印　张：18　字　数：240 千字
版　　次／2019 年 6 月第 1 版　2019 年 6 月第 1 次印刷
书　　号／ISBN 978 - 7 - 5201 - 4967 - 9
定　　价／89.00 元

本书如有印装质量问题，请与读者服务中心（010 - 59367028）联系